DÉCOUVREZ VOTRE POUVOIR ILLIMITÉ

Infographie : Johanne Lemay
Correction : Véronique Desjardins

DISTRIBUTEURS EXCLUSIFS :

Pour le Canada et les États-Unis :
MESSAGERIES ADP*
2315, rue de la Province
Longueuil, Québec J4G 1G4
Téléphone : 450-640-1237
Télécopieur : 450-674-6237
Internet : www.messageries-adp.com
* filiale du Groupe Sogides inc.,
  filiale de Quebecor Media inc.

Pour la France et les autres pays :
INTERFORUM editis
Immeuble Paryseine, 3, Allée de la Seine
94854 Ivry CEDEX
Téléphone : 33 (0) 1 49 59 11 56/91
Télécopieur : 33 (0) 1 49 59 11 33
Service commandes France Métropolitaine
Téléphone : 33 (0) 2 38 32 71 00
Télécopieur : 33 (0) 2 38 32 71 28
Internet : www.interforum.fr
Service commandes Export – DOM-TOM
Télécopieur : 33 (0) 2 38 32 78 86
Internet : www.interforum.fr
Courriel : cdes-export@interforum.fr

Pour la Suisse :
INTERFORUM editis SUISSE
Case postale 69 – CH 1701 Fribourg – Suisse
Téléphone : 41 (0) 26 460 80 60
Télécopieur : 41 (0) 26 460 80 68
Internet : www.interforumsuisse.ch
Courriel : office@interforumsuisse.ch

Distributeur : OLF S.A.
ZI. 3, Corminbœuf
Case postale 1061 – CH 1701 Fribourg – Suisse
Commandes :
Téléphone : 41 (0) 26 467 53 33
Télécopieur : 41 (0) 26 467 54 66
Internet : www.olf.ch
Courriel : information@olf.ch

Pour la Belgique et le Luxembourg :
INTERFORUM BENELUX S.A.
Fond Jean-Pâques, 6
B-1348 Louvain-La-Neuve
Téléphone : 32 (0) 10 42 03 20
Télécopieur : 32 (0) 10 41 20 24
Internet : www.interforum.be
Courriel : info@interforum.be

03-12

© 2011, Empowered Media LLC.

Traduction française :
© 2012, Les Éditions de l'Homme,
division du Groupe Sogides inc.,
filiale de Quebecor Media inc.
(Montréal, Québec)

Tous droits réservés

L'ouvrage original a été publié
par Crown Archetype,
succursale de Crown Publishing Group,
division de Random House, Inc.
sous le titre *Unlimited: How to build
an exceptional life*

Dépôt légal : 2011
Bibliothèque et Archives nationales du Québec

ISBN 978-2-7619-3135-9

Gouvernement du Québec – Programme de crédit d'impôt pour l'édition de livres – Gestion SODEC – www.sodec.gouv.qc.ca

L'Éditeur bénéficie du soutien de la Société de développement des entreprises culturelles du Québec pour son programme d'édition.

 Conseil des Arts   Canada Council
du Canada   for the Arts

Nous remercions le Conseil des Arts du Canada de l'aide accordée à notre programme de publication.

Nous remercions le gouvernement du Canada de son soutien financier pour nos activités de traduction dans le cadre du Programme national de traduction pour l'édition du livre.

Nous reconnaissons l'aide financière du gouvernement du Canada par l'entremise du Fonds du livre du Canada pour nos activités d'édition.

JILLIAN MICHAELS

DÉCOUVREZ VOTRE POUVOIR ILLIMITÉ

Traduit de l'anglais (É.-U.) par Normand Paiement.

Une compagnie de Quebecor Media

Autres ouvrages écrits par Jillian Michaels parus aux Éditions de l'Homme

Maîtrisez votre métabolisme (titre original : *Master Your Metabolism*)

Les recettes pour maîtriser votre métabolisme (titre original : *The Master Your Metabolism Cookbook*)

*Ce livre est dédié à toutes les personnes qui, sans relâche, m'ont élevée et m'ont servi d'inspiration et de guides tout en me prodiguant amour et petits soins.
À mes deuxièmes mamans, Suze Orman et K. T. Travis.
Je me réjouis d'avance de toutes les « taloches » de Suze et de tous les petits plats préparés par K. T. que me réserve l'avenir!
Au Dr Phil, mon intrépide protecteur, à qui je promets de tâcher d'éviter les ennuis pour qu'il puisse disposer de nouveau de ses temps libres. Et, bien entendu, au D^r Jo Ann McKarus, ma mère, sans qui je n'existerais pas, à la fois physiquement, spirituellement et psychologiquement. Affectueusement.*

Remerciements

••

Un merci tout spécial à tous les membres de ma brillante équipe, qui contribuent jour et nuit à faire en sorte que notre monde se porte mieux:

À mon associé Giancarlo Chersich, sans qui je serais perdue.

À Heather Jackson, mon extraordinaire éditrice, qui se trouve aussi être ma partenaire d'entraînement, ainsi qu'à toute la bande de chez Crown Publishing. J'ai beaucoup de chance de pouvoir compter sur vos talents littéraires!

À Claudia Herr, ma vaillante et talentueuse partenaire d'écriture. Je suis étonnée qu'il te reste encore des cheveux après t'être chamaillée avec moi un projet après l'autre.

À Rosie Acosta, ma collaboratrice loyale et dévouée. Je suis réticente à mettre ton nom ici, de peur que quelqu'un découvre que tu es le cerveau de l'opération et te dérobe à moi.

Aux membres de ma fidèle équipe de choc chez Empowered Media: Ray, Danny, Autumn, Julie et Tammy.

À David Markman, mon avocat bien-aimé.

À la meute de chez Creative Artists Agency (CAA) – Kevin Huvane, Steve Lafferty, Alan Braun et Lisa –, pour m'avoir toujours interdit de recourir à un plan de rechange.

À Ellen Rakieten, qui était destinée à devenir la remarquable productrice de télévision qu'elle est.

À Jay McGraw, à Andrew Scher et à toute l'équipe des Doctors, pour m'avoir permis de débarquer sur le plateau de leur émission et pour leur soutien.

À Mouse, pour son appui indéfectible et son infinie patience.

Et enfin, à l'équipe du réseau Everyday Health qui administre mon site, JillianMichaels.com.

Introduction

La plupart des hommes mènent une vie de désespoir tranquille.
— Henry David Thoreau, Walden (1854)

Eh! Seigneur que cette citation me fout en rogne!

Pourquoi? Parce qu'elle dit vrai! Pourtant, il ne devrait pas en être ainsi et il n'est pas obligatoire que ce le soit non plus.

Il n'existe absolument aucune raison pour que vos rêves, quels qu'ils soient, ne puissent se réaliser, ou que vous ne puissiez mener enfin la vie à laquelle vous avez toujours aspiré. Si vous éprouvez des désirs, ce n'est quand même pas pour rien! Vos rêves ont pour fonction de définir quels sont votre rôle et votre raison d'être ici-bas, peu importe que vous appeliez ça votre destin, votre karma, votre mission ou ce que vous voulez. Lorsqu'on craint de voir ses souhaits et ses ambitions devenir réalité, on perd de vue sa vocation et on en perd même son identité. La vie n'a alors plus aucun sens et on devient apathique, déprimé et malheureux, et on commence à se demander: «Est-ce que ma vie se limite à ça?»

La réponse est NON!

Chaque être humain a le *pouvoir* de transformer ses souffrances et ses faiblesses en source de sérénité, de puissance, de force, de vitalité et d'abondance. **Il n'existe aucun but sincère que vous ne puissiez atteindre, aucun rêve que vous ne puissiez réaliser.** Il vous suffit simplement d'apprendre COMMENT procéder pour que vos désirs s'accomplissent.

Ce livre vous explique comment y parvenir. Il ne manque certes pas d'ouvrages de croissance personnelle qui ont pour ambition de vous aider à définir vos objectifs, mais ceux-ci négligent, hélas, de vous donner les outils qui vous permettraient de les atteindre. Ils n'ont rien de mieux à vous proposer qu'un ramassis de lieux communs apprêtés à la sauce Nouvel Âge ou de formules creuses du genre :

« Aimez-vous vous-même. »
« Imaginez que votre verre est à moitié plein. »
« Croyez et vos vœux seront exaucés. »

Non mais, franchement ! Ce n'est pas comme ça que les choses se passent en réalité, et vous le savez bien.

Un élan soudain d'optimisme ne suffit pas à mettre un terme à toute une vie de tribulations. Par contre, si vous avez la bonne attitude – et les qualités requises ! –, vous serez en mesure de réussir *tout* ce que vous déciderez d'entreprendre et vous trouverez les moyens de le faire. Grâce à ce livre, vous aurez bientôt la disposition d'esprit adéquate *et* la capacité d'agir. Une fois votre lecture terminée, vous aurez en main tous les outils nécessaires pour transformer votre vie selon vos désirs – et ce ne sont pas là des paroles en l'air !

Mais de quoi parle-t-on ici au juste : de carrière professionnelle ? d'amour ? de santé physique et mentale ? De tout cela, en fait ! Le seul but de ce guide pratique est de vous enseigner les stratégies qui vous aideront à réaliser tous vos rêves et à devenir la personne que vous désirez être. *Découvrez votre pouvoir illimité* contient un programme détaillé visant à donner un sens à votre vie et à vous permettre d'évoluer à votre rythme tout en restant fidèle à vous-même.

Je devine ce à quoi vous pensez : « Qu'est-ce qui lui prend d'écrire un livre de psychologie populaire ? Jillian Michaels n'est-elle pas simple prof de gym, après tout ? » Ça me fait bien rire qu'on me perçoive comme une espèce de gourou de la remise en forme. J'imagine à quoi doit ressembler pareil entraîneur sportif : il porte une tenue moulante, ressent des courbatures après l'effort et savoure la sensation d'euphorie que lui procurent les endorphines avant de terminer par un petit verre de jus d'herbe de blé. Or, ce n'est pas du tout mon genre ! Mon métier n'a rien à voir avec le conditionnement physique. L'exercice physique n'est qu'un des outils dont je me sers pour aider les gens à reconstruire leur vie.

Si vous vous avisez de dire à un architecte qu'il est dessinateur, il va vous dévisager comme si vous aviez le cerveau dérangé. Les plans qu'un architecte dessine ne sont pour lui qu'un outil parmi d'autres devant faciliter la construction de maisons. Il en va de même pour moi : le conditionnement physique ne représente rien de plus à mes yeux qu'un moyen visant à vous aider à façonner votre vie. Dans mon esprit, il n'a jamais été simplement question d'encourager les gens à faire des redressements assis. Même mon best-seller *Making the Cut*[1] a essentiellement pour but d'inciter les lecteurs à rechercher l'excellence dans leur vie, et pas seulement dans la salle de gym.

Nous voilà donc avec une vie à construire, mais sans exercices physiques au programme. Pas de panique, nous n'en aurons pas besoin ! Il sera simplement question ici de bonnes habitudes à prendre pour réussir dans *tous* les domaines de votre vie. Par conséquent, si votre priorité consiste à retrouver la forme physique, consultez un de mes précédents ouvrages. Le présent guide est essentiellement basé sur les exercices de préparation mentale que je fais faire en coulisse aux participants à mes émissions, mais qui, sauf exception, sont généralement coupés au montage[2]. Il traite des outils souvent discrets, mais néanmoins indispensables à toute transformation, dont je me sers pour réussir concrètement ma vie et pour aider les autres à en faire autant. Il ne s'agit donc pas ici de compter les calories ou de faire des exercices destinés à muscler vos abdominaux, mais plutôt de partir à la découverte de vous-même.

Tout ce dont vous avez besoin pour commencer, c'est de courage, de conviction et de confiance, à la fois en vous-même et en moi qui serai votre guide. Certes, il vous sera peut-être difficile au début d'avoir confiance en vous-même, mais c'est là que j'interviens. Car non seulement j'ai bon espoir que vous réussirez, mais je *sais* que vous réussirez.

Appuyez-vous sur moi le temps pour vous de prendre de la vigueur. Croyez-moi, votre potentiel est illimité et vous avez la possibilité de le mettre en valeur. C'est le cas pour tous, sauf que certains le savent tandis que d'autres l'ignorent.

Préparez-vous, car il est temps pour vous d'arrêter de mener une vie de désespoir tranquille. Cessez de vivoter : le moment est venu pour vous de vous

---

1. Traduction libre : *Coupez dans le gras*. Ouvrage non traduit, publié aux États-Unis. Il s'agit d'un programme de remise en forme combinant exercices physiques et régime alimentaire. (*N.D.T.*)
2. L'auteur fait ici référence aux émissions de télé-réalité américaines auxquelles elle a collaboré ces dernières années. (*N.D.T.*)

épanouir enfin! Santé, prospérité et bonheur sont à votre portée, sans restriction. À vous de les revendiquer!

Je ne vais pas vous faire de fausses promesses en vous disant qu'il sera aisé pour vous d'obtenir tout ce que vous voulez – rien de ce qui en vaut la peine n'est jamais facile. Certains risques et certains sacrifices sont indispensables au succès. Mais je peux vous promettre que je ne vais pas ménager mes efforts pour vous indiquer la voie à suivre. Entreprenez ce voyage avec moi et votre vie en sera transformée à tout jamais – en mieux.

Par conséquent, mobilisons nos énergies, mettons les mains à la pâte et passons à l'action sans plus tarder!

PREMIÈRE ÉTAPE
IMAGINATION

....

Vous êtes sur le point d'entreprendre tout un voyage. En effet, ce sera probablement la chose la plus significative, la plus stimulante et la plus gratifiante que vous ayez jamais accomplie de votre vie. Mais, comme vous le savez certainement, tout voyage, quelle que soit la destination choisie, commence par un premier pas, par une première étape. Et en quoi consiste au juste la première étape que vous devez franchir avant de pouvoir prendre votre vie en main et mener la vie que vous êtes destiné à vivre ? La réponse est très simple. (Remarquez que je n'ai pas dit qu'elle est facile.) Cette première étape consiste à laisser libre cours à votre imagination. Si vous souhaitez mener la vie de vos rêves, vous devez d'abord savoir de quoi ces derniers sont faits.

Au cours de cette première étape, je vais donc vous apprendre à préciser, à la fois sur les plans mental, psychologique et spirituel, ce que vous attendez de la vie. C'est la partie amusante de l'exercice. Vous allez extirper de votre esprit les idées susceptibles d'y être solidement ancrées et selon lesquelles votre vie actuelle est coulée dans le béton ou vous n'êtes pas digne de mener une existence hors du commun. Tout est contenu dans le titre que j'ai donné à cette étape : en effet, vous allez commencer à imaginer dès à présent tout ce que vous avez toujours voulu que soit votre existence.

Chapitre 1

DÉCOUVREZ QUELLE EST VOTRE PASSION

(DÉCIDEZ DE CE QUE VOUS COMPTEZ FAIRE DE VOTRE VIE !)

Si vous avez entrepris de lire ce livre, il y a de fortes chances pour que vous soyez en quête d'un changement salutaire dans votre vie. Peut-être éprouvez-vous le sentiment qu'il vous manque quelque chose, tout en ignorant ce que c'est. À moins que vous ne soyez empêtré dans votre train-train quotidien, vous demandant chaque matin au réveil comment vous allez bien pouvoir tenir un jour de plus.

Si c'est votre cas, je suis ravie que vous soyez là, car je vais pouvoir vous dire de mille et une façons que ce n'est pas ainsi que votre vie est censée se dérouler ! Nous sommes tous nés avec le désir d'être heureux et c'est notre droit le plus strict. Mais, quelque part en cours de route, plusieurs parmi nous ont été conditionnés – par la famille, les amis, la religion, la société en général ou peu importe – à croire que la souffrance fait intrinsèquement partie de la condition humaine. Et que si nous ne trouvons pas le bonheur, c'est tout simplement parce qu'« il en est ainsi ». Or, c'est là *le plus grand mensonge qu'on nous ait jamais raconté*.

On nous exhorte à rentrer dans le rang et on nous culpabilise aussitôt que nous émettons le vœu de nous lancer à la poursuite d'un objectif qui nous tient à cœur. Nous en venons à croire que nos désirs sont le fruit de notre égoïsme et que notre fierté est la preuve de notre arrogance et de notre suffisance. On nous prive de nos moindres joies et de notre innocence à mesure qu'on nous programme comme des robots à mener une vie de servitude et à assumer nos « responsabilités ». Nous sommes trop nombreux à accepter l'idée selon laquelle la vie est régie par des règles et chacun doit payer sa dette à la société.

Tout au long de notre vie, on ne cesse de nous répéter que, pour peu que nous nous comportions en « bons citoyens » et que nous respections les règles du jeu, la belle vie nous attend dans un avenir plus ou moins rapproché. C'est le genre de discours que tiennent les parents, les enseignants et les patrons, et ce credo est transmis de génération en génération. Sauf que, pour la plupart d'entre nous, le bonheur n'est jamais au rendez-vous. Pour la simple raison que la vie en société est fondée sur la répression des désirs individuels. Dans un lointain passé, il n'était possible de maintenir un quelconque ordre social que dans la mesure où les masses croyaient de leur devoir d'exécuter les tâches et d'assumer les responsabilités que la société exigeait d'elles. Vous voyez ce que je veux dire : il faut bien que quelqu'un accomplisse le sale boulot dont personne ne veut…

La socialisation est un processus qui consiste à transformer un être humain en individu apte à fonctionner au sein d'une collectivité. Et le moyen le plus efficace d'amener les gens à vivre en société, c'est encore de faire en sorte qu'ils s'identifient si parfaitement à l'ordre établi qu'ils ne songent même plus à en enfreindre les règles. L'histoire ne nous enseigne-t-elle pas que cela peut conduire à d'effroyables abus ? Par le passé, on a obligé les individus à s'intégrer à la vie sociale au moyen d'un système de punitions et de récompenses basé sur la nécessité pour eux de combler leurs besoins fondamentaux. « Si vous sortez du rang, nous allons vous supprimer. Si vous critiquez le gouvernement ou la religion, nous allons vous priver de tout moyen de subsistance, de sorte que vous ne pourrez plus nourrir votre famille. » Il s'agit là de situations extrêmes qui, bien qu'elles surviennent malheureusement encore dans de nombreuses parties du monde, sont loin de correspondre à ce qui se passe chez nous[3]. Les temps ont changé et la plupart des pays sont démocratiques. De ce fait, si vous décidez d'arrêter de faire un boulot sans intérêt ou de mener une vie sans intérêt, personne ne viendra vous éliminer ou confisquer tous vos biens, heureusement.

Vous vous dites peut-être : « Mais si tout le monde n'en faisait qu'à sa tête, ce serait l'anarchie ! » C'est faux. La société continuerait de fonctionner – elle serait tout simplement contrainte d'évoluer. Prenons un exemple simple. Supposons que tous les conducteurs de train du pays décident de quitter leur emploi et de suivre leur rêve de se lancer à leur compte. L'économie ne s'en

---

3. Est-il besoin de rappeler que l'auteur vit aux États-Unis ?… (*N.D.T.*)

porterait pas plus mal et il en serait probablement de même pour les compagnies de chemin de fer. Chaque nouvelle entreprise créerait des emplois et générerait des revenus à l'échelle locale ; et si nous avons été suffisamment ingénieux pour envoyer un homme sur la lune, je pense que nous pouvons aussi mettre au point la technologie capable de faire fonctionner les trains sans l'aide de mécaniciens.

RÉVEILLEZ-VOUS ! La société nous enseigne qu'il est normal de désirer certaines choses, mais uniquement dans les limites du raisonnable et en y mettant le prix. Il est permis de vouloir plus de confort, mais en temps utile et jusqu'à un certain point. Vous êtes libre de vous marier et d'être heureux, d'avoir 2,5 enfants et une maison sur un terrain clôturé, mais si vous rêvez d'avoir un vaste domaine sur la côte californienne, d'épouser la personne de vos rêves et de mener une carrière qui vous permette de faire ce qui vous plaît, on vous dira tout de go : « Mais pour qui vous prenez-vous donc !? »

Imaginez un étudiant qui affirmerait : « Je veux être milliardaire avant d'avoir terminé mes études. » Vous savez comme moi que la plupart des gens qualifieraient un tel jeune homme d'arriviste et jugeraient une telle déclaration farfelue et prétentieuse. Ils ne se gêneraient pas pour lui en faire le reproche. L'attitude de ses parents, de ses enseignants et de la société en général consisterait à lui dire : « Qui es-tu pour parler de la sorte ? Ce n'est pas ainsi que les choses fonctionnent. Tu dois payer ta dette à la société comme tout le monde. » Peut-être cet étudiant se laisserait-il décourager… ou peut-être pas. Mais une chose est sûre : les fondateurs de YouTube – Chad Hurley, Steve Chen et Jawed Karim – ont décidé, eux, de ne laisser personne les rabaisser, avec comme résultat qu'ils ont fini par vendre leur société à Google pour la coquette somme de 1,65 milliard de dollars. (Les fondateurs de Facebook, de MySpace et de Google ne se sont pas laissés abattre non plus.)

Soyons clairs : je ne prétends pas que l'argent achète le bonheur, mais que ces innovateurs qui ont réussi ne sont pas seulement des gens pleins aux as. Ils ont gagné beaucoup d'argent en faisant ce qu'ils aimaient.

Jusqu'à quand allez-vous continuer de vous priver et de vous oublier avant de donner un sens à votre vie et d'agir pour votre satisfaction personnelle ? Avant de vous épanouir au lieu de survivre péniblement ?

Comprenez-moi bien. Vous ne pouvez pas vous dispenser d'apprendre. Vous devez faire des études de médecine avant de pouvoir exercer en tant que médecin. Mais aucune loi ne vous interdit d'être le meilleur neurochirurgien du monde une fois votre diplôme en poche. La vérité, c'est qu'il n'existe aucune règle établie à ce sujet. Tout est possible si vous possédez les connaissances nécessaires et si vous effectuez votre travail convenablement. En fait, c'est non seulement possible, c'est même indispensable!

Nous sommes ici-bas pour cultiver notre passion, pour réaliser nos rêves et pour profiter à fond de cette expérience extraordinaire qu'on appelle la vie. La finalité de la condition humaine n'est pas de souffrir, mais plutôt de réussir sa vie et de s'épanouir au maximum. Certes, la souffrance fait partie de la vie, mais ce n'est pas tout ce que l'existence a à nous offrir. Le contraire de la souffrance, c'est la joie!

> *« Votre joie est votre tristesse sans masque. Ce même puits d'où jaillit votre rire fut souvent rempli de vos larmes. Et comment en serait-il autrement? Plus profondément la tristesse creusera dans votre être, plus abondamment vous pourrez le combler de joie. »*
>
> - KHALIL GIBRAN

La souffrance et la joie sont indissociables, mais même s'il est inévitable d'éprouver de la douleur, la joie n'en constitue pas moins la véritable finalité de l'existence et une chose à laquelle tout être humain a droit.

Le fait de vivre notre passion et de poursuivre l'objet de nos désirs nous rapproche de ce que nous sommes véritablement en nous permettant de devenir des êtres à part entière et de transformer nos rêves en réalité (ou, comme diraient certains, d'« accomplir notre destin »). En dernier ressort, c'est ainsi que nous pouvons le mieux payer notre dette envers la société. En effet, c'est lorsque vous êtes au meilleur de votre forme et pleinement heureux que vous êtes le mieux placé pour rendre service à vos proches et au monde entier.

Je suis persuadée que certains d'entre vous se disent : « Je n'ai pas été élevé comme ça. On m'a appris à rester humble et à accepter mon sort. » Ah oui? Eh bien, moi aussi, figurez-vous! Soyons clairs : le fait d'avoir des désirs et de vous sentir digne de mener une vie exceptionnelle ne veut pas dire que vous pensiez être plus méritant ou meilleur que les autres. Nous méritons tous d'être heureux. Ceux d'entre nous qui rejettent les conventions sociales en vue d'atteindre leurs objectifs ne font que montrer aux autres la voie à suivre. Ne confondez pas personnalité équilibrée et prospérité avec cupidité et sans-gêne.

Certaines personnes pourraient être tentées d'ébranler votre détermination, mais soyez fort. Ne cédez pas – prêchez plutôt par l'exemple. Les gens ont tendance à changer lentement, mais ils finiront bien par suivre votre exemple. Et même si ce n'est pas le cas, ne compromettez pas votre bonheur à cause du manque de perspicacité des autres. Vous vous devez à vous-même et vous devez au reste du monde d'exploiter votre potentiel au maximum.

Nous pourrions passer des heures à ergoter sur la façon dont on nous a programmés à croire que nous devons nous contenter de peu et sur la manière dont cette idée fallacieuse a infiltré notre inconscient collectif. Mais, sincèrement, à quoi cela nous avancerait-il?

Par conséquent, ne perdons pas de temps, débarrassons-nous de tous les «devoirs» qu'on cherche à nous imposer et n'hésitons pas à qualifier de foutaise ce genre de dogme préjudiciable. Écoutez-moi bien : il est temps pour vous de commencer à vivre comme Dieu ou (insérez ici le nom de toute autre puissance supérieure en laquelle vous croyez) l'a voulu, c'est-à-dire à être heureux.

Est-ce que c'est compris? Parfait!

DONNEZ VIE À VOS RÊVES

Sachez qu'il existe des gens heureux ici-bas, des personnes dont les rêves deviennent réalité. J'en suis la preuve vivante. Alors si certains ont trouvé le vrai bonheur, pourquoi pas vous? J'adore utiliser le cas d'Oprah Winfrey à titre d'exemple, parce que son expérience est plus éloquente que tous les arguments contraires que vous pourriez invoquer. Alors qu'elle était petite, cette pauvre Afro-américaine a été victime d'abus sexuels, sans compter qu'elle a grandi à une époque où le racisme était encore une triste réalité. À présent, c'est une des femmes les plus puissantes du monde. Elle s'est hissée au sommet en dépit du fait qu'elle ne disposait au départ d'aucun atout particulier. Si *elle* a pu connaître un tel succès, pourquoi pas *vous*? Absolument rien ne la différencie de vous au point où vous ne puissiez atteindre un tel niveau de réussite si vous le vouliez vraiment.

Je ne prétends pas qu'il faille être un magnat de la finance ou une vedette pour être heureux et épanoui. Je dis simplement qu'en matière de succès – quel que soit ce que ce mot représente à vos yeux – il n'y a pas de limite. Si vous avez un rêve, rien ne peut – littéralement – vous empêcher de le réaliser… à condition que vous soyez disposé à faire les efforts nécessaires !

Malheureusement, même s'il devrait être tout aussi naturel de rêver que de respirer, beaucoup d'entre nous ont oublié comment se servir de leur imagination. Sans aucune raison valable, nous n'osons plus espérer, la peur de l'échec nous paralyse et nous avons honte de nos désirs. En bannissant toute aspiration de nos cœurs, nous cessons d'être à l'écoute de nous-mêmes et nous nous détournons de notre véritable raison d'être. Tels des êtres plongés dans un état de douce torpeur, nous finissons par vaquer à nos occupations sans jamais connaître ni de hauts ni de bas. Nous ne vivons pas vraiment – nous nous contentons d'exister. Or, c'est une grave erreur. Et c'est la première chose que nous allons modifier ensemble.

Notre capacité de rêver constitue l'une des plus grandes bénédictions et l'une des plus grandes libertés dont nous puissions bénéficier en tant qu'êtres doués de raison. Personne ne peut vous voler vos rêves. Il est d'autant plus triste de voir que beaucoup d'entre nous ont perdu leur capacité de rêver que c'est cette aptitude qui nous permet, au plus profond de notre être, de vibrer en accord avec l'harmonie et l'abondance naturelles de l'univers. Quand je dis « l'harmonie et l'abondance naturelles de l'univers », n'allez surtout pas croire que j'entends par là que votre vie va instantanément se transformer en jardin de roses. En réalité, c'est souvent lorsque nous sommes aux prises avec des difficultés que notre force intérieure et notre véritable essence se manifestent à nous. Les plus grands moments d'éveil surviennent souvent lorsque notre vie est en chute libre. Et ne me prenez pas pour une adepte du Nouvel Âge : il se trouve que le domaine spirituel séduit beaucoup de gens, mais il n'est pas nécessaire que ce soit votre cas, ou du moins pas encore, pour que vous puissiez tirer pleinement parti de ce livre. Je m'intéresse aussi aux sciences, comme vous le verrez au chapitre 3, et tout ce que j'aborde ici peut également être expliqué par la science.

Nous avons été mis au monde à cette époque-ci et à un endroit précis pour une raison, et notre seule et unique responsabilité consiste à découvrir cette raison, peu importe le temps qu'il nous faut pour y arriver. Le sens de la vie n'est pas une vérité qui nous est transmise, mais une vérité que vous devez découvrir par vous-même, en vivant de manière authentique et en cultivant vos passions en toutes circonstances. Paulo Coelho, l'un de mes auteurs préférés, a merveilleusement exprimé cette idée dans *L'alchimiste* : « Lorsque tu veux vraiment une chose, tout l'univers conspire à te permettre de réaliser ton désir. » Le seul ennui, c'est que vous devez trouver ce qui vous passionne, ce que vous aimez faire. Mais peut-être vous faut-il d'abord réapprendre à rêver avant de pouvoir déterminer ce que vous attendez vraiment de la vie?

Certains d'entre nous savent ce qu'ils veulent et l'ont toujours su. Si c'est votre cas, vous avez une longueur d'avance et vous méritez d'avoir 20/20. Par conséquent, passez par la case Départ, touchez vos 200 $ et allez directement au chapitre 2. La plupart d'entre nous n'ont toutefois pas autant de perspicacité, ce qui explique pourquoi nous nous sentons un peu perdus par moments. Souvent, lorsque j'invite les gens à donner libre cours à leur passion, ils me confient d'un air inquiet ou embarrassé qu'ils ignorent ce qui les passionne. Ne vous inquiétez pas, il s'agit là d'un problème commun à la plupart des gens.

Beaucoup parmi nous avons fermé la porte à cette partie de nous-mêmes qui stimule notre joie de vivre et la passion qui l'accompagne. Nous avons abandonné tout espoir de profiter pleinement de la vie, soit parce que nous avons peur d'être perçus comme des êtres égoïstes ou égocentriques, soit parce que nous avons peur d'être déçus. Il est terrible d'avoir des rêves lorsqu'on a été amené à croire qu'ils ne se réaliseront pas ou qu'on n'est qu'un sale égoïste si jamais ils se réalisent.

D'autres pourraient croire que les rêves ne sont bons que pour les enfants qui croient encore aux fées ou au Père Noël. Les adultes que nous sommes devenus ne rêvent pas : nous sommes des gens pratiques, nous faisons ce que l'on attend de nous et nous observons tout un tas de règles, même si nous sommes incapables de nous rappeler qui nous a dicté une telle conduite et pour quels motifs. (Voilà qui est typique du comportement des grandes personnes.) Nous dissimulons ce fatras de conneries sous ce que j'appelle volontiers une « épaisse couche de responsabilités », mais, en réalité, ce n'est rien de plus que la glorification pure et simple du concept de martyr et qu'une autre manière de chercher à rendre plus supportable une vie misérable. C'en est pathétique ! Si vous vous reconnaissez dans cette description, pas étonnant que vous soyez malheureux ! Vous êtes carrément à côté de la plaque et déconnecté de la réalité avec votre noble cause – et c'est dommage.

Vivre sans rêve, sans but ultime, c'est comme être à bord d'un navire perdu en mer. Songez-y. Lorsque vous planifiez un voyage, vous devez prendre plusieurs facteurs en considération au cours de vos préparatifs : la direction à prendre ; la distance à parcourir et la quantité de carburant nécessaire ; la quantité de nourriture et de vêtements à emporter, etc. Le fait de voir à tous ces détails vous oblige à planifier votre itinéraire de manière à pouvoir voyager sans encombre, n'est-ce pas ? Mais si vous n'avez pas de but précis en tête, comment allez-vous faire pour vous préparer adéquatement ? Comme le veut l'adage populaire, « l'échec de la planification équivaut généralement à la planification de l'échec ».

Pourquoi ne pas appliquer ce principe à votre vie ? Car comment espérez-vous aboutir à quelque chose de tangible si vous n'avez pas d'objectif à l'esprit ? Il s'agit là d'un moyen infaillible pour n'arriver à rien de bon.

Certains me diront qu'il n'y a pas de destination comme telle et que la vie constitue le chemin à parcourir. Bien qu'il y ait une part de vérité dans cette idée, vous n'êtes pas en train de voyager, techniquement parlant, si vous n'avez pas de destination en tête. Sans but ultime, vous êtes comme une roue qui patinerait sur place. Certes, cela demande beaucoup d'efforts et d'énergie, mais il n'en résulte aucun mouvement ou progrès réel. Pour que votre vie puisse suivre son cours comme elle est censée le faire, vous devez d'abord vous engager sur le chemin et prendre les commandes de votre vie.

Vous connaissez l'adage : « La vie c'est ce qui vous arrive pendant que vous êtes occupé à faire d'autres plans » ? C'est absolument vrai. Mais la clé d'une vie réussie, c'est justement de faire des plans, de poursuivre activement un but, d'émettre des énergies puissantes et positives dans l'univers et de rester ouvert à ce que ce dernier vous envoie en retour. Cela n'a absolument rien à voir avec le fait d'errer sans but en espérant trouver le bonheur au détour de la route. Vous ne le trouverez certainement pas de cette façon ! Vous devez au contraire le rechercher activement et de bonne foi. (Hé ! c'est même inscrit dans la constitution américaine. Vous n'allez pas contredire les Pères fondateurs, tout de même ?)

Est-ce que c'est compris ? Il est important de savoir où l'on va, d'avoir un but. Mais comment faire pour découvrir en quoi ce but consiste ? Comme je l'ai dit, de peur d'être déçus, de se sentir jugés, etc., la plupart d'entre nous ont oublié comment rêver. C'est ici que j'interviens pour vous donner un petit coup de pouce. N'ayez crainte, je vais simplement vous demander de faire quelques exercices faciles qui vont vous réapprendre à cultiver votre capacité de rêver et à découvrir exactement ce à quoi vous êtes destiné. Vous apprendrez ainsi à trouver un sens à votre vie, tant dans des projets de petite que de grande envergure.

Lorsque j'étais gamine, chaque dimanche de Pâques, ma mère organisait pour moi une énorme chasse aux œufs dans la maison. Ouais, j'adorais Pâques! L'Halloween aussi. En fait, j'adorais tous les jours de fête qui me permettaient de recevoir des friandises. Je devenais complètement dingue, je courais partout, je regardais sous chaque oreiller, je cherchais dans tous les pots de fleurs, j'inspectais la bibliothèque, je fouillais dans tous les tiroirs. Comme vous voyez, je débordais d'enthousiasme. Quoi qu'il en soit, il m'arrivait toujours de louper quelques œufs et, au moment où je m'apprêtais à laisser tomber, ma mère se mettait à jouer au jeu de chaud-ou-froid avec moi. Vous y avez certainement joué vous aussi lorsque vous étiez petit. Plus on se rapproche de l'objet caché, plus on «brûle»; au contraire, plus on s'en éloigne, plus on «se refroidit».

D'accord, vous n'êtes plus un gamin à la recherche d'œufs de Pâques. Mais vous êtes un être humain extraordinaire en quête d'un but dans la vie. Par conséquent, histoire de vous aider à retrouver l'enthousiasme de l'enfant que vous avez été, nous allons jouer à notre propre jeu de chaud-ou-froid, de manière à vous permettre de découvrir toutes les choses qui sont importantes pour vous et qui donnent un sens à votre vie.

« TU GÈLES », « TU BRÛLES » : DÉCOUVREZ QUELS SONT VOS RÊVES ET QUI VOUS ÊTES VRAIMENT

Vous trouverez à la fin de ce chapitre un espace où vous pourrez indiquer vos réponses aux questions grâce auxquelles je vais vous guider, et vous trouverez également sur mon site Internet un espace où vous pourrez noter le «récit» de votre voyage. Par conséquent, peu importe où vous êtes, vous aurez à portée de main tous les outils nécessaires. Mais lisez d'abord attentivement les questions qui suivent, en y réfléchissant bien. Puis trouvez en vous les réponses appropriées. En cours de route, je vais illustrer mon propos à l'aide d'histoires stimulantes afin que vous puissiez bien comprendre quel est le mécanisme à l'œuvre. (Est-ce que je vous inciterais à faire quelque chose si je ne savais pas que vous obtiendrez des résultats?) Les questions vont surtout porter sur votre vie professionnelle, la raison étant que notre but sur cette planète est de faire quelque chose qui nous rend heureux et nous permet de laisser notre marque. Nous allons aussi voir comment trouver l'amour et vivre en bonne santé. Mais ce voyage débute par ce que vous voulez réellement faire pour démontrer votre valeur personnelle au reste du monde. Très peu d'entre nous savons ce que nous voulons foncièrement faire de notre vie. L'idée qui sous-tend cet exercice consiste à devenir de plus en plus attentif à ce qui vous rend heureux («tu brûles») et à ce qui vous rend malheureux («tu gèles»), de sorte que vous puissiez par la suite découvrir peu à peu votre vocation véritable à partir de ces renseignements.

Tout au long de ce livre, vous rencontrerez des sections intitulées «Exercice». Partout où vous verrez ce titre, cela signifie que vous avez du travail à faire. Je vous demanderais par conséquent de tenir un journal personnel et de le garder à portée de main pendant votre lecture, ou encore de vous rendre sur mon site, JillianMichaels.com, et d'utiliser le journal en ligne intitulé «*Working It Out*[4]» qui s'y trouve. Faites en sorte d'y noter tout le travail que nous effectuerons ensemble, de même que tous vos objectifs, vos rêves et vos aspirations. J'ai également mis en ligne un certain nombre de quiz afin que vous puissiez approfondir davantage différents points. Recherchez cette icône : . Elle vous indiquera à quel moment ouvrir une session sur JillianMichaels.com/Unlimited. Ce sera l'occasion pour vous de faire un test et de connaître vos résultats, ou de découvrir d'autres outils, des graphiques, etc. destinés à vous soutenir dans vos efforts et à vous rendre la tâche plus agréable. Cet espace est à vous : utilisez-le et occupez-le comme bon vous semble.

Faites le point sur votre carrière et sur votre passé

Passez au crible vos expériences passées et essayez d'en dégager les éléments positifs aussi bien que négatifs, et d'en faire ressortir ce qu'ils ont en commun. Peut-être avez-vous des talents d'orateur ou d'organisateur, voire de bonnes connaissances en informatique? Dressez la liste de vos compétences et continuez de l'enrichir au cours des jours et des semaines à venir, tout en étant attentif à ce que votre cœur vous dicte et à l'écoute des pensées qui vous traversent l'esprit dans ces rares moments de calme et de silence. Si vous n'y parvenez pas immédiatement, ne vous inquiétez pas et n'insistez pas. Il y a de

---

4. Titre rendu dans le présent ouvrage par «Exercice». (*N.D.T.*)

bonnes chances pour qu'une tendance se dégage de vos expériences et vous amène à découvrir les passions qui vous animent, vous apportent beaucoup de satisfaction et vous rendent pleinement heureux. Vous trouverez à la fin de ce chapitre une série d'exercices qui vous permettront de pousser plus loin votre réflexion, de même que des questions supplémentaires destinées à vous inciter à aller dans la bonne direction.

VOICI COMMENT UNE AMIE A TROUVÉ SA VOCATION

Mon amie et prof de yoga Heidi Rhoades nous fournit un exemple parfait de la manière dont le destin de chacun s'accomplit lorsqu'on garde l'esprit ouvert, qu'on est à l'écoute de son cœur et qu'on cultive sa passion.

À la fin des années 1990, Heidi était une adolescente quelque peu déboussolée (comme nous l'étions tous à cet âge pour la plupart) qui fréquentait l'Université d'État de Pennsylvanie. À cette époque, elle n'avait aucune idée de ce qu'elle comptait faire d'une semaine à l'autre, sans même parler du reste de sa vie. Étant dotée d'intelligence et d'un solide sens pratique, Heidi a toutefois décidé de rencontrer un conseiller en orientation, lequel lui a suggéré de se lancer dans le marketing. La logique de son raisonnement était la suivante : « Si tu optes pour cette branche, tu auras l'entière liberté d'aller où tu voudras parce que tu pourras faire du marketing dans n'importe quel domaine. » Le plan idéal, quoi! Contentez-vous de rester dans le vague et peut-être qu'un jour le bonheur finira par frapper à votre porte. Aïe!

Toujours est-il que, quelques années plus tard, Heidi connaissait énormément de succès en tant que directrice du marketing d'une maison de disques. Elle avait de bons clients, un beau bureau, de beaux vêtements et une belle voiture, mais… elle était profondément malheureuse. Rien de tout cela n'avait de sens à ses yeux. Elle avait respecté toutes les règles du jeu et vécu ce qu'elle croyait être le rêve américain. Mais elle n'avait pas atteint son but ultime et apparemment inaccessible : trouver un véritable sens à sa vie.

Tel un bon soldat, elle s'acquittait de ses tâches avec zèle, jour après jour, convaincue qu'il y avait un prix à payer pour pouvoir joindre les deux bouts et vivre à l'aise : le prix du bonheur. Certes, elle avait des amis et des proches qu'elle chérissait et qui étaient pour elle une source de joie, mais, sur le plan professionnel, elle souffrait en silence. C'est ici que son histoire devient intéressante.

Un jour, les dirigeants de l'entreprise pour laquelle Heidi travaillait ont décidé de mettre en place des initiatives destinées à favoriser le bien-être de leurs employés. L'une d'elles a consisté à faire venir sur place un professeur de yoga pour que celui-ci donne des cours au personnel chaque mardi et chaque jeudi de la semaine, après les heures de travail.

Heidi a toutefois renoncé à profiter de cette occasion. Les mois ont passé sans même qu'elle se donne la peine d'aller voir de quoi il retournait, et encore moins d'assister à un seul cours. Ce n'était pourtant pas faute d'être sportive. En fait, Heidi était une athlète complète. Elle avait fait de la gymnastique, de la danse, du football et du softball, elle avait été la vedette de l'équipe d'athlétisme de son école secondaire et, pour montrer jusqu'où l'ironie du sort peut aller, elle était une yogi accomplie à l'époque de ses études universitaires. Mais, maintenant qu'elle était devenue adulte, elle devait organiser des réunions et assister à des déjeuners, à des dîners et à des cocktails. « Quelle personne aussi occupée qu'elle sur le plan professionnel serait assez stupide pour perdre son temps à suivre des cours de yoga ? »

Et voilà qu'un beau jeudi, après s'être engueulée au téléphone avec un autre responsable de ce secteur et s'être déjà tapé 60 heures de travail dans la semaine, elle a soudain eu l'impression que son cœur allait lui sortir de la poitrine. Elle a commencé à avoir des sueurs froides et à avoir des difficultés à respirer ; elle s'est sentie prise de vertige et tout s'est mis à tournoyer autour d'elle. Elle était victime d'une grave crise d'angoisse. Heidi s'est immédiatement précipitée à la cuisine du bureau pour prendre un verre d'eau, et qui se trouvait sur place en train de se préparer à donner son cours ? Je parie que vous avez deviné : le professeur de yoga. Celle-ci est restée un moment avec Heidi, l'aidant à retrouver ses esprits, et elle l'a finalement persuadée que le yoga constituerait pour elle un excellent moyen de se détendre et d'essayer de mettre un peu d'ordre dans sa vie.

À ce moment-là, se sentant particulièrement vulnérable, Heidi était disposée à écouter la voix de la raison. Elle récupéré les vêtements de sport qu'elle conservait dans un sac au fond de sa voiture et qu'elle n'avait pas utilisés depuis plus d'une semaine, et elle a assisté au cours de yoga ce jour-là. Même si elle manquait d'assurance et de souplesse parce qu'elle était quelque peu rouillée, elle a adoré l'expérience. Elle a ressenti une grande paix intérieure et une impression de calme qu'elle n'avait pas éprouvée depuis des années. Et c'est ainsi qu'a pu renaître de ses cendres son histoire d'amour avec le yoga et le pouvoir qu'a ce dernier de guérir et de transformer les gens.

Mais l'affaire ne s'arrête pas là : Heidi a entrepris de suivre des cours et des ateliers auprès des meilleurs instructeurs de la planète. Elle a commencé elle-même à enseigner à ses collègues et à ses amis dans ses temps libres, tout simplement parce qu'elle a trouvé un sens à sa vie le jour où elle a constaté qu'ils éprouvaient de la joie et qu'ils recouvraient la santé grâce à la pratique du yoga.

Elle s'est bientôt retrouvée à la croisée des chemins. Sa véritable vocation lui est apparue clairement. Elle s'était épanouie grâce à l'athlétisme alors qu'elle était gamine et, une fois devenue adulte, le hasard lui avait fait redécouvrir sa passion de toujours. L'idée de poursuivre sa carrière dans le monde de la musique lui paraissait dorénavant absurde et insupportable. Une fois qu'on a aperçu la lumière, il devient impossible de continuer à vivre dans l'obscurité. Et même si l'idée de tout quitter pour tenter sa chance dans un nouveau domaine l'a de prime abord angoissée, elle savait que sa passion résidait dans la pratique et l'enseignement du yoga, et elle a donc suivi son intuition sans hésiter.

Et qu'en est-il à l'heure actuelle ? Elle est très heureuse et connaît beaucoup de succès en tant que professeur de yoga. Elle vit à Los Angeles, où elle travaille avec des gens de toutes les couches de la société, qu'il s'agisse de célébrités de premier plan, de femmes hébergées dans des foyers pour victimes de violence conjugale ou d'enfants nécessitant une attention spéciale. Le fait d'écouter les messages que l'univers lui a envoyés et de suivre sa passion lui a permis d'opérer un changement radical dans sa vie. Aujourd'hui, elle fait ce qu'elle aime et elle aime ce qu'elle fait. Et c'est exactement ce que l'univers attend de nous tous !

Dressez la liste de vos passe-temps et de vos centres d'intérêts

Il se pourrait que votre véritable vocation se cache quelque part dans ce que vous *ne faites pas* dans le but de payer votre loyer. Êtes-vous impatient d'aller jardiner dès que le printemps arrive ? Est-ce que vous adorez cuisiner pour la famille et les amis ? Est-ce que vous passez vos week-ends à faire des courtepointes, du tricot ou de l'artisanat ? Rien ne vous empêche de transformer votre passe-temps favori en activité professionnelle. Regardez le nombre d'entrepreneurs qui ont réussi en procédant de la sorte : Martha Stewart a commencé ses activités comme traiteur à partir du sous-sol de sa maison. Oui, de son *sous-sol*! Coco Chanel a débuté comme couturière, sans avoir reçu la moindre formation spécifique dans le domaine de la mode ou du design. Walt Disney a abandonné l'école secondaire à seize ans pour faire des dessins animés.

Et n'oublions pas mon cas : j'enseigne aujourd'hui le conditionnement physique parce que j'ai découvert, à l'âge de dix-sept ans, que l'exercice m'aidait à me sentir plus forte. Les arts martiaux m'ont permis de devenir une gamine en pleine forme alors que j'étais bouffie auparavant ; à la fin de mon adolescence, j'étais devenue une véritable mordue de gymnastique. Un jour, à dix-sept ans, alors que je m'entraînais au gymnase dans le but d'obtenir ma ceinture noire et que j'essayais de faire des redressements inversés à l'aide de bottes de gravité, quelqu'un m'a demandé si j'étais entraîneur. C'était la première fois qu'on me posait la question. Je me suis arrêtée, j'ai réfléchi un instant et j'ai répondu : « Bien sûr, je vais vous entraîner. » Et la suite fait partie de l'histoire. Je sais ce que vous vous dites : « Mais moi je ne pourrais jamais faire ça. » Et pourquoi pas, bon sang !?

Lorsque vous avez du respect pour vous-même et que vous êtes sincèrement à l'écoute de vos désirs et de vos besoins, vous ne pouvez pas vous tromper et les récompenses qui vous attendent sont innombrables. Par conséquent, examinez de près tout ce que vous faites pour le simple plaisir de la chose – voyez grand, gardez l'esprit ouvert et ne portez pas de jugement sur vous-même. Une activité parascolaire pourrait très bien se transformer en activité professionnelle et donner un sens à votre vie, et ce à un point que vous n'auriez jamais osé imaginer.

Dressez la liste de vos aptitudes et de vos goûts personnels

Êtes-vous plus à l'aise avec les chiffres qu'avec les lettres ? Avez-vous plus de facilité à déléguer une tâche ou à l'accomplir vous-même ? Êtes-vous du genre introverti ou extraverti ? En société, préférez-vous être entouré d'amis ou rencontrer ceux-ci en tête-à-tête ? À mesure que vous vous approchez de votre objectif, assurez-vous de tenir compte de vos points forts et de vos points faibles, des problèmes que vous pouvez et que vous ne pouvez pas régler, de ce qui vous procure du plaisir et de ce qui vous donne envie de vous jeter (ou de jeter quelqu'un d'autre) en bas d'un pont. Si je puis me prendre (encore une fois) en exemple, j'ai toujours voulu être médecin quand j'étais jeune. Je voulais prendre soin des gens, les guérir et faire en sorte qu'ils se sentent mieux, et leur enseigner comment rester en bonne santé. Il y avait juste un léger problème : je ne supporte pas la vue du sang. Elle me répugne et me rend malade, ce qui ne correspond pas tout à fait à ce qu'on attend d'un bon médecin. Mais j'ai élargi mes horizons et découvert une autre façon d'atteindre mon objectif. J'œuvre aujourd'hui dans le domaine de la santé, mais là où j'ai le loisir et l'énorme privilège d'aider les gens à se rétablir et à rester en bonne santé, sans pour autant avoir affaire au côté moins plaisant de la médecine. Tout le monde y trouve son compte. Rappelez-vous que tous les chemins mènent à Rome, comme le dit le proverbe. Si vous voulez trouver le vôtre, laissez-vous guider par vos talents et vos lacunes, ainsi que par vos aversions et vos goûts personnels.

Ne dérogez pas à vos valeurs morales et à vos principes

Si vous vous lancez dans une activité susceptible de générer un conflit interne ou un dilemme moral important, vous serez malheureux. Si, par exemple, vous êtes un ardent défenseur des droits des animaux, éprouverez-vous du plaisir à travailler pour un fabricant de cosmétiques qui teste son mascara sur des lapins ? Non, évidemment ! Beaucoup de gens comprennent difficilement que les frontières puissent parfois être floues dans ce domaine. Aucun montant d'argent, aucune forme de prestige et aucun avantage matériel ne pourront jamais contrebalancer le fait de renier ses convictions profondes. Par conséquent, assurez-vous de vous engager sur une voie qui s'harmonise avec votre code de conduite.

À PROPOS DE VALEURS PERSONNELLES

Ma mère est probablement la personne la plus honnête que je connaisse. Vérité, honnêteté et prise de conscience de soi sont les valeurs suprêmes de sa vie, et elle s'efforce de tenir son ego en échec. (Elle m'avoue qu'elle n'y arrive pas toujours, mais je n'en ai pas connaissance ; elle dit aussi que j'ai tendance à l'idéaliser.) Hypocrisie, superficialité et définitions simplistes du bonheur n'ont pas cours dans sa vie. Elle est personnellement convaincue que la clé de la satisfaction et de l'épanouissement personnels résident dans le fait de vivre en étant intègre et en donnant un sens à sa vie.

Ma mère a connu une carrière prestigieuse et couronnée de succès dans le domaine des relations publiques. De l'extérieur, on aurait dit que ce métier était fait pour elle. Elle était créative, ce qui lui permettait de mettre sur pied des campagnes uniques pour ses clients. Comme elle était sociable, elle parvenait à apprivoiser même les personnalités les plus coriaces d'Hollywood. En outre, elle était belle et s'habillait bien, de sorte qu'elle était parfaite pour ce rôle. Elle a débuté dans le domaine du divertissement. Mais lorsqu'un certain acteur, dont je tairai le nom, a été pris d'un accès de colère parce qu'il n'avait pas pu faire la une de *Newsweek* ou de *Time* aux fins de faire la promotion de l'adaptation cinématographique d'une bande dessinée en plein milieu d'une crise internationale, elle en est restée interloquée. Elle s'est alors tournée vers le secteur privé, dans l'espoir d'y trouver un environnement plus sain. Mais elle a découvert qu'on y exerçait une pression énorme visant à solliciter et à manipuler les médias en vue de présenter les clients de la façon la plus avantageuse possible, au détriment de la vérité. Sa prestigieuse carrière de haut vol lui donnait un sentiment de malaise et de vide.

Après s'être livrée à une importante introspection, elle a décidé de retourner aux études et d'entreprendre une carrière à titre de psychothérapeute. Elle aimait tellement ce qu'elle faisait que, quatorze ans après avoir été habilitée à exercer cette profession, elle a décidé de se perfectionner en obtenant un doctorat en psychanalyse, un objectif qu'elle est près de réaliser. Aujourd'hui, elle connaît un vif succès dans son métier, elle est heureuse et mène une vie basée sur l'authenticité, en accord avec sa vocation véritable.

Même si vous possédez les aptitudes voulues pour bien accomplir un travail, si elles ne correspondent pas à ce que vous êtes fondamentalement, vous ne serez pas heureux. Par conséquent, passez vos convictions soigneusement en revue et assurez-vous que vos actions soient le reflet de vos pensées.

L'essayer, c'est l'adopter !

Existe-t-il quelque chose que vous avez toujours été curieux d'essayer, mais qui vous a toujours semblé trop extravagant ou trop éloigné de votre style de vie ? Comment pouvez-vous savoir si une chose vous plaira ou non si vous ne l'avez jamais essayée ?

Il est essentiel de garder l'esprit aussi ouvert que possible si vous souhaitez découvrir ce que votre vocation véritable pourrait être. Nous sommes nombreux à exclure certaines choses de nos vies avant même d'en avoir fait l'expérience ou d'avoir obtenu les informations qui nous permettraient de les évaluer adéquatement. Ce qui ne nous empêche évidemment pas de porter un jugement sur elles. Plus souvent qu'autrement, nous avons une réaction négative face à tout ce qui est nouveau. La raison en est que nous sommes programmés à réagir ainsi.

Je le constate sans arrêt dans le cadre de l'émission *The Biggest Loser*[5]. Ainsi, lors de la septième saison, j'ai décidé d'apprendre à surfer aux membres de mon équipe. (D'accord, j'avais envie de faire du surf. Pourquoi n'en auraient-ils pas eu envie eux aussi?) Mais j'ai bien cru que leurs jérémiades n'auraient jamais de fin : « Nous sommes trop gros, nous ne pourrons jamais surfer », « Je déteste avoir du sable partout », « Je vais avoir froid », « Je vais ressembler à une baleine dans mon maillot humide ». Les plaintes et les gémissements n'ont eu de cesse jusqu'au moment de notre sortie à la plage. Le jour venu, ils ont enfilé leurs combinaisons, se sont installés sur leurs planches et hop! tout le monde à l'eau. C'est alors que quelque chose d'incroyable s'est produit. (Ce n'est pas pour me vanter ni rien, mais je savais depuis le début qu'il en serait ainsi.) Tous sans exception ont adoré l'expérience. Ils ont fait la connaissance d'autres surfeurs qui passaient par là et qui m'ont aidée en leur donnant de précieux conseils. Ils ont pu apercevoir des dauphins et des otaries qui s'amusaient à quelques mètres d'eux à peine dans l'océan. À force de patauger dans l'eau, ils ont ainsi eu droit à une véritable séance d'entraînement; certains ont même réussi à affronter quelques vagues. Soudain, j'avais une équipe de surfeurs sous les yeux. Même leur discours avait changé : « Quand allons-nous pouvoir revenir? », « Est-ce que je pourrais essayer une nouvelle planche la prochaine fois? ».

Nos vies peuvent devenir passablement routinières et il faut parfois savoir bousculer un peu nos habitudes, essayer quelque chose de nouveau, qui nous oblige à sortir des sentiers battus et de notre zone de confort. N'ayez pas peur de mettre un peu de folie dans votre vie. Tant que vous ne l'aurez pas essayée, vous ne pourrez pas savoir si une chose vous plaira ou non. Par conséquent, ne fermez pas la porte, par ignorance ou par peur de l'inconnu, aux occasions qui sont susceptibles de détenir la clé de votre avenir.

---

5. Cette émission a été doublée au Québec, où elle est connue sous le nom de *Qui perd gagne*. (*N.D.T.*)

EXERCICE

Je suis assez critique en ce qui concerne le choix des personnes susceptibles de me conseiller. Mais lorsque je suis d'avis que quelqu'un a de la sagesse à revendre, je suis toute disposée à l'écouter afin d'évoluer, car je m'efforce d'acquérir de nouvelles connaissances tous les jours. Je vais donc citer un autre auteur que j'aime bien, à savoir le Dr Wayne Dyer, qui a écrit : « Être en Esprit, c'est une direction que nous prenons plutôt qu'une destination à atteindre. Vivre en étant en Esprit nous oblige à déterminer quelle est cette direction, et nous pouvons le faire en observant nos pensées et nos comportements. (...) Une fois que nous commençons à observer nos pensées, nous constatons que, très souvent, nous allons dans la mauvaise direction[6]. »

En un mot, voilà en quoi consistent les exercices de réflexion du présent chapitre. Vos réponses aux questions doivent provenir de votre cœur, pas de votre tête. Ne mettez pas quelque chose par écrit sous prétexte que vous pensez que vous devriez le faire. Il ne s'agit pas ici de noter ce que les autres pensent que vous « devriez » être. Il s'agit de découvrir qui vous êtes réellement. La clé pour trouver un sens à votre vie étant d'être vrai avec vous-même, soyez par conséquent à l'écoute de vous-même lorsque vous méditez sur chacune de ces questions. Rappelez-vous que vous êtes là pour une seule et unique raison : pour être vous-même, peu importe le temps qu'il vous faudra pour comprendre ce que cela signifie pour vous. De toute façon, vous n'avez vraiment pas d'autre choix : toutes les autres personnes sont prises. C'est votre tâche, et c'est la seule contribution que vous êtes tenu d'apporter au reste du monde.

VOS ANTÉCÉDENTS PROFESSIONNELS, VOS ÉTUDES ET VOTRE PARTICIPATION À DES ACTIVITÉS BÉNÉVOLES

- Préférez-vous travailler au sein d'une entreprise disposant d'une structure et de ressources adéquates ou dans un environnement plus décontracté et offrant plus d'intimité ?
- Préférez-vous faire partie de l'aventure d'une jeune entreprise ou bénéficier de la stabilité relative qu'offre une société plus solidement implantée ?
- Vous sentez-vous plus à l'aise lorsque vous faites un travail physique ou lorsque vous êtes assis derrière un bureau ?
- Avez-vous pris plaisir à faire du bénévolat, en prêtant votre concours à la Société protectrice des animaux ou en livrant des repas aux personnes âgées confinées chez elles, par exemple ?

---

6. Dr Wayne Dyer, *Inspiration: Your Ultimate Calling* (traduction libre : *Inspiration: votre vocation dernière*), Hay House, New York, 2006.

VOS LOISIRS ET VOS CENTRES D'INTÉRÊTS
- Quelle est la chose que vous aimez le plus faire au monde ?
- Avez-vous suivi avec plaisir un cours d'art dramatique lorsque vous étiez à l'école ou vous êtes-vous adonné à une autre activité ludique à laquelle vous avez renoncé depuis ?
- D'après l'idée que vous vous faites d'une « journée idéale », qu'est-ce que vous vous voyez en train de faire ?

VOS GOÛTS ET VOS APTITUDES
- Préférez-vous travailler seul et vous sentir indépendant ou travailler en collaboration avec d'autres et sentir que vous faites partie d'une équipe ?
- Avez-vous des aptitudes pour les activités scientifiques ou êtes-vous plutôt du genre créatif ?

VOS VALEURS ET VOS PRINCIPES
- Quelles sont les croyances auxquelles vous tenez le plus ? Aimez-vous les animaux, êtes-vous un ardent défenseur des droits humanitaires, un amoureux de la Terre ?

FAITES-EN L'ESSAI
- Avez-vous toujours voulu faire du parachutisme, du deltaplane ou une autre folie du genre ? Ou avez-vous jamais été tenté de suivre un cours en gestion d'entreprise ou de faire quelque chose d'un peu plus « sérieux » ?

Chapitre 2

TOUT EST DANS LES PETITS DÉTAILS

Si vous avez fait l'exercice qui se trouvait à la fin du chapitre précédent, vous devriez avoir une idée d'ensemble des grands rêves qui vous habitent. À présent, nous allons les examiner en détail.

Bien des gens s'imaginent qu'une fois définie l'orientation générale qu'ils entendent donner à leur vie, le tour est joué. Or, il n'en est rien. Une fois cette vision globale en place, il importe de la décomposer en petits objectifs, en étapes clairement identifiées qui vont permettre de mesurer les progrès accomplis et de rester sur la bonne voie. Vouloir «gagner plus d'argent» ou «se marier» : voilà certes de beaux rêves, mais ce ne sont pas des objectifs pour autant. La différence entre les deux est à peu près la même qu'entre vouloir aller en direction du nord-est et vouloir se rendre à l'Empire State Building. Dans le premier cas, il s'agit d'un point de repère sur une boussole, tandis que dans l'autre, il s'agit d'un endroit précis. Dans le premier cas, on n'a aucune idée du moment exact où le but est atteint. Dans le second, on sait que l'objectif est atteint dès l'instant où l'on arrive à destination.

Si vous n'avez pas une idée claire et nette de ce que vous désirez accomplir, vous êtes susceptible de passer toute votre vie à poursuivre les rêves de ceux qui savent exactement ce qu'ils veulent, à errer sans but ou à mener une vie qui ne vous procurera aucune satisfaction véritable. Vous pourriez gagner très bien votre vie, mais à faire un boulot que vous détestez. Vous pourriez vous marier, mais, faute d'être fondée sur l'amour et le respect mutuel, votre vie de couple ne sera pas harmonieuse. Tant que vos objectifs ne seront pas clairement définis, votre vie ne ressemblera en rien à ce que vous souhaitez consciemment. En fin de compte, vous aurez l'affreuse impression d'avoir probablement pris la mauvaise direction, et vous vous demanderez alors : «Mais comment diable ai-je bien pu atterrir ici?»

Revenons aux participants à l'émission *Qui perd gagne*. Chaque jour je passe des heures, et je dis bien des heures, à leur en faire voir de toutes les couleurs, tant physiquement que psychologiquement. Je fais quotidiennement ce travail de démolition parce que j'estime qu'il faut d'abord détruire ce qui existe avant de pouvoir reconstruire sur des bases solides. Mais cela ne peut fonctionner que si les candidats sont persuadés que le jeu en vaut la chandelle. Sinon, ce serait les faire souffrir et les maltraiter bien inutilement. D'autant plus que les châtiments semblent ne jamais vouloir s'arrêter, jusqu'au moment où ils sont éliminés et remercient le ciel que ce soit enfin terminé. Mais où se trouve la partie « construction » de l'exercice ? Dans l'intention qu'ils ont en tête, dans l'objectif qu'ils cherchent à atteindre au moyen de cette expérience.

Ce processus doit obligatoirement s'accompagner d'une ferme intention de transformer ses rêves en réalité. Dans un premier temps, je les aide à s'identifier à un rêve, comme nous l'avons vu au chapitre 1, de manière à ce qu'ils comprennent que tout ce qu'ils endurent a un sens et une raison d'être. Puis je les invite à préciser jusqu'aux moindres détails, de sorte qu'ils puissent voir clairement que, par-delà la souffrance, la santé et le bonheur les attendent. Ainsi, lorsque je leur fais des misères dans la salle de gym, ils visualisent que leur corps est plus mince, plus fort et en meilleure santé, en plus d'imaginer en détail tout ce que cela représente pour eux. Lorsqu'ils courent sur le tapis roulant, ils savent qu'ils pourront bientôt courir aux côtés de leurs enfants. Lorsqu'ils font des poids et haltères, ils savent qu'ils pourront bientôt porter leur fiancée dans leurs bras. Voyez-vous où je veux en venir ?

En d'autres termes, quel que soit le rêve que vous vous efforcez de réaliser, ne le perdez jamais de vue. Dans *Crépuscule des idoles,* Nietzsche a écrit : « Si l'on possède son *pourquoi ?* de la vie, on s'accommode de presque tous les *comment ?* » La majorité des gens n'aiment pas le brocoli ou le marchepied d'exercice, mais tous deux valent la peine qu'on tolère et même qu'on accepte leur présence, que votre objectif soit de porter des jeans moulants ou de connaître un jour les petits-enfants de vos petits-enfants, voire les deux.

Peut-être m'avez-vous vue demander aux différents concurrents les raisons pour lesquelles ils veulent participer à l'émission, mon but étant qu'ils précisent quelles sont leurs intentions. Ils me répondent tous sans exception :

« Parce que je veux être en bonne santé. » Ils me regardent dans les yeux en souriant, convaincus qu'ils sont de m'avoir donné la réponse que je voulais entendre, que je vais les laisser tranquilles et les épargner ou que je vais m'en prendre à quelqu'un d'autre. Ouais, c'est ça.

Cette réponse est pour le moins tiède, pour rester polie. Pour reprendre l'analogie précédente, c'est comme dire : « Je veux aller en direction du nord-est. » Si vous demandez à quelqu'un où il compte se rendre en vacances et qu'il vous répond de cette façon, vous n'aurez pas la moindre idée de l'endroit où il veut aller. Il en est par conséquent de même lorsqu'on affirme vouloir « être en bonne santé ». Que veut dire « être en bonne santé » pour *vous* ? À quoi cela correspond-il au juste sur les plans physique, personnel et professionnel ?

Est-ce que ça signifie vivre assez vieux pour voir vos petits-enfants obtenir leur diplôme universitaire ? pouvoir courir le marathon ? porter des jeans moulants ou avoir des relations sexuelles sans craindre de laisser les lumières allumées ? rembourser l'hypothèque pour pouvoir devenir enfin propriétaire de votre maison ? vivre une relation amoureuse qui soit harmonieuse, durable et mutuellement enrichissante ? ou toutes ces réponses ?

Examinons en détail en quoi consiste votre rêve. À quoi ressemble-t-il au juste ? Nous allons faire en sorte de rendre votre vision suffisamment concrète pour que même la moindre de vos actions découle de vos intentions et constitue une étape de plus vers la réalisation de votre rêve.

Voici une information étonnante mais néanmoins vraie concernant la complexité de l'être humain : notre cerveau est incapable de faire la distinction entre des événements réels et des événements imaginaires. Par conséquent, grâce à la visualisation créatrice, vous avez la possibilité d'utiliser le pouvoir de votre mental pour définir clairement votre but. Votre imagination aidant, vous pouvez emmagasiner dans votre mémoire le souvenir d'expériences positives qui contribueront à vous motiver et à renforcer votre estime de vous-même. Ces visions auront alors pour effet de vous persuader que vous avez le pouvoir de transformer votre rêve en réalité. Il existe un moyen infaillible d'y arriver, et c'est ce que nous allons maintenant voir étape par étape.

EXERCICE

COMMENT MAÎTRISER L'ART DE RÉALISER SES RÊVES

ASSUREZ-VOUS D'AVOIR UNE VISION RÉALISTE DE L'AVENIR

La visualisation créatrice n'a pas pour objet de vous permettre de défier les lois de la nature. N'allez surtout pas croire que vous pourrez voler, devenir invisible ou faire disparaître votre belle-mère comme par magie. De grâce, n'imaginez rien qui soit ridicule ! Je sais que cela peut paraître idiot, mais souvent, en nous fixant des objectifs impossibles à atteindre, nous nous organisons pour connaître l'échec. Vous devez faire en sorte que votre rêve puisse s'incarner dans la réalité. Il y a des choses que vous ne pouvez pas changer. Par exemple, si vous mesurez 1,60 m (5 pi 3 po), comme moi, et que vous aimez le basket-ball, il n'est pas réaliste d'espérer jouer un jour dans une équipe professionnelle. Vous ne serez jamais en mesure de smasher comme LeBron James[7]. Néanmoins, rien ne vous empêche de devenir un grand joueur et de faire partie d'une équipe locale ou d'une équipe internationale, voire de devenir entraîneur. Vous voyez ce que je veux dire ?

DÉFINISSEZ CLAIREMENT VOS OBJECTIFS

Plus votre vision sera précise et détaillée, meilleures seront vos chances de succès. Par exemple, si vous souhaitez avoir un nouvel emploi, visualisez le trajet que vous devrez emprunter pour vous rendre à votre travail, votre nouvelle garde-robe, l'allure que vous aurez dans vos vêtements, les gens que vous allez rencontrer, votre horaire de travail et les éventuels sacrifices, en termes de temps consacré à votre famille ou à vos loisirs, auxquels vous devrez consentir. Vous pouvez même tenter d'imaginer à quoi ressemblera votre environnement de travail (éclairage, bruits, etc.). En vous basant sur votre vie actuelle, voyez en quoi vos journées vont changer d'instant en instant. Plus la vision de votre réussite comportera de détails, plus elle va s'incarner concrètement dans votre esprit et plus il vous sera facile d'agir pour qu'elle devienne réalité.

RESSENTEZ CE QUE SERA VOTRE NOUVELLE VIE

Il est nécessaire d'associer des émotions à ce que vous voyez en imagination. Votre vision n'en deviendra ainsi que plus tangible à vos yeux. Lorsque vous visualisez l'emploi de vos rêves, imaginez ce que vous ressentirez le soir en

---

7. Considéré aux États-Unis comme l'un des meilleurs joueurs de basket-ball actuels, LeBron James mesure 2,03 m (6 pi 8 po). (*N.D.T.*)

rentrant chez vous après avoir travaillé toute la journée à quelque chose d'intéressant et d'utile. Imaginez la joie que vous éprouverez lorsque vous aurez atteint votre objectif ! Savourez pleinement cette sensation et laissez-vous envahir par vos émotions.

Lorsque j'étais gamine, mon père possédait une puissante voiture ancienne. J'étais d'avis que ce bolide était la chose la plus extraordinaire du monde. À mes yeux, il représentait le symbole suprême de la réussite. Le jour où j'en posséderais un moi aussi, je serais comblée. Mais mon fantasme ne s'arrêtait pas là. Pendant des années je me suis imaginée en train de rouler sur l'autoroute qui traverse la ville de Malibu[8] à bord de cette voiture. Je ressentais l'ivresse que provoquait en moi le rugissement de son puissant moteur à travers les canyons. Je me délectais du sentiment de liberté qui m'envahissait tandis que je roulais le long de la côte tout en respirant l'air marin. Cette vision est devenue réalité en 2008, le jour où j'ai acheté une Camaro 1967 décapotable. Depuis, j'ai littéralement vécu et revécu chacune des scènes que j'avais vues en imagination. Chaque fois que je me sens stressée ou déprimée, je fais une balade dans cette voiture et je suis instantanément heureuse, tout comme je l'étais en imagination bien des années auparavant. C'est peut-être superficiel, mais c'est mon rêve à moi, alors pas touche ! Commencez plutôt à vous concentrer sur vos propres rêves.

Lorsque vous créez un lien entre votre visualisation et vos émotions, c'est comme si votre rêve s'était déjà matérialisé. Au lieu de vous morfondre sous prétexte que l'objet de vos désirs se fait attendre, cessez de vous lamenter et faites-vous plaisir en expérimentant déjà ce que vous éprouverez le moment venu. On obtient ce qu'on donne ; par conséquent, faites toujours en sorte d'avoir l'impression que l'abondance règne dans votre vie. Envoyez des pensées positives dans l'univers et vous recevrez des choses positives en retour. (Le chapitre 3 vous en apprendra davantage à ce sujet.)

METTEZ VOTRE CORPS À CONTRIBUTION

Mettez vos réactions physiologiques à contribution en incitant également votre corps à participer au processus de visualisation. J'aimerais par conséquent que vous ressentiez les sensations physiques qui sont associées à votre vision. Ainsi, si vous vous imaginez en train de sauter au moment d'effectuer un jet franc[9], ressentez la détente qui se produit dans vos jambes, puis le mouvement de votre corps qui s'incline vers l'avant avant de retoucher le sol.

---

8. Célèbre cité balnéaire située dans le comté de Los Angeles, en Californie, et où résident de nombreuses stars du cinéma. (*N.D.T.*)
9. Il est ici question de handball. Le jet franc consiste en un tir au but effectué par un attaquant à la suite d'une faute commise par l'équipe adverse. (*N.D.T.*)

Ou encore, lorsque vous vous voyez pesant 25 kilos (environ 50 livres) en moins, imaginez la sensation que vous éprouverez en enfilant une robe de soirée tout en ayant le sentiment d'être svelte et en bonne santé. Si votre rêve est d'enseigner l'équitation aux enfants, imaginez ce que vous éprouverez à passer vos journées au grand air. Faites comme si vous y étiez déjà et comme si c'était réel. En associant vos sensations physiques à vos émotions, vous vous investissez entièrement dans le processus de visualisation. Cela peut sembler idiot, mais les athlètes de haut niveau utilisent énormément cette technique spéciale ; des études ont même démontré qu'il est pratique courante, chez les athlètes olympiques qui remportent le plus grand nombre de médailles d'or, de faire des exercices de visualisation. Introduisez des sensations physiques dans vos rêveries mentales et ces dernières vous sembleront de plus en plus familières et réelles.

FAITES PREUVE D'ENTHOUSIASME

Il peut être très excitant pour vous de visualiser vos succès à venir, mais serez-vous aussi enthousiaste lorsque viendra le moment d'agir en vue d'atteindre votre objectif ? Vous pourriez sans peine vous imaginer en train de gagner le Tour de France, mais seriez-vous disposé à respecter le programme d'entraînement intense qu'un tel exploit implique ? à suivre un régime alimentaire strict ? à consacrer tout le temps nécessaire à sa réalisation ? Sauriez-vous apprécier et considérer comme autant d'expériences stimulantes les diverses étapes du processus ? Il est indispensable de pouvoir imaginer que vous serez heureux d'effectuer le travail qui vous permettra d'atteindre votre objectif, parce que vous devrez inévitablement travailler dur pour y arriver.

Songez à tout ce que vous allez devoir accomplir en vue d'atteindre votre objectif, puis ressentez la joie que ces actions vous procureront. Si vous en êtes incapable, c'est peut-être que votre but final ne correspond pas à ce que vous êtes fondamentalement. Il n'est pas nécessaire d'apprécier chaque seconde de chacune des étapes du parcours. Mais vous devez globalement être en mesure de vous voir en train de fournir les efforts requis, de franchir les diverses étapes du processus et d'y prendre plaisir.

FAITES UN TABLEAU DE VISUALISATION

Les tableaux de visualisation sont plutôt à la mode en ce moment – même Oprah Winfrey s'y est mise ! Il faut dire qu'ils sont amusants à faire, car ils font penser aux cours d'artisanat et d'arts plastiques que suivent les enfants dans les colonies de vacances. L'idée de base est très simple, même si rien ne vous empêche de faire appel à votre créativité et de faire des tableaux de visualisation aussi élaborés que vous le désirez. Procurez-vous un panneau d'affichage ainsi que des photos et des images en rapport avec votre objectif. Mettez tout ce que vous voulez sur le panneau en question. Sans blague. Des représentations de maisons, de voitures, de prix et de récompenses, de croisières de luxe, de muscles abdominaux, etc. Ne vous gênez surtout pas. Vous voyez une photo qui représente quelque chose qui vous tente ? Épinglez-la au tableau ! Je n'arrête pas d'en ajouter aux miens. J'en suis déjà à mon troisième tableau.

Cet exercice est fondamental en ce sens qu'il vous incite à la fois à vous amuser et à en apprendre davantage au sujet de votre rêve. C'est un peu l'équivalent visuel de noter votre objectif par écrit (ce que nous verrons au chapitre 10). Il oblige votre esprit à se concentrer sur des pensées positives et sur l'idée de réussite, et il vous aide à consolider votre plan d'action et à créer cet indispensable lien affectif avec vos désirs. Placez votre tableau de visualisation à un endroit d'où vous pourrez l'apercevoir aussi souvent que possible. Mettez-en un dans votre bureau. Faites-en un qui vous servira d'écran de veille pour votre ordinateur. Plus vous verrez votre objectif, plus il deviendra concret dans votre subconscient.

En fin de compte, la visualisation est un outil puissant qu'utilisent même des personnes haut placées qui ont du succès dans divers domaines. Peu importe où vous avez fait vos études ou que vous jouissiez de certains privilèges. Ceux qui savent vraiment ce qu'ils veulent obtiennent de loin de meilleurs résultats que le reste de la population.

J'aimerais que vous pratiquiez cet exercice de visualisation chaque fois que la chose est possible : le matin au réveil, afin de bien démarrer la journée ; au cours de la journée, afin de prendre conscience de ce que vous faites dans l'immédiat, aussi infimes ou insignifiantes que vos actions puissent être ; et avant d'aller vous coucher, afin de réfléchir à ce qui s'est passé pendant la journée et de redéfinir vos priorités pour le lendemain. Votre imagination peut engendrer la peur et vous limiter, mais elle peut aussi vous aider à briser ce cercle vicieux. Commencez à l'utiliser à votre avantage afin de créer une nouvelle réalité qui soit positive.

••

Chapitre 3

FAITES UNE PETITE PRIÈRE

(OUI, J'AI BIEN DIT « PRIÈRE » !)

Bon, préparez-vous, car voici la partie la plus controversée du livre. Si nous souhaitons que nos rêves se réalisent, il y a un sujet que nous devons impérativement aborder, à savoir le pouvoir de la prière. Si ce mot vous rend nerveux ou vous donne de l'urticaire, ou vous met simplement quelque peu mal à l'aise, substituez-le par « méditation », « manifestation des désirs », « faire un vœu » ou autre chose, l'essentiel étant de lire ce chapitre jusqu'au bout. Toutes ces expressions ont foncièrement la même signification. Elles désignent toutes le fait d'exprimer un espoir et de faire appel à une source d'énergie plus grande que soi pour que cet espoir devienne réalité.

Les auteurs de guides pratiques ont tendance à éviter d'aborder cette question ; ils se refusent à utiliser des expressions religieuses de crainte de rebuter leurs lecteurs ou de choquer le grand public. Comme vous ne l'ignorez peut-être pas, je ne suis pas du genre à ménager la chèvre et le chou. Par conséquent, avant d'aller plus loin, j'aimerais que vous vous débarrassiez de tout préjugé susceptible d'être associé dans votre esprit à des mots comme « Dieu / Univers », « spiritualité », « prière », etc., parce que ce que je m'apprête à vous dévoiler est absolument indispensable à votre réussite. Et je ne vais pas me gêner pour utiliser ces mots. Que vous soyez croyant ou non – et j'utilise le terme « croyant » dans son acception la plus large possible –, on ne peut nier le fait que nos esprits ont un pouvoir. Qu'il s'agisse de prier, de méditer ou de simplement se concentrer sur un objectif, des études scientifiques prouvent que nos croyances et nos pensées exercent une énorme influence sur notre réalité quotidienne.

DES ÉTUDES SCIENTIFIQUES CONFIRMENT L'EXISTENCE DE POUVOIRS D'ORDRE SPIRITUEL

Au cours des quinze dernières années, les chercheurs ont manifesté un intérêt de plus en plus grand pour tout ce qui concerne le pouvoir et l'efficacité de la prière, de la méditation et de l'attention consciente. Bon nombre de leurs études soulèvent davantage de questions qu'elles n'apportent de réponses, car, étant par nature difficilement quantifiables, les phénomènes spirituels (comme la prière, la compassion et la méditation) constituent un défi de taille pour les chercheurs formés à la méthode scientifique traditionnelle. Néanmoins, plus le nombre de ces études augmente, plus les scientifiques se rendent compte qu'il est possible d'acquérir de précieuses informations sur l'influence qu'exerce le monde invisible sur le monde visible, ou l'irréel sur le réel, comme on dit communément.

Toujours dans le même domaine, un des sujets qui fascine le plus et qui suscite le plus de controverse à l'heure actuelle, c'est l'influence qu'exerce la prière sur certaines personnes. On a assisté, plus particulièrement au cours des dix dernières années, à une véritable explosion du nombre d'études – plus de six mille ! – portant sur cette question. David R. Hodge, de la Faculté des services humanitaires de l'Université d'État de l'Arizona[10], a procédé à une analyse complète de plusieurs de ces études et, en 2007, il en est arrivé à la conclusion que, une fois toutes les variables prises en compte, les malades qui avaient fait l'objet de prières avaient généralement des taux de guérison plus élevés que les malades qui n'avaient fait l'objet d'aucune prière. En d'autres termes, il a été démontré que la prière a des effets bénéfiques[11].

Voyons à présent ce qu'il en est du pouvoir de la méditation. Tâche pour le moins ardue, car la méditation est un phénomène encore plus difficilement quantifiable que la prière. Néanmoins, les scientifiques s'ouvrent lentement à l'idée que la pratique régulière de la méditation puisse avoir des effets bénéfiques importants sur notre bien-être physique et émotionnel et, partant, sur notre vie en général. Des études à ce sujet sont en cours, mais les résultats obtenus jusqu'à présent montrent que la pratique soutenue de la méditation

---

10. *College of Human Services at Arizona State University*, dans le texte original. (*N.D.T.*)
11. «*Does God Answer Prayer? Researcher Says "Yes"*» (traduction libre : «Dieu exauce-t-il vos prières ? "Oui", répond un chercheur »), *Science Daily*, 15 mars 2007 (http://www.sciencedaily.com/releases/2007/03/070314195638.htm).

est à tout le moins susceptible d'avoir de profonds effets sur la chimie de notre cerveau, en nous permettant notamment de mobiliser notre esprit de manière à ressentir avec plus d'intensité des émotions positives telles que la compassion et le pardon[12].

Une étude pour le moins bizarre mais néanmoins fascinante sur le pouvoir de l'esprit a été réalisée au Japon par le Dr Masaru Emoto, auteur du livre *Les messages cachés de l'eau*. Celui-ci a voulu vérifier ce qui arrivait aux propriétés physiques de l'eau lorsqu'on tentait d'« agir » sur elle au moyen de pensées et de vibrations sonores. Il a donc exposé l'eau à un large éventail d'émotions et d'expressions humaines telles que la bienveillance, la colère, l'amour et la haine. Après avoir soumis divers récipients remplis d'eau à différentes forces mentales et verbales, il a photographié les cristaux d'eau formés par le gel. Les cristaux formés par l'eau qui avait été exposée à des pensées d'amour et à des propos bienveillants étaient invariablement et étonnamment plus beaux que les cristaux formés par l'eau qui avait été exposée à des vibrations négatives. Il a également démontré que le même phénomène se produit en dépit de distances considérables[13].

Rien de tout cela ne prouve qu'il existe un dieu quelque part ni ne permet de quantifier ce genre de pouvoir de manière absolue. Mais cela prouve hors de tout doute qu'il existe un lien étroit entre ce qui se passe dans nos têtes et ce qui se passe autour de nous.

Je ne vous demande pas de renier vos convictions actuelles – ne craignez rien, ce chapitre n'est pas livré avec un verre de Kool-Aid[14]. Mais il est nécessaire de les approfondir, de les remettre en cause et de faire preuve d'ouverture à l'endroit de ce que j'ai à vous dire et des notions que nous allons examiner ensemble. Je vous demande donc de garder l'esprit suffisamment ouvert pour

---

12. David Biello, « *Meditate on This: You Can Learn to Be More Compassionate* » (traduction libre : « Méditez sur l'utilité d'apprendre à être plus compatissant »), *Scientific American*, 26 mars 2008 (http://www.scientificamerican.com/article.cfm?id=meditate-on-this-you-can-learn-to-be-more-compassionate).
13. Tiré du documentaire *What the Bleep Do We Know!?* (traduction libre : *Que savons-nous au juste?*). (Cf. www.whatthebleep.com).
14. Allusion au suicide collectif de plus de 900 personnes survenu au Guyana en 1978. Jim Jones, le fondateur du Temple du Peuple, avait alors obligé ses adeptes à ingurgiter une boisson au raisin (de marque Kool-Aid) contenant du cyanure de potassium. (*N.D.T.*)

pouvoir franchir cette nouvelle étape avec moi. Le vénéré philosophe et maître spirituel Krishnamurti a dit un jour : « La vérité est une chose qui est vivante, et il n'y a pas de chemin pour ce qui est vivant – ce n'est que pour les choses mortes qu'il peut y avoir un chemin. La vérité étant sans chemin, pour la découvrir il vous faut être aventureux, prêt à vivre dangereusement. » Souvent, nous sommes angoissés et, afin de nous rassurer, nous partons en quête d'un chemin qui mène à la réalité et à la vérité par l'entremise d'une organisation religieuse, d'un dogme ou d'un gourou. Cela équivaut en définitive à agir comme un aveugle qui avance en s'appuyant contre un mur et à vous fermer ainsi à toute autre possibilité, y compris à ce que vous cherchiez au départ.

Le fait de bousculer ainsi vos certitudes peut avoir pour effet de vous déconcerter quelque peu sur le coup, mais si vous êtes assez fort pour supporter de perdre vos repères, il en résultera que vous repousserez les limites des espoirs et des possibilités qui se présenteront à vous. Qu'avez-vous à perdre de toute façon ? Si votre vie était si parfaite, seriez-vous en train de lire ce livre en ce moment ? Alors détendez-vous – ce n'est pas la peine d'être tendu – et poursuivez votre lecture.

Commençons par quelque chose d'amusant : nous allons tenter de déterminer ce qu'il y a de commun entre la religion, la physique subatomique, la psychologie, la biologie et les neurosciences. (Il faut bien que quelqu'un le fasse, non ?) D'accord, il se pourrait que je ne parvienne pas à unifier la science et la spiritualité une bonne fois pour toutes – je suis ambitieuse, mais pas naïve à ce point –, mais je sais qu'il existe un lien entre elles. Finalement, je ne peux parler que de ce que j'ai appris et de la façon dont cette approche globale et intégrée de ma compréhension du monde a changé ma vie et m'aide tous les jours à changer la vie des autres.

Je suis sans doute l'une des personnes les plus spirituelles que vous ayez jamais connues. Certes, je jure énormément et je suis une dure à cuire, mais je suis aussi quelqu'un de spirituel. Et même si je me sens proche de « Dieu », ma démarche spirituelle s'appuie sur la science. Permettez-moi de m'expliquer.

Je crois que l'énergie et l'information constituent les ingrédients entrant dans la composition de tout l'univers, y compris de ce que vous êtes, de vos émotions et de votre système de croyances. Ce qui compose votre corps ou votre être n'est pas différent de ce qui compose l'univers, Dieu ou (ajoutez ici le terme qui vous convient le mieux). Il apparaît clairement que l'univers a un dessein, qu'il est doté d'une intelligence qui participe à sa création et à son évolution, et que nous sommes des fragments de cette intelligence du seul fait que nous en sommes issus. L'énergie que vous utilisez pour lire cette page est exactement la même que l'énergie qui a servi à créer notre monde et à assurer sa pérennité. Sur un plan encore plus concret, si l'on en croit les astrophysiciens, les atomes de notre corps ont jadis été des particules d'étoiles situées loin dans l'espace et dans le temps. D'une manière ou d'une autre, vous êtes l'univers et l'univers c'est vous.

Suis-je en train de devenir trop mystique à votre goût ? Relaxez un peu et soyez indulgent à mon endroit. Avoir l'esprit ouvert n'a jamais fait de mal à personne. Vos pensées et vos intentions – tout ce sur quoi vous concentrez votre attention et tout ce que contient votre esprit – émettent de l'énergie et des informations dans l'univers. Lorsque vous choisissez de modifier l'énergie et l'information contenues dans votre corps et votre esprit, vous êtes littéralement en mesure de modifier l'énergie et l'information que vous émettez autour de vous. Vous pouvez ainsi provoquer des changements susceptibles de vous être favorables.

Votre vie ne prend tout son sens et ne devient exaltante qu'à partir du moment où vous prenez conscience de la puissance créatrice primordiale – la divinité – qui se trouve en vous et où vous canalisez ensuite cette force pour atteindre vos objectifs.

UN PEU DE SCIENCE POUR MIEUX COMPRENDRE COMMENT FONCTIONNE LE PROCESSUS DE MATÉRIALISATION DE NOS DÉSIRS

Si l'évocation du mot « Dieu » vous rend quelque peu nerveux, nous pouvons l'enlever complètement de l'équation. Le fait est que la foi et la spiritualité ont sur nous des effets physiques et psychologiques concrets uniquement grâce aux processus biochimiques qui se déroulent à l'intérieur de nous. Il n'est donc pas nécessaire de faire intervenir un dieu quelconque là-dedans.

La médecine du corps et de l'esprit[15] est si largement acceptée qu'il est difficile de se rappeler à quel moment elle a été perçue comme un progrès par rapport à la sorcellerie. On lui a même attribué un nom invraisemblable : la

---

15. Également connue sous les noms de médecine psychosomatique ou de médecine holistique. (*N.D.T.*)

psycho-neuro-immunologie, ou PNI. Comme son nom l'indique, celle-ci a pour domaine d'étude les interactions entre les facteurs psychologiques (vos pensées), le système nerveux (les substances chimiques à l'œuvre dans votre cerveau) et le système immunitaire (les hormones qui servent à combattre les maladies).

Mais la relation qui existe entre le corps et l'esprit va bien au-delà de la maladie : elle concerne tout autant notre état d'esprit, notre bien-être général, notre conception de la vie et, en définitive, notre capacité à obtenir ce que nous voulons de la vie. Autrement dit, des choses aussi intangibles que nos pensées, nos émotions et nos humeurs ont un impact sur notre organisme sur le plan cellulaire. Colère, peur, amour et joie engendrent, chacun à leur manière, des réactions particulières sur le plan physiologique. Il est plus salutaire d'être heureux et satisfait que d'être frustré et malheureux. Par conséquent, en émettant de bonnes vibrations (engendrées par vos désirs), vous préparez votre corps, grâce à vos hormones et à votre chimie corporelle, à goûter aux fruits que vous espérez récolter. Si l'idée de l'existence d'une puissance supérieure ou d'une intelligence qui veillerait sur nous vous gêne, dites-vous que la prière – ou le fait de projeter vos espoirs dans l'univers qui vous entoure – est utile en raison des bienfaits qu'elle procure à votre organisme.

Nous pouvons pousser encore plus loin notre réflexion sur les rapports entre corps et esprit en l'étendant au domaine de la psychologie. Peut-être êtes-vous d'avis que vos pensées ne sont rien d'autre que vos réflexions et que celles-ci n'ont d'existence qu'à l'intérieur de votre tête, où elles naissent et meurent. Voilà qui est complètement faux.

Votre façon de penser, même lorsque vos idées sont enfouies au plus profond de votre subconscient, influe sur votre comportement sans que vous le sachiez. À son tour, votre comportement conditionne votre réalité, encore une fois sans que, bien souvent, vous en soyez conscient. En termes simplistes, nous pourrions dire que les pensées positives nous incitent à agir de façon positive en déclenchant une réaction en chaîne qui débouche sur une situation qui nous est favorable. Nous allons aborder cette question plus en détail plus loin dans ce chapitre, mais, pour l'instant, prenez une minute pour réfléchir à ce que cette idée implique. Si vous désirez quelque chose et que vous êtes persuadé de pouvoir l'obtenir, vous allez automatiquement agir avec plus de confiance et d'assurance. Vous aurez le sentiment d'avoir réussi, même si ce n'est pas encore le cas. Vous pourriez prendre la parole à une réunion de travail, attirer ainsi l'attention de votre patron et obtenir la promotion que vous espériez. Vous pourriez entamer une conversation avec un jeune homme ou une jeune femme lors d'une réception, et il ou elle pourrait vous convier à un rendez-vous. Voyez-vous où je veux en venir ?

Vos pensées en général – et celles que vous entretenez à votre sujet en particulier – forment la base de toutes vos actions, petites ou grandes. Le fait de vous sentir fort et plein d'assurance vous permet d'agir avec fermeté, qualité indispensable pour qui souhaite obtenir des résultats significatifs.

À présent, poussons notre raisonnement encore plus loin, c'est-à-dire à la limite du rationnel, en entreprenant ensemble un voyage fantastique au cœur de la mécanique quantique. (Ne craignez rien, ce ne sera pas compliqué.) La mécanique quantique étudie les propriétés de la matière et de l'énergie à l'échelle atomique et subatomique. Vous souvenez-vous lorsque j'ai mentionné, au début de ce chapitre, que nous sommes tous constitués exactement de la même énergie que le reste de l'univers ? Ce que j'entends par là, c'est que les physiciens quantiques sont persuadés que tout est constitué de cordelettes d'énergie. On sait maintenant que les atomes, autrefois considérés comme de la matière solide, sont composés de pulsations d'énergie vibratoire.

Puisque tout dans l'univers est constitué d'atomes, nous sommes tous un. Pas dans le sens où il suffit de se tenir par la main et de chanter « Kumbaya[16] », mais dans le sens où il s'agit, littéralement, des propriétés subatomiques de la matière. Chacun d'entre nous émet une énergie unique, ce que les physiciens quantiques appellent « fréquence vibratoire ». Il s'agit d'une longueur d'onde d'énergie spécifique qui change en fonction de notre volonté et de notre conscience.

Étant donné que tout et tous dans l'univers sommes reliés par l'énergie et l'information, lorsque vous avez mal, tout l'univers souffre. Littéralement. Lorsque vous êtes heureux, la vibration de l'univers s'élève un peu. Bon, peut-être pas de beaucoup – il n'y aura pas de défilés en votre honneur dans le monde entier pour si peu : après tout, vous êtes une seule personne et l'univers reste quand même l'univers. Mais cela n'empêche pas qu'il est important pour

---

16. Chant spirituel hérité de la période esclavagiste américaine et qui est revenu à la mode dans les années 1960. (*N.D.T.*)

chacun d'entre nous de trouver le bonheur et un sens à sa vie. Ce qui nous ramène à mon argument initial : il est stupide de croire qu'il est égoïste de vouloir poursuivre vos rêves ou être heureux.

Lorsque vous examinez la question sous l'angle de la physique quantique, vous vous devez à vous-même – et vous le devez aussi à tous, y compris à l'univers – de découvrir quel est votre but dans la vie, de manière à pouvoir syntoniser votre «fréquence» optimale et contribuer ainsi à l'harmonie de l'ensemble.

Si la mécanique quantique vous donne le vertige, songez alors à ce qui suit. Nous ne pouvons pas voir les atomes, n'est-ce pas? Mais nous savons tous quel pouvoir ils renferment. Il suffit de penser à la bombe atomique! Sachez simplement que ces particules invisibles sont des millions à constituer ce que nous sommes. Voilà qui fait un sacré paquet d'énergie. Par conséquent, tout ce que vous avez à faire, c'est de décider de mobiliser cette énergie pour qu'elle travaille pour vous plutôt que contre vous.

Peu importe comment vous vous y prenez pour accepter la chose, la vérité incontournable c'est que votre énergie et votre conscience influent sur les résultats que vous obtenez et, en fin de compte, sur le genre de vie que vous menez. Ce que certains considèrent comme de la magie n'est en réalité que la manière dont fonctionne le monde en termes d'énergie. Ce que certains perçoivent comme un mystère, d'autres le voient comme l'expression de modèles scientifiques. Dans un cas comme dans l'autre, vous êtes l'expression d'une force ; en exploitant le pouvoir cosmique qui se trouve en chacun de nous, vous puisez dans une corne d'abondance inépuisable et vous avez ainsi accès à toutes les connaissances et à toute la puissance dont vous avez besoin pour réaliser tous vos rêves. (Oui, je vais continuer à parler de la sorte même après ce cours de physique. Alors autant vous faire une raison, ça fonctionne!)

LA TECHNIQUE QUI VOUS PERMETTRA D'OBTENIR TOUT CE QUE VOUS DÉSIREZ

Alors, comment s'y prend-on pour tirer parti de cette formidable énergie?

Simplement en émettant un message qui soit conforme à vos espoirs et à vos désirs les plus chers.

Même pendant votre sommeil, vous envoyez et vous recevez de l'énergie. Les signaux émis quotidiennement par la télévision, la radio, le téléphone et les satellites nous bombardent de partout ; il suffit de disposer du récepteur approprié pour être en mesure de les décoder. Au fond, vous êtes un peu comme un satellite : vous captez les signaux des autres et vous projetez vos propres signaux sur votre entourage. Que vous en soyez conscient ou non, votre vie est le reflet direct de votre champ d'énergie personnel. La bonne nouvelle, c'est que, si vous n'aimez pas ce que vous captez, vous avez la possibilité de modifier l'énergie et l'information que vous envoyez dans l'univers.

C'est bien beau de vouloir projeter vos désirs dans l'univers, mais vous devez le faire d'une manière très particulière. Vous attirez à vous ce que vous ressentez, et non pas ce que vous demandez ; il est donc indispensable d'engendrer dans votre esprit des sentiments d'abondance et de paix, et non pas des sentiments de privation ou de peur. Cela fonctionne comme ceci : l'énergie que nous émettons est électromagnétique (« magnétique » étant le mot clé ici) et portée par nos émotions, lesquelles modifient notre composition biochimique et notre structure atomique, et jouent de ce fait un rôle important dans ce que nous envoyons comme signal dans l'univers.

C'est un peu comme si vous lanciez un boomerang (pour peu que vous sachiez comment vous en servir) : ce que vous pensez et ressentez vous revient. D'où le mot « karma ». En conséquence, si vous devez projeter vos désirs dans l'univers, il faut que vous éprouviez une sensation d'abondance plutôt que de dénuement.

Que l'objet de votre désir soit l'amour véritable, une voiture de sport ou une brillante carrière, il est inutile de demander quoi que ce soit si vos pensées sont axées sur l'idée de manque, parce que vous ne récolterez rien du tout. Pensez plutôt à ce que vous éprouverez lorsque vous aurez obtenu ce que vous désirez. Imaginez que vous avez déjà trouvé l'âme sœur, que la voiture de vos rêves est déjà en votre possession ou que votre entreprise à domicile est déjà opérationnelle. Utilisez le pouvoir de la visualisation dont nous avons parlé au chapitre 2 et ressentez le bonheur et la satisfaction que votre réussite vous procurera. Ainsi, vous envoyez un message d'abondance et de bien-être dans l'univers et vous invitez ces derniers à revenir vers vous. Ces prières efficaces, fondées sur des émotions positives, créeront un premier pont entre vos rêves et la réalité.

Laissez-moi vous donner quelques exemples concrets de la façon dont tout ça peut s'incarner dans la réalité. Imaginons que vous vouliez une promotion. Ne soyez pas jaloux des succès de vos collègues, car vous ne feriez que projeter le message inconscient selon lequel vous valez moins qu'eux. Concentrez-vous plutôt sur vos objectifs et sur les moyens de favoriser votre avancement professionnel en faisant appel à votre passion et à votre dynamisme pour améliorer votre productivité.

Si vous souhaitez connaître l'amour véritable, ne cherchez pas à rencontrer quelqu'un qui comblera votre solitude ou votre manque d'amour. Pensez plutôt à tout ce que vous avez à offrir à l'élu(e) de votre cœur et imaginez la relation enrichissante que vous aurez à deux, et c'est ce que vous allez projeter et attirer à vous.

Si vous voulez être en bonne santé, ne dites pas : « Je ne veux pas tomber malade », parce qu'un tel message met l'accent sur la maladie. Imaginez plutôt que vous êtes heureux, fort et dynamique ; votre gratitude enverra des énergies positives et nobles dans l'univers.

Si vous êtes en mesure de désirer quelque chose, l'univers est en mesure de vous le procurer. Songez que des tas de choses merveilleuses se produisent en permanence. Des gens tombent amoureux, gagnent de l'argent, jouissent d'une excellente santé et sont très épanouis. C'est bien la preuve que ces choses existent : ne serait-il pas temps qu'elles se manifestent aussi dans votre vie ? Je sais que ce chapitre a pu sembler un peu « étrange » pour certains, mais j'essaie simplement de vous aider à prendre conscience du fait que l'univers déborde d'abondance et que vous pouvez y puiser à volonté et laisser cette abondance vous inonder de ses bienfaits. Comme Oprah Winfrey, Derek Jeter[17], Mick Jagger et moi-même le faisons, ou comme le fait toute personne pour qui vous éprouvez de l'admiration. Qu'attendez-vous pour en faire autant vous aussi ?

Cela dit, je me dois de vous ramener quelque peu à la dure réalité de la vie. Je n'insisterai jamais assez sur le point suivant : il est essentiel que vos aspirations et vos intentions s'accompagnent d'actions conformes à vos désirs. La prière, la méditation et tout ce dont je viens de parler sont des outils puissants et efficaces, mais passifs ; si vous ne vous mettez pas au boulot, si vous n'agissez pas de façon concrète et systématique en vue de transformer vos rêves en réalité, il est plus que probable qu'ils ne se matérialisent jamais.

Cette première étape n'est pas indépendante des deux autres.

---

17. Joueur de baseball, il joue au poste d'arrêt-court pour les Yankees de New York, dans la Ligue majeure de baseball. (*N.D.T.*)

Il ne suffit pas de penser que vous allez obtenir une promotion, vous devez aussi vous magner le train au boulot. Il ne suffit pas de croire à l'amour, vous devez aussi faire en sorte de rencontrer des gens. Il ne suffit pas d'imaginer que vous êtes en bonne santé, vous devez aussi prendre soin de votre corps, manger sainement, vous amuser et faire de l'exercice.

Tout ce que j'ai mentionné dans ce chapitre – la prière, la méditation, l'émission de vibrations positives – est nécessaire afin de permettre à une intervention cosmique d'avoir lieu, mais vous avez tout intérêt à être prêt le jour où elle se produira. La chance n'existe pas, alors oubliez cette idée. Vivre consiste à se préparer à saisir les occasions qui se présentent. Lorsque le destin vous fait signe, vous feriez mieux d'avoir pris vos dispositions pour répondre à son appel, faute de quoi vous pourriez rater une belle occasion.

Cela explique pourquoi tant de guides pratiques et autres livres traitant de la loi de l'attraction actuellement disponibles ne sont somme toute que très peu utiles et peuvent même être néfastes. Comme ces régimes qui vous incitent à ne pas compter les calories, ils profitent de l'apathie des gens et encouragent indirectement la léthargie et la paresse. Ils vous parlent du pouvoir de la pensée positive et vous disent qu'il suffit de désirer quelque chose pour l'obtenir, mais ils oublient de mentionner qu'on n'a rien sans efforts. Ils laissent en effet entendre qu'il est tout à fait normal d'observer passivement sa vie en simple spectateur plutôt que de la vivre pleinement.

Ce type de discours fondé sur le principe du «tout m'est dû» est dangereux. Le droit au bonheur, c'est aussi le droit de le mériter, pas de l'avoir sans aucun effort ni aucun apport de votre part. Lorsque les gens commencent à croire que le progrès est inévitable et que la vie est facile, ils finissent par perdre le courage et la détermination nécessaires pour faire face à l'adversité. Cela ne signifie pas que nous n'avons pas naturellement droit au bonheur et à la satisfaction, mais simplement que le succès ne s'obtient que si on est proactif. Il n'est pas rare que nous devions nous battre pour nos convictions et persévérer. Vous souvenez-vous du vieux dicton : «Aide-toi et le ciel t'aidera»? Faites en sorte qu'il devienne votre mantra.

Les livres qui vous promettent le succès sans qu'il vous soit nécessaire d'agir se vendent bien parce que leurs messages sont faciles à assimiler, mais ils ne donnent aucun résultat. La formule qu'ils utilisent est incomplète. Vous aurez noté que ce livre comporte trois parties. Tout simplement parce que je ne vous raconte pas de d'histoires. Ceci en constitue la première étape ; elle est importante mais, sans les deux autres, elle est inutile. Un peu comme un moteur qui n'aurait pas d'essence. Est-ce que c'est bien compris ?

Même si vous êtes un pro de la manifestation des désirs et si vous parvenez à visualiser vos objectifs et à prendre des mesures pour concrétiser vos rêves, il arrive parfois que les choses ne se passent pas comme prévu. Dans la vie, des choses paradoxales surviennent lorsque les résultats ne répondent pas à nos attentes. Mais si nos intentions sont pures, nos actions le seront aussi et elles auront un résultat positif, même si ce n'est pas toujours celui que nous attendions ou que nous pensions.

Admettons que je veuille obliger McDonald à cesser ses activités et que je visualise que ses restaurants ferment leurs portes et sont remplacés par de petits restaurants familiaux où l'on peut prendre des repas sains. Je prends toutes les mesures possibles pour parvenir à mon objectif : je fais savoir que McDonald utilise des ingrédients de mauvaise qualité, je fais du piquetage à l'extérieur de ses restaurants, etc. Le hic, c'est que Jim Skinner, le PDG de McDonald, rêve pendant ce temps du contraire. Il visualise que des milliards de personnes franchissent les arches dorées des restaurants McDonald pour s'acheter des hamburgers et des frites. Il lance des initiatives telles que le menu à un dollar dans l'espoir que les gens affluent massivement vers ses magasins franchisés.

Au bout du compte, l'un de nous deux n'aura pas ce qu'il souhaitait au départ. Mais n'oubliez pas que nous sommes tous un et reliés au niveau subatomique. En conséquence, lorsque nos intentions s'harmonisent avec l'intérêt commun, il ne peut qu'en résulter quelque chose de positif.

« À quoi tout cela rime-t-il ? me direz-vous. Si je désire quelque chose et qu'un autre s'y oppose, quelles sont mes chances de voir mes idées triompher ? » En réalité, lorsque vous agissez en vue d'imposer votre volonté, l'univers vous le rendra, bien que peut-être pas de la manière dont vous l'aviez prévu. Il se pourrait que je ne réussisse pas à obliger McDonald à fermer ses portes, mais mes efforts pourraient très bien inciter McDonald à proposer des menus plus sains et à alerter ses milliards de clients sur la nécessité de faire attention à ce qu'ils mangent afin d'être en meilleure santé. Il se pourrait même que j'ouvre ma propre chaîne de magasins d'aliments naturels afin de contribuer à changer le monde et que j'y trouve mon bonheur même si

McDonald reste toujours une entreprise rentable. En bout de ligne, il se pourrait même que McDonald utilise ses profits en vue de contribuer à guérir une maladie comme le cancer. J'en doute, mais on ne sait jamais.

Il est impossible de prédire ce qui pourrait advenir si vous agissiez en ayant une volonté bien arrêtée et de bonnes intentions, et c'est là que vous devez vous faire confiance et faire confiance à vos entreprises. Vos actions porteront leurs fruits, mais peut-être pas de la manière espérée. C'est pourquoi vous devez garder l'esprit ouvert afin de pouvoir apprécier les bienfaits de la vie.

Sachez que les pensées positives et porteuses d'espoir sont toujours récompensées. Alors restez présent et concentré à tous les instants et faites de votre mieux dans chaque situation, même lorsqu'elle semble sans rapport avec votre objectif. Ayez les meilleures intentions du monde et adoptez des mesures constructives en toute circonstance, et ce chaque fois que vous le pouvez. Tout changement est immédiat, et non pas quelque chose qui est censé survenir dans le futur. Le meilleur moyen de prédire votre avenir, c'est encore de commencer à l'échafauder maintenant.

Avant de passer à la deuxième étape, je voudrais vous laisser sur une anecdote personnelle.

Lorsque j'étais au milieu de la vingtaine, j'ai perdu plusieurs années de ma vie dans une agence artistique, tentant de faire carrière en tant qu'agent de stars à Hollywood. J'ai bossé dur, convaincue que j'étais de faire ce dont j'avais réellement envie. Mais la vie a suivi son cours et j'ai été congédiée. J'étais découragée – cela ne faisait pas partie de mon plan de carrière. Qu'est-ce que j'allais devenir? Comment allais-je gagner ma vie? En fin de compte, ces circonstances m'ont obligée à revenir au conditionnement physique, là où se trouvait ma véritable vocation. Au début, je m'y suis opposée mais, comme j'avais besoin d'argent, j'ai accepté un emploi en tant que physiothérapeute auxiliaire et entraîneuse individuelle dans un centre de médecine sportive. Presque aussitôt, je me suis souvenue de la sensation de puissance et de joie que j'avais éprouvée lorsque j'étais en forme et que j'aidais les autres à l'être également. J'ai alors commencé à comprendre que ma mission consistait à œuvrer dans le domaine du bien-être et de la santé.

À vingt-huit ans, j'étais de nouveau heureuse, car j'avais recommencé à faire ce que j'aimais, mais j'étais encore un peu frustrée de voir que j'avais perdu quatre ans de ma vie dans une carrière qui ne me convenait pas. Je crois qu'il y a une raison pour tout ce qui nous arrive, mais je ne voyais pas la raison d'être de toutes ces années perdues. J'avais commencé comme entraîneuse individuelle, et j'ai exercé ce métier de l'âge de dix-sept à vingt-trois ans. Pourquoi avais-je dévié de ma voie? J'ai mis mes doutes de côté et je me suis concentrée sur l'aspect positif des choses : j'avais fait un changement salutaire et je suivais mon cœur à présent. Et j'ai rapidement compris que ma vraie passion consistait à inciter les gens à mener une vie saine sur tous les plans. Or, étant incapable de faire les choses à moitié, je voulais faire passer mon message à l'échelle internationale. Je me suis alors mise à méditer et à prier. Au cours des années qui ont suivi, la plate-forme dont je rêvais s'est manifestée et, au cours du processus, j'ai pris conscience de la valeur incroyable du temps que j'avais passé à Hollywood.

Il s'est avéré qu'en vertu même des contacts que j'avais noués dans le domaine du show-business, j'ai commencé à avoir beaucoup de célébrités et de responsables œuvrant dans ce secteur comme clients. Lorsque j'ai ouvert mon propre centre de médecine sportive, il a décollé principalement en raison des liens que j'avais tissés durant les quatre années que j'avais « gaspillées » en tant qu'agent de stars. Voici la cerise sur le gâteau : pendant mon séjour à l'agence artistique, je m'étais liée d'amitié avec un autre agent qui travaillait maintenant à mon gymnase. Il avait entendu parler de *Qui perd gagne* et avait persuadé le réseau NBC de m'embaucher à titre d'entraîneur. Si je n'avais pas travaillé avec cet homme-là pendant ces quatre années et si je n'avais pas été en mesure de me bâtir une clientèle très en vue, je n'aurais jamais eu la chance de faire partie de l'équipe de *Qui perd gagne*. Toutes les graines que j'avais semées ont fini par porter fruit, mais pas de la façon dont je m'y attendais.

Vous voyez, ce sont les éléments dont nous avons traité au cours de cette première étape qui ont permis à cette occasion de frapper à ma porte. J'avais découvert quelle était ma passion, je l'avais visualisée clairement et j'avais prié et médité, concentrant activement mon esprit sur mon rêve jusqu'à ce qu'il devienne réalité. C'est ainsi que les circonstances qui m'ont permis d'obtenir un poste auprès de la NBC se sont mises en place. Mais une fois que la chance m'a souri, plutôt que de me contenter d'avoir obtenu cet emploi, je me suis démenée pour être à la hauteur de la situation. Si je ne l'avais pas fait, j'aurais probablement échoué à l'audition et je n'aurais plus jamais entendu parler de cette émission. Ou j'aurais obtenu l'emploi, mais j'aurais tout gâché par la suite et ma carrière se serait terminée avant même d'avoir commencé. Bref, il faut que volonté, destin et travail acharné s'associent pour former un tout.

Je sais que je passe à la télé, que j'exerce un métier hors de l'ordinaire et que ma vie n'est pas ordinaire, mais il n'est pas obligatoire que la vôtre le soit non plus. Je vous jure que les mêmes principes peuvent s'appliquer à vous également, qui que vous soyez et quelle que soit votre situation actuelle.

Mon objectif n'est pas de vous amener à changer d'idée en ce qui concerne Dieu ou la religion, mais il y a de fortes chances pour que vos croyances, quelles qu'elles soient, puissent coexister harmonieusement avec ce que j'ai énoncé ici. Je n'entends pas non plus mettre définitivement un terme au débat qui oppose la science à la religion – si même Einstein ne parvenait pas à comprendre Dieu, il est peu probable que je parvienne à résoudre des questions d'une telle importance.

Tout ce que je sais, c'est que la prière, la visualisation, la manifestation des désirs et la méditation donnent des résultats. J'ai pu les voir à l'œuvre dans ma propre vie et dans la vie de mes instructeurs et de mes élèves, ainsi que dans la vie de gens exerçant différents métiers et provenant d'horizons divers. (Au cas où vous ne me croiriez pas sur parole, je vous ai même fourni quelques preuves scientifiques à ce sujet.)

Votre esprit est *puissant*, mais vous devez choisir de laisser cette puissance travailler pour vous. Elle peut vous emprisonner ou vous libérer, selon ce que vous pensez et ce que vous croyez. Ce qui nous amène à la deuxième étape de cette méthode, au cours de laquelle vous apprendrez à avoir confiance en vous-même.

DEUXIÈME ÉTAPE
CONFIANCE

Maintenant que vous avez pris la peine de préciser vos objectifs, il est temps pour vous d'entamer le processus d'analyse et de transformation interne qui vous redonnera confiance en vos moyens. Je pourrais passer des heures à vous enseigner comment vous relier à votre passion et faire sortir vos rêves de leur tanière. Je pourrais parler jusqu'à en perdre la voix du pouvoir extraordinaire que vous avez d'être l'architecte de votre propre réalité. Je pourrais même vous remettre un plan qui vous permettrait de transformer votre vie, étape par étape, selon vos désirs (nous verrons cela à la troisième étape). Mais il y a un hic.

Si vous n'avez pas confiance en vous, si vous ne croyez pas en votre pouvoir de changer les choses et si vous n'êtes pas certain de mériter ce qu'il y a de mieux, bref, si vous n'êtes pas profondément convaincu de pouvoir réaliser vos rêves, ils demeureront à jamais inaccessibles. C'est aussi simple que ça. Nous avons tous la capacité de transformer nos rêves en réalité. La seule raison qui vous empêche en ce moment de le faire, c'est que vos expériences passées vous ont dépossédé de votre foi en vous-même et en votre potentiel illimité.

Au cours de la présente étape, je vais donc vous enseigner à reprendre confiance en vous, à réorganiser votre manière de penser de telle sorte que vous allez cesser de vous mettre des bâtons dans les roues et permettre à votre pouvoir intérieur de commencer à travailler pour vous. Vous allez découvrir comment canaliser vos énergies et agir malgré la peur, redéfinir l'image que vous avez de vous-même en apprenant à vous accepter et à vous aimer tel que vous êtes, renforcer votre estime de vous-même et vous affirmer avec force et conviction. En d'autres mots, je vais vous rendre indestructible. Êtes-vous prêt à relever le défi ? Je parie que oui.

La démarche qui suit comporte plusieurs étapes et ne va pas donner de résultats immédiats. Elle comprend par ailleurs une série de questions difficiles auxquelles il vous sera encore plus difficile de répondre. Il vous faudra donc du courage. Préparez-vous à prendre certains risques et à sortir de votre zone de confort, voire à subir quelques échecs, car il est certain que vous allez échouer – cela nous arrive à tous ! Comme je l'expliquerai plus loin, l'échec constitue même un élément essentiel du processus d'apprentissage. Je n'ignore pas que tout changement et que l'idée même de se mettre dans une situation à risque suscitent des craintes. Il est normal d'avoir peur de l'inconnu. Seulement voilà : tant que vous refuserez d'affronter et de surmonter vos peurs, il ne se passera rien dans votre vie. Rappelez-vous que vos pensées et vos croyances commandent chacune de vos actions – ou votre inaction. Alors soyez attentif et arrêtez de dresser des obstacles sur votre route.

Chapitre 4

L'HEURE DU RÉVEIL A SONNÉ

Il existe des centaines de milliers de guides pratiques qui soutiennent qu'il est facile de changer. Qu'il suffit d'entretenir de belles pensées dans son esprit au moment de s'endormir pour être une nouvelle personne, quelqu'un qui voit la vie en rose, au réveil. Certes, il arrive parfois que certains puissent « changer du jour au lendemain », mais, pour la plupart des gens, tout ça ne veut rien dire. Les choses ne sont pas aussi simples que ça. Nous traînons tous derrière nous et depuis des années un gros boulet chargé d'émotions, c'est-à-dire toute une série de comportements et de mécanismes de défense solidement ancrés en nous qui sont constamment à l'œuvre pendant que nous vaquons à nos occupations et qui, trop souvent, nous empoisonnent carrément l'existence. Et, dans bien des cas, sans même que nous nous en rendions compte. Si nous voulons modifier notre réalité, nous devons changer nos comportements. Or, pour ce faire, il nous faut d'abord prendre conscience de notre manière d'agir. La présente étape vise donc à nous permettre d'identifier nos habitudes autodestructrices et d'extraire le mal à la racine, dans le but de nous en débarrasser une fois pour toutes et de nous tourner enfin vers l'avenir.

Vous vous dites peut-être : « Génial ! Voilà la psy qui s'amène maintenant. » Pas de panique ! Beaucoup de gens rigolent à l'idée même de devoir suivre une thérapie. Peut-être préfèrent-ils l'approche selon laquelle il convient de rester stoïque face aux événements. Peut-être sont-ils d'avis que la psychothérapie a été inventée pour les psychopathes. Rien ne saurait être plus stupide. Un peu comme ce chapitre, la psychothérapie n'est rien de plus qu'un outil qui permet d'aller à la découverte de soi et un moyen d'identifier vos habitudes et vos attitudes destructrices en vue de les transformer en comportements susceptibles de vous aider à mieux vivre. Point final.

Si vous n'êtes toujours pas convaincu, faites attention à ce que vous dites, parce que je suis une thérapie depuis l'âge de cinq ans. Ma mère m'a envoyée consulter un psy dès mon plus jeune âge parce que j'étais à ce point en colère contre mon père que je souffrais de terreurs nocturnes. Le fait de suivre une thérapie a littéralement changé ma vie et je n'ai pour ainsi dire jamais arrêté depuis. En raison de toutes ces années passées sur le divan, j'ai appris à reconnaître et à tenir en échec la part d'ombre qui réside en moi. Je considère aujourd'hui mes comportements autodestructeurs comme de vieux ennemis contre lesquels j'ai dû livrer bataille à maintes reprises. Aujourd'hui, après m'être examinée sous toutes les coutures, je connais pour ainsi dire tous les pièges à éviter si je veux les empêcher de m'empoisonner l'existence. « Connais ton ennemi », comme le dit le proverbe ! Après des années de thérapie et d'auto-observation, je sais reconnaître mes ennemis intérieurs, de même que les éléments déclencheurs qui les poussent à se montrer dans toute leur horreur, mais je sais aussi de quelles armes je dispose pour me défaire de leur emprise.

Mieux vous comprendrez comment vous vous percevez et pourquoi vous réagissez aux événements comme vous le faites, plus vous serez en mesure de modifier vos comportements, d'éliminer vos blocages psychologiques et de façonner la réalité selon vos désirs.

Beaucoup d'entre nous répugnent à l'idée de pratiquer l'auto-observation parce que nous avons tendance à considérer nos comportements destructeurs comme des défauts. Notre ego risque d'en pâtir et nous pourrions du coup en éprouver un sentiment d'impuissance ou de vide existentiel, comme si nous étions dans notre tort ou foncièrement mauvais. Nous préférons alors rester dans le déni et éviter de lutter contre ces mécanismes nuisibles. Paradoxalement, tout le monde présente des lacunes et des tendances destructrices à des degrés divers. En quoi seriez-vous différent des autres à cet égard ? Cela fait partie de la condition humaine, après tout, et le fait de savoir reconnaître ses faiblesses constitue la première étape du processus de guérison. Pour avancer dans la vie, vous devez considérer vos points faibles comme des occasions d'évoluer, car c'est exactement ce qu'ils sont.

Laissez-moi vous donner un exemple en la personne d'un ex-concurrent de *Qui perd gagne*. C'était un brave type, mais j'ai vite compris qu'il était très susceptible. Il souffrait d'un énorme besoin de reconnaissance. Dès que son entourage ne lui accordait plus toute l'attention qu'il réclamait, il passait à l'offensive, soupçonnant un tel de le détester ou tel autre de l'ignorer volontairement. En réalité, les personnes sur qui il projetait ses pensées négatives se contentaient de vaquer à leurs occupations. Il agissait de la même manière avec tout le monde : les autres participants, moi et même les producteurs de l'émission. À cause de son comportement, il était littéralement incapable de profiter des occasions de réussir qui lui étaient offertes : il est uniquement parvenu à s'aliéner les gens qui l'entouraient et qui étaient là pour l'aider. Mais, comme il n'était pas conscient de ses agissements, il ne pouvait s'empêcher de réagir en victime et de ruiner ses chances de succès.

Si vous me connaissez un tant soit peu, vous savez que je n'allais pas le laisser continuer ainsi sans intervenir. Il fallait que je lui montre comment et pourquoi il faisait fuir tout le monde, de manière à ce qu'il puisse se débarrasser de son comportement destructeur et faire en sorte que son expérience sur le plateau de *Qui perd gagne* soit plus enrichissante pour lui et qu'il en soit de même dans tous les autres domaines de sa vie. Je me suis donc occupée de son cas un jour où nous étions tous au gymnase. Pendant des heures, je n'ai pas arrêté de le faire trimer dur et de lui en faire voir de toutes les couleurs. Même s'il obtenait de bons résultats, j'agissais comme si je n'étais pas satisfaite de lui, sachant fort bien que mon refus de le féliciter achèverait de le mettre en rogne. Comme prévu, il a fini par perdre patience et se mettre en colère contre moi. Je lui ai alors demandé : « Pourquoi as-tu besoin de mon approbation ? Pourquoi es-tu incapable d'être fier de ce que tu fais si je ne te félicite pas ? Après tout, c'est pour toi-même que tu es ici, non ? Tu n'es pas là pour me faire plaisir, mais plutôt pour apprendre à faire de l'exercice, adopter de bonnes habitudes alimentaires et perdre du poids. Que t'importe que je te dise : "Tu fais du bon boulot" ou "Je suis fière de toi" ? De toute façon, mon opinion ne va rien changer à ton objectif de maigrir ou d'être en bonne santé. »

Il était tellement furieux contre moi qu'il a quitté le plateau avant la fin de la séance d'entraînement. Cela signifiait qu'il n'aurait pas un bon résultat au moment de la pesée, ce qui ne manquerait pas d'avoir une incidence sur la suite des événements.

Il devait faire un choix. Soit il feignait de m'ignorer, refusait d'en faire une affaire personnelle et continuait la séance d'entraînement comme si de rien n'était, soit il choisissait de se sentir visé personnellement, de se laisser troubler par mon attitude et de tout laisser tomber après avoir exprimé sa colère et provoqué un drame. Mais, comme il était prisonnier de ses comportements inconscients et qu'il vivait comme un somnambule, il ignorait qu'il pouvait faire un tel choix et que ses mauvaises décisions lui nuisaient énormément. Au lieu de voir qu'il pouvait poursuivre son entraînement et se rapprocher de ses objectifs en termes de perte de poids, il a réagi de manière impulsive, sans même chercher à comprendre la nature de cet emportement. Il avait agi ainsi toute sa vie, sans même se rendre compte à quel point il s'était causé du tort à lui-même pendant tout ce temps.

Bien entendu, je l'ai aussitôt rattrapé dans l'intention de lui parler. J'ai finalement réussi à lui faire voir comment il se comportait sans arrêt, quelles que soient les circonstances, et pourquoi il agissait ainsi. Il se trouve que son père n'avait pas été très présent durant son enfance et qu'il ne s'était pas montré très affectueux les fois où il était là. Enfant, ce concurrent n'a rien connu de ce qui s'appelle compliments, témoignages d'admiration, étreintes et autres marques de fierté paternelle. On peut aisément comprendre qu'une telle expérience ait été pour le moins pénible pour lui, comme elle le serait pour tout jeune homme qui idéalise son père. Et l'inévitable manque d'estime de soi qui en a résulté a laissé en lui un vide qu'il demandait inlassablement aux autres de combler. Son père avait omis d'assister à ses matches de football, il avait raté la cérémonie de remise des diplômes, etc. Il en avait déduit qu'il n'était pas suffisamment bien comme fils pour que son père s'intéresse à lui et à ses activités. C'est son père qui avait un problème, pas lui, mais il était incapable de s'en rendre compte. En conséquence, il avait adopté un schéma de comportement qu'il reproduisait dans tous les domaines de sa vie, projetant ce qu'il avait vécu avec son père sur toutes ses relations actuelles, dans une tentative inconsciente d'obtenir l'approbation et l'assentiment d'autrui. Mais, comme il ne frappait jamais à la bonne porte, il n'avait fait que rencontrer frustration et indifférence sur sa route.

Dès que je l'eus aidé à prendre conscience de ses agissements, il a pu faire face à la situation. Après avoir constaté qu'il était en pilote automatique et programmé pour réagir à son passé plutôt qu'à son présent, il a été en mesure de prendre les choses en main en ce qui avait trait à ses interactions quotidiennes avec les autres. Il est ainsi parvenu à éviter que les facteurs à l'origine de ses accès de colère ne viennent perturber sa vie davantage. Du coup, il a compris que son ressentiment à mon égard n'avait rien à voir avec moi, qu'il ne connaissait que depuis trois semaines, mais plutôt avec sa tentative désespérée d'attirer l'attention de son père en vue d'obtenir l'approbation de ce dernier. La situation actuelle consistait en une séance d'exercices dirigée par une entraîneuse coriace, rien de plus, rien de moins. En dissociant son passé de son présent, il a pu acquérir suffisamment d'estime de soi pour déplorer le fait de ne pas avoir reçu davantage d'encouragements de la part de son père et en arriver ensuite à n'avoir désormais besoin que de son propre assentiment pour agir.

COMMENT CORRIGER LES MAUVAISES HABITUDES : EXPLICATIONS CONCERNANT LES AUTOMATISMES DE RÉPÉTITION

Comprenez-vous comment ce syndrome fonctionne ? Si vous ne prenez pas conscience de vos problèmes, vous êtes condamné à reproduire indéfiniment, dans une tentative inconsciente de guérir d'anciennes blessures, les mêmes habitudes et les mêmes comportements malsains. Pendant tout ce temps-là, vous gâchez complètement votre vie. Il s'agit d'un phénomène que les psychologues appellent « automatisme de répétition ». Nous nous sentons inconsciemment obligés de soigner nos anciennes blessures. Cela explique pourquoi vous fréquentez sans arrêt le même genre de crétins, pourquoi vous continuez d'attirer le même genre d'amis qui ne vous sont d'aucun secours ou pourquoi vous semblez fondamentalement toujours avoir les mêmes problèmes et revivre les mêmes drames.

Souvent, les gens croient que leurs problèmes découlent d'un manque d'intelligence, d'attrait, d'humour, etc., de leur part. Ainsi, certaines filles se disent : « Si seulement j'étais plus jolie, plus intelligente, je n'aurais pas sans arrêt des ennuis. Mon petit copain serait resté avec moi. Mon patron ne m'aurait pas virée. »

Mais, comme vous le constaterez au fur et à mesure que vous poursuivrez votre lecture, vos problèmes découlent non pas de votre absence de qualités mais de votre manque de connaissances à propos de votre comportement. Vous ne prêtez pas attention aux raisons pour lesquelles vous attirez des hommes qui refusent de s'engager. Vous n'arrivez pas à comprendre pour quelles raisons vous avez des problèmes avec l'autorité, ce qui explique pourquoi vous vous rebellez contre votre patron.

J'ai vu des gens rationaliser leurs problèmes en blâmant les circonstances ou la « malchance ». Tout ça c'est des conneries ; ça équivaut à un déni total. La chance est une illusion. La chance naît d'une rencontre entre la préparation et l'occasion, comme l'a dit un sage, tandis que la malchance est souvent la conséquence d'un manque de préparation. Nous créons notre propre réalité et nous avons ensuite le culot de demander: «Pourquoi est-ce que ça m'arrive toujours à moi»? Il est vrai que des choses affreuses arrivent à de braves gens et nous allons y revenir un peu plus loin, mais, à un moment donné, il faut arrêter de vivre et de réagir inconsciemment et commencer à reprendre le pouvoir sur sa vie. Nous devons cesser de toujours répéter les mêmes erreurs et nous couper des émotions pénibles associées à notre passé.

En fait, la raison pour laquelle nos comportements destructeurs sont inconscients, c'est qu'ils sont douloureux; par conséquent, nous faisons en sorte de les dissimuler. Mais vous ne pouvez pas berner votre conscience. Les problèmes que vous refusez d'aborder et de régler définitivement referont inlassablement surface.

Personne n'est particulièrement enclin à passer sa vie en revue et à déterrer le passé. Des sentiments de colère, de tristesse, de trahison pourraient remonter à la surface – des sentiments généralement associés à des membres de votre famille qui font toujours partie de votre vie, comme vos parents. Ils ont été vos premiers modèles, après tout, et ils ont grandement contribué à façonner la personne que vous êtes devenue.

Personne ne tient vraiment à entretenir des ressentiments à l'égard de ses parents. C'est moche. Cela nous donne l'impression d'être séparés d'eux, ce qui, du coup, réveille en nous des sentiments primitifs d'abandon. Nous en éprouvons un sentiment de solitude, de culpabilité, de colère et d'incompréhension. En conséquence, au lieu de nous pencher consciencieusement sur notre passé, nous préférons généralement dire que nous avons eu «une enfance magnifique» ou que «nos parents étaient extraordinaires». Nous refusons de voir ce que nous avons vécu de pénible durant notre enfance, pour la bonne raison que nous aimons nos parents et que nous n'avons nullement envie de leur faire de reproches ou de nous mettre en colère contre eux.

Par ailleurs, remuer le passé ne peut que nous faire éprouver de la culpabilité et de l'ingratitude à l'endroit de nos parents et de tout ce qu'ils ont fait de remarquable pour nous. Pour beaucoup de gens, tout est noir ou tout est blanc: «J'ai eu une enfance merveilleuse» ou «Mon père était un abruti fini». Voyez-vous, lorsque quelqu'un est parfait, il n'y a aucune raison de lui en vouloir ou de penser qu'il nous a fait du tort. Nous préférons nier la réalité; malheureusement, les problèmes que nous refusons de regarder en face et de régler finissent toujours par empoisonner nos rapports avec les autres. En revanche, lorsque quelqu'un ou quelque chose est foncièrement mauvais, il est moins affligeant d'en être privé ou d'éprouver du ressentiment à son égard, car rien chez lui ne mérite qu'on en déplore la perte. Avec une telle attitude, le processus de victimisation peut alors se mettre en place : « Pauvre de moi. Tout allait mal pour moi. Je n'ai vraiment pas eu de chance. »

J'ai joué à ce petit jeu pendant des années avec mon père. À mes yeux, il était le dernier des imbéciles. Il n'y avait rien de bon en lui. J'étais victime des circonstances du fait que j'avais eu un mauvais père. Pauvre de moi et bon débarras ! Sauf que je n'arrivais plus à assumer les conséquences graves de mon attitude et du comportement que celle-ci a engendré chez moi. J'ai été obligée de me réveiller, d'affronter mes émotions négatives et de changer ma façon de voir les choses. Ce n'est qu'après avoir réussi à intégrer, dans mon cœur et dans ma tête, ce qu'il y avait de bon et de mauvais chez mon père que j'ai pu pleurer la perte de ce dernier en tant que père, lui pardonner ses faiblesses et cesser de rejouer le scénario catastrophe qui ruinait de grands pans de ma vie (à commencer par ma vie professionnelle chaque fois que j'avais affaire à des patrons masculins, ce dont je parlerai plus en détail au chapitre 5).

Je parie que vous vous dites : « Tout ça est tellement pénible, pourquoi irais-je déterrer le passé ? Et puisque j'ai choisi de le refouler, comment pourrais-je y accéder maintenant ? » Une question à la fois, s'il vous plaît ! Si vous ne retournez pas dans votre passé pour chercher à comprendre ce qui vous motive à agir, vous ne réussirez jamais à maîtriser votre mode de fonctionnement. En d'autres termes, vous ne pourrez pas imprimer à votre vie la direction de votre choix. Comme une montre dont l'aiguille des minutes tournerait à l'envers, vous continuerez de vivre de telle sorte que les événements vont vous ramener en arrière au lieu de vous permettre d'aller de l'avant.

Je ne suis pas en train d'affirmer que vous devriez vivre dans le passé ; j'insiste au contraire pour que vous en tiriez des leçons. Si vous ne l'avez pas encore fait, il est temps de vous y mettre. Faute de quoi vous continuerez probablement de traîner votre passé derrière vous comme un boulet, jusqu'au jour où les avantages que vous procure le fait de nier la réalité ne suffiront plus à contrebalancer les conséquences fâcheuses qu'il a sur votre vie. Si vous n'êtes pas prêt à entreprendre cette démarche, interrompez immédiatement votre lecture, car tout ce qui suit ne vous servira strictement à rien. Sachez simplement que ce livre vous sera utile le jour où vous serez disposé à passer à l'action.

Si vous souhaitez en venir aux faits mais ne savez pas comment vous y prendre, commencez par faire les exercices qui suivent. Passez votre vie au peigne fin, en long et en large, sous toutes les coutures, sans complaisance. En devenant conscient de vos problèmes et de vos mauvaises habitudes, vous pourrez les empêcher de vous mettre des bâtons dans les roues à l'avenir. Et ne venez surtout pas me dire : « Mais j'ignore ce que j'ai comme problèmes » ou « Je n'ai aucune idée de la raison pour laquelle je me mets dans des situations pareilles ». Ce sont de simples dérobades. Ayez le courage de gratter sous la surface et vous découvrirez très vite ce qui vous freine, car vous savez EXACTEMENT quels sont vos problèmes, même si vous avez souvent cherché à les dissimuler. En cherchant bien, tout le monde est capable de mettre le doigt sur ses points sensibles et ses blessures profondes. Peut-être n'avez-vous pas osé le faire jusqu'à présent. Mais si vous espérez redevenir acteur de votre vie, vous vous devez de tenir vos mécanismes de défense en échec.

Je vous demanderais de répondre à une série de questions visant à faire la lumière sur vos habitudes destructrices et à vous permettre d'en découvrir l'origine, de manière à ce que vous puissiez ensuite vous en débarrasser une bonne fois pour toutes. Il s'agit de questions difficiles auxquelles il pourrait vous être encore plus difficile de répondre. Si votre première réaction est de dire : « Je ne sais pas », c'est que vous êtes sur une piste et que vous devez pousser plus loin votre enquête. Prenez votre temps. Réfléchissez à ces questions et méditez-les. Au besoin, demandez à un membre de votre famille ou à un de vos amis de vous faire part de ses observations, mais assurez-vous que les réponses viennent de vous. Il s'agit d'aller chercher au fond de vous-même les outils qui vont vous permettre de rebâtir votre estime de vous-même sur de nouvelles bases solides.

Si vous répondez honnêtement aux quatre questions qui suivent, vous saurez exactement comment et pourquoi vous sapez vous-même votre moral. Vous fréquentez cet imbécile parce qu'il vous rappelle votre père et que vous avez toujours désiré que votre père vous aime davantage. Vous avez des problèmes avec l'autorité parce que vos parents vous étouffaient et étaient trop stricts, de sorte qu'aujourd'hui vous n'arrêtez pas d'irriter vos patrons et de vous faire congédier. Votre consommation immodérée d'aliments provient de ce que vos parents voulaient que vous soyez parfait lorsque vous étiez gamin ; alors ils ont fait des histoires à propos de votre poids en vous obligeant à vous peser toutes les semaines. À présent, manger à l'excès constitue votre manière à vous de vous révolter en leur montrant qui décide. Et ainsi de suite. N'ayez pas peur de creuser en profondeur. Si vous voulez reconstruire votre vie sur des bases solides, vous n'avez pas le choix.

EXERCICE

Quels comportements autodestructeurs souhaitez-vous modifier ? (Il s'agit de choses que vous faites tout en sachant pertinemment que vous ne devriez pas, mais que vous vous sentez néanmoins obligé de faire.)

EXEMPLES :
Est-ce que vous abusez de l'alcool ?
Est-ce que vous mangez à l'excès ?
Est-ce que vous pariez ou effectuez des achats de façon compulsive ?
Est-ce que vous trompez votre conjoint ?
Est-ce que vous négligez vos besoins émotionnels et physiques ?
Est-ce que vous travaillez trop ?
Est-ce que vous vous mettez facilement en colère et que vous pestez contre les gens ?
Avez-vous besoin de l'approbation des autres pour vous sentir bien dans votre peau ?
Est-ce que vous criez après vos enfants ?
Est-ce que vous repoussez les gens qui vous aiment ?

Quels sont les comportements, les habitudes et les scénarios destructeurs qui se répètent dans votre vie ? (Vous vous sentez alors victime des circonstances, même si, en réalité, c'est vous qui attirez ce qui vous arrive.)

EXEMPLES :
Est-ce que vous persistez à fréquenter des imbéciles qui vous laissent tomber ou vous maltraitent ?
Est-ce que les membres de votre entourage ont l'habitude de vous laisser tomber ?

Est-ce que votre entourage vous persécute ou se moque de vous ?
Est-ce que vous avez l'habitude de vous faire congédier par vos employeurs ?
Est-ce que vous avez l'habitude de vous entourer de gens qui ne vous sont
   d'aucun secours ?
Avez-vous le sentiment que personne ne vous écoute ?

Après avoir déterminé quels sont les comportements et les habitudes que vous devez modifier, il importe d'en découvrir les origines. Pour ce faire, vous devez d'abord être à l'écoute des réactions qu'ils provoquent en vous, puis tenter de découvrir à quel moment vous avez éprouvé de telles sensations pour la première fois au cours de votre existence.

Comment vous sentez-vous lorsque vous adoptez un comportement autodestructeur :

Furieux ?
Triste ?
Seul ?
Angoissé ?
Impuissant ?
Inutile ?
Abandonné ?
Méprisé ?
Stupide ?
Affreux ?
Détestable ?
Toutes ces réponses ?

En quelles autres circonstances avez-vous éprouvé ce sentiment ? À quelle époque de votre vie l'origine de ce type de comportement remonte-t-elle ?

Ainsi, dans le cas du candidat dont je vous ai parlé précédemment, celui-ci était furieux de voir que je ne m'occupais pas de lui au gymnase. Il s'était senti « diminué » et abandonné. Après avoir examiné ensemble à quels autres moments de sa vie il avait ressenti la même chose, nous sommes parvenus à remonter jusqu'à l'origine du problème : au cours de son enfance, son père n'avait jamais passé de temps en sa compagnie. Il n'avait en fait jamais assisté aux parties de baseball, aux pièces présentées à l'école ni à aucune autre des activités auxquelles son fils avait participé. Ce n'est qu'en localisant où se trouve la racine du mal qu'il vous sera possible de pénétrer au cœur de vos problèmes et d'entreprendre de les résoudre, dans l'espoir qu'ils cessent enfin de vous hanter.

Fouillez en profondeur dans vos souvenirs émotionnels – remontez aussi loin que possible dans le temps. Cela risque d'être douloureux, mais c'est seulement de cette manière que vous saurez que vous faites des progrès. Soyez courageux, tout en sachant que vous ne pouvez que remonter la pente à partir de là. Même s'il est angoissant d'éprouver pareils sentiments, il existe des moyens qui permettent de guérir les blessures du passé et de se tourner ensuite vers l'avenir.

Vous pourriez par exemple découvrir que les êtres qui vous sont chers ont des lacunes et voir en quoi ils vous ont laissé tomber. Ce qui ne signifie pas pour autant qu'ils sont foncièrement mauvais et que vous deviez les diaboliser. Cela veut simplement dire qu'ils sont humains, comme vous et moi. C'est en prenant conscience de la manière dont leurs problèmes vous ont affecté personnellement que vous cesserez d'intérioriser leurs problèmes et que vous parviendrez alors à leur pardonner et à vous pardonner à vous-même. Voilà où réside la vraie liberté, comme nous allons le constater au prochain chapitre.

....

Chapitre 5

SACHEZ PARDONNER ET ASSUMER LA RESPONSABILITÉ DE VOS ACTES

Une fois que vous avez reconnu l'existence des problèmes hérités de votre passé qui sèment le désordre dans votre vie actuelle, l'étape suivante – et elle est cruciale – consiste à apprendre à pardonner aux personnes qui vous ont fait du tort. Bien que l'on puisse aussi être traumatisé à l'âge adulte, la plupart des comportements autodestructeurs tirent leur origine véritable des expériences traumatisantes subies durant l'enfance.

Il arrive parfois que des malheurs nous frappent et que nous n'ayons ni les connaissances ni les moyens nécessaires pour les éviter. En pareil cas, nous sommes réellement victimes des circonstances. C'est donc commettre une erreur que d'intérioriser la situation et de se sentir responsable de ce qui est arrivé : « Je n'étais pas assez bien, assez intelligent ou peu importe pour qu'un tel ou une telle m'aime, arrête de me faire du mal ou arrête de se faire du mal. » Ce discours vous semble-t-il familier ? Dans bien des cas, la très mauvaise image que nous avons de nous-mêmes continue de nous hanter jusqu'à l'âge adulte et se manifeste par le truchement des automatismes de répétition dont nous avons fait état au chapitre 4.

Heureusement, grâce à la technique de l'auto-observation, vous serez bientôt en mesure de modifier ces vieilles habitudes, à la fois en reconnaissant leur existence et en refusant de les laisser se perpétuer à l'infini. En lieu et place, vous allez assumer pleinement la responsabilité de votre vie actuelle et faire en connaissance de cause des choix différents qui vous mettront sur la bonne voie. Rien ne vous empêche de vous défaire de la mauvaise image que vous avez de vous-même, de faire de vos souffrances passées le terreau dans lequel vous allez désormais croître et vous épanouir. Cela ne sera toutefois possible que lorsque vous aurez appris à pardonner.

Vous devez absolument trouver le moyen de pardonner à ceux qui vous ont causé du tort. Vous vous dites peut-être : « Ouais, tout ça c'est bien beau. » N'empêche que vous êtes furieux et que vous n'en démordez pas parce que, quel que soit l'abruti qui vous a blessé ou trahi, il ne mérite pas votre pardon. Vous pensez peut-être que le fait de lui pardonner équivaudrait à cautionner ses agissements. Ou que votre colère constitue une forme de punition à l'endroit de votre agresseur, surtout si aucune autre forme de châtiment ne l'attend ; lui pardonner équivaudrait à vos yeux à le laisser s'en tirer impunément. Vous pourriez même chercher à vous venger, au point de faire spontanément vôtre l'expression « œil pour œil, dent pour dent ». Mais si vous êtes dans l'impossibilité de nuire à l'autre personne, la meilleure solution pourrait encore être d'entretenir de la colère à son endroit. Il se peut toutefois que le fait d'être rancunier vous pousse à avoir un étonnant sens historique de la justice.

En réalité, ce n'est pas pour sa tranquillité d'esprit que vous devez pardonner au saligaud qui vous a fait du mal, mais bien pour la vôtre. Si vous n'arrivez pas à pardonner aux autres le tort qu'ils vous ont causé, que ce soit lorsque vous étiez petit ou maintenant que vous êtes devenu adulte, vous ne serez pas en mesure d'avancer dans la vie. Pardonner ne veut pas dire oublier, pas plus que laisser l'autre continuer de vous faire du tort. Pardonner permet simplement de guérir les blessures que vous avez subies et de poursuivre votre objectif de mener une vie riche et bien remplie.

Il est difficile de se frayer un chemin au milieu du paysage psychologique et spirituel du pardon, mais l'effort à fournir en vaut la peine, car il aboutit à des résultats formidables et permanents. Il vous permettra de cesser de prendre sur vous les problèmes des autres et d'arrêter de laisser leurs défauts définir qui vous êtes. Vous pourrez ainsi constater que ce qui vous est arrivé n'était pas dû à vos carences personnelles mais à celles des autres. C'est pourquoi, lorsque vous parvenez à comprendre la personne qui vous a fait du tort et à éprouver de la compassion pour elle, il devient alors possible pour vous de lui pardonner.

Par ailleurs, lorsqu'on apprend à lâcher prise, on se libère des pensées négatives qui ne cessent de nous pourrir la vie lorsqu'on entretient de vieilles rancunes et qu'on rumine les blessures du passé. Voici une excellente analogie à ce sujet : une inflammation des tissus mous n'a d'utilité qu'au cours des premiers jours suivant une lésion corporelle. Par la suite, si elle devient chronique, elle entraîne souvent des dommages encore plus graves que la plaie initiale. De même, la colère est un mécanisme de défense émotionnel destiné à calmer la douleur engendrée par un drame. Elle fournit raison d'être et motivation aux gens accablés par le malheur, car, s'il est une chose dont ces derniers ont grandement besoin, c'est d'une bonne raison de continuer à vivre. Mais la colère est insidieuse, car, si on la laisse couver sans la maîtriser et l'évacuer, elle peut causer plus de tort que le traumatisme initial. Des études ont démontré que le fait d'entretenir une rancœur peut pousser quelqu'un à souffrir de dépression, d'insomnie, d'épuisement et même de tension artérielle. Le fait d'être en colère, d'être en conflit permanent avec les autres, de détester quelqu'un ou de s'estimer lésé d'une manière ou d'une autre contribue à drainer nos énergies, à la fois psychiques et physiques. Lorsque nous sommes incapables de mettre un terme à notre colère, nous nous condamnons à revivre inlassablement les souffrances du passé et à laisser notre amertume faire des ravages dans notre vie. Nourrir une rancune peut empoisonner vos rapports avec les autres ou créer des tensions dans vos relations, vous détourner de vos obligations professionnelles et familiales et vous empêcher de vous ouvrir à de nouvelles perspectives et à de nouvelles personnes, vous privant ainsi du plaisir de jouir pleinement de la vie.

ÊTES-VOUS RANCUNIER ?

En acceptant d'ouvrir votre cœur et de pardonner à ceux qui vous ont fait du tort, vous cessez de vous enfermer dans le rôle de victime. La guérison des blessures psychologiques du passé devient alors possible et votre vie peut retrouver tout son sens et toute son utilité. Dès l'instant où vos anciennes blessures s'inscrivent dans une perspective de croissance personnelle et cessent de vous mettre des bâtons dans les roues, vous devenez invincible.

Comme j'ai déjà abordé cette question, tant ici que dans mes précédents ouvrages, vous n'ignorez sans doute pas que, lorsque j'étais enfant, j'étais très en colère contre mon père. Il m'a fallu des années pour lui pardonner. Que dis-je ? Il m'a fallu des années pour comprendre que c'était pour moi une nécessité. Jusqu'au début de la trentaine, j'étais persuadée qu'il était un véritable monstre et qu'il méritait toute la colère et toute l'hostilité que je ressentais à son égard, un point c'est tout. Ma haine allait me propulser vers le succès. J'allais devenir plus riche et plus puissante que lui. J'allais lui montrer qui j'étais. J'aurais enfin le dernier mot. Mais ma colère n'a fait qu'engendrer le désordre dans de nombreux domaines de ma vie et, paradoxalement, elle m'a radicalement empêchée d'atteindre mon objectif, qui était de réussir ma vie professionnelle.

Ma colère a littéralement ruiné ma carrière. Pendant des années, j'étais tout simplement incapable de supporter qu'un homme me dise quoi faire, ce qui a eu pour conséquence de me causer de gros ennuis. Au boulot, je revivais les mêmes scènes qu'avec mon père : je n'arrêtais pas de m'en prendre à mes patrons de sexe masculin. Chaque fois que j'avais l'impression d'être traitée injustement ou de manière autoritaire, je réagissais au quart de tour. Certes, il n'est pas juste d'être mal traité, mais il existe des moyens de gérer les situations de façon à ce qu'elles tournent en votre faveur. Étant en général une personne très émotive, je les envoyais pour ainsi dire tous promener au lieu de m'adresser à leur raison. J'ai été virée à deux reprises à cause de mon comportement, et je suis persuadée que ma colère est la raison pour laquelle je n'ai pas réussi à m'entendre avec les producteurs de *Qui perd gagne* lors de la troisième saison.

Un jour, au cours d'une séance de thérapie où j'étais particulièrement découragée à cause de mes revers d'ordre professionnel et où j'avais exprimé mon ras-le-bol devant le fait que je me heurtais toujours à un mur, mon psy a tenté de me faire comprendre que, tant que je n'arriverais pas à régler mes problèmes avec mon père et à lui pardonner, je continuerais à faire appel au même mécanisme autodestructeur qui me gardait prisonnière de moi-même. Évidemment, comme je jouais le même jeu avec mon psy qu'avec mon père, je n'ai pu m'empêcher d'argumenter avec lui. Je lui ai rétorqué qu'il était cinglé, que mon père n'avait rien à voir avec mon boulot et que, de toute façon, je voyais mal comment je pourrais jamais pardonner à quelqu'un qui avait fait tant de mal à ses enfants, dont moi-même. Ce qu'il m'a répondu, une fois que je me fus calmée, a littéralement changé ma vie.

Il m'a expliqué que la clé du pardon résidait dans mon aptitude à comprendre que je n'avais pas été personnellement la cible des abus commis autrefois pas mon père. Ce n'est pas parce que vous étiez un propre-à-rien qui méritait d'être puni qu'on vous a fait du tort, mais parce que la personne responsable de vos malheurs avait des limites. Le père du participant à *Qui perd gagne* était distant non pas à cause de ce que ce concurrent avait fait ou non, ou à cause de ce qu'il était ou non, mais parce que cet homme avait été élevé par des parents eux-mêmes distants et qu'il n'avait jamais vraiment appris à donner et à recevoir de l'affection. Il avait fait de son mieux avec les outils que la vie lui avait fournis.

Il en a été de même pour mon père. Il a grandi dans un milieu qui ne l'a pas équipé des outils qui lui auraient permis de s'aider lui-même, et encore moins d'aider quelqu'un d'autre. En raison de la façon dont ses parents l'ont élevé, il en est venu à éprouver un sentiment d'impuissance et à détester cette partie de lui-même qui était sensible et vulnérable. Par conséquent, le jour où il a eu des enfants, il a projeté sur nous ses sentiments d'insécurité. « C'est un cas d'école dont traitent tous les manuels de psychanalyse. Lorsqu'ils sont incapables d'intégrer et de réparer eux-mêmes les torts qu'ils ont subis, les parents transmettent inconsciemment leurs problèmes à leurs enfants », explique le D^r Jo Ann McKarus, qui se trouve être aussi ma mère.

Ce fut pire pour mon frère, à qui mon père s'est identifié plus étroitement parce qu'il était un garçon. Il ne cessait de le réprimander, de lui dire qu'il ne serait jamais bon à rien et que, comme Peter Pan, il ne réussirait jamais à grandir et à devenir un homme. Il a ainsi détruit la confiance en soi de mon frère. Peu à peu, je l'aide à comprendre que ce que notre père lui a fait subir n'avait rien à voir avec lui, mais était plutôt le reflet de la piètre opinion que notre père avait de lui-même.

Nous sommes tous des miroirs : nous projetons sur les autres et nous voyons chez eux ce que nous n'aimons pas en nous, puis nous les critiquons ou nous les agressons pour cette raison. Si vous n'appréciez pas le fait de vous sentir dans le besoin, vous allez détester plus que tout les gens qui souffrent de ce problème, parce que celui-ci déclenche en *vous* un sentiment de vulnérabilité.

Cela dit, vous pourriez très bien penser : « Je ne suis pas nécessiteux et c'est pourquoi je n'aime pas les gens qui sont indigents. Je ne pleure jamais. Je suis comme John Wayne, au fond. Je règle mes problèmes tout seul et tout le monde devrait en faire autant. » Mais, si vous prêtez attention à ce qui se passe en vous, vous découvrirez que vous êtes personnellement tourmenté par ce que vous condamnez avec autant d'énergie. Vous avez tellement peur d'être dans le besoin que vous dissimulez, refoulez et étouffez vos craintes à ce sujet, mais celles-ci réapparaissent néanmoins sous les traits de ce que vous projetez sur les autres. Car si vous n'éprouviez aucun malaise à cet égard, vous ne vous sentiriez nullement contrarié lorsque les autres laissent transparaître leur indigence.

Vous aurez compris, je l'espère, qu'il ne s'agit pas uniquement de réaction face aux besoins des autres. Ce qui est en cause ici, c'est tout problème qui engendre en vous un sentiment d'insécurité et avec lequel vous êtes aux prises, parce que vous vous identifiez jusqu'à un certain point à ce problème ; or, le fait de le remarquer chez les autres déclenche en vous une réaction négative. Cette règle s'applique à tout le monde, je vous assure. Et le seul moyen pour vous de mettre fin à cette situation, c'est de prendre conscience de vos problèmes afin d'éviter de les projeter sur les autres.

Inversement, le fait de comprendre qu'il en va de même pour les personnes qui vous ont fait du tort peut vous apporter la paix de l'esprit. Ce que vous avez subi était la résultante de leurs problèmes, de leurs sentiments d'insécurité, de leurs mauvaises expériences ou de leur manque d'expérience, et non pas la conséquence de vos fautes ou de vos carences personnelles. Si vous n'arrivez pas à régler vos problèmes, vous allez sans cesse répéter les mêmes erreurs. Et, comme ma mère a coutume de dire, ils se transmettent alors de génération en génération.

Mon père était le plus jeune de trois fils. D'après lui, c'est comme s'il n'avait jamais existé aux yeux de sa famille : il avait le sentiment que ses parents l'avaient rejeté et abandonné. Ils le considéraient comme un « paria », m'a-t-il raconté, et ils ont accordé toute leur attention à leurs deux fils plus âgés et à leur fille, qui était le bébé de la famille. Mon père s'était mis en tête de prouver à ses parents qu'ils avaient eu tort et il avait fini par devenir très riche. Il n'a toutefois jamais réussi à se débarrasser complètement de son sentiment profond d'insécurité et de son impression de n'avoir aucune valeur, pour la simple raison qu'il ne s'est jamais penché sur ces questions. Le jour où mon frère est né, mon père a projeté tous ses problèmes sur ce dernier. Si mon frère ne parvient pas à affronter et à régler ses propres problèmes, il va très probablement les transmettre à son fils, et ainsi de suite.

Par conséquent, il vous appartient de briser ce cercle vicieux, à la fois pour vous-même et pour vos proches.

Il faut accepter que nous puissions, dans certains cas, être plus évolués que nos parents. A priori, cette idée peut sembler contre nature. Après tout, ce sont des adultes : ils sont censés connaître toutes les réponses, savoir éviter les embûches et ne pas commettre d'erreurs. Mais, le plus souvent, ce n'est pas le cas. Voyez la chose comme suit. Imaginez que nous sommes tous des ordinateurs. Vos parents fonctionnent sous environnement Windows 95, tandis que leurs parents à eux étaient de simples Commodore 64, mais vous, vous utilisez le système d'exploitation OS X. Et il est probable que vos enfants utiliseront un système d'exploitation encore plus perfectionné, encore plus performant, sans doute à base de nanotechnologies. Chaque génération s'appuyant sur les connaissances de la précédente, il est donc parfaitement naturel pour nous d'être plus évolués que nos parents, aussi pénible que cela puisse être à admettre.

Il existe évidemment des exceptions, et ma mère en est une. Mais beaucoup de personnes que je connais finissent par jouer le rôle de l'adulte dans leurs rapports avec leurs parents. Bien que cela ne soit pas facile à admettre, une fois que vous acceptez cette vérité, elle peut également contribuer à votre guérison.

La plupart de nos problèmes trouvent leur origine dans notre enfance, mais si vous entretenez le sentiment d'avoir été lésé à la suite d'un événement survenu plus récemment, vous devez ouvrir votre cœur et explorer la question en profondeur, de façon à ce que l'acte de pardon puisse opérer en vous des changements durables. Ce n'est que lorsque vous parviendrez à comprendre les personnes qui vous ont causé du tort que vous cesserez d'intérioriser leurs démons et de laisser leurs problèmes détruire votre estime de vous-même et votre confiance en vous-même. Sachez qu'une vie remplie de compassion est une vie remplie de paix et de force intérieure susceptibles de contribuer à votre bien-être physique et physiologique.

Tout cela est très zen, n'est-ce pas ? « Comprendre, pardonner, faire preuve de compassion, tout ça, c'est du blabla pour moi », me direz-vous. Mais comment en arriver là ? Par où commencer ? Il peut être très difficile de pardonner, surtout si les souffrances que vous avez endurées ont été causées par des événements fréquents et traumatisants. C'est la raison pour laquelle il ne vous sera sans doute pas possible de pardonner du jour au lendemain. Il vous faudra du temps et de la patience.

LA NÉCESSITÉ DE S'ENGAGER DANS UN PROCESSUS DE GUÉRISON

Dans un premier temps, vous devez prendre l'engagement de tout faire pour cicatriser vos blessures, car c'est là que réside la clé du succès. Pour y arriver, prenez conscience du fait que la douleur et la colère gâchent vos chances d'être heureux. Vos émotions vous empêchent-elles de vous ouvrir aux personnes qui vous sont chères ? Est-ce qu'elles bouffent les précieuses énergies dont vous avez besoin pour vous concentrer sur votre travail ? Est-ce qu'elles causent des préjudices à votre santé physique ? Est-ce qu'elles vous empêchent d'être productif ?

À présent, prenez le temps de réfléchir à tous les avantages que vous retireriez du fait de pardonner. Imaginez la quantité d'énergie et d'émotions positives ainsi libérées qui vous permettraient de poursuivre vos rêves. Imaginez à quel point vos rapports avec les autres s'en trouveraient améliorés. Imaginez à quel point votre rendement au travail en serait accru d'autant, et ainsi de suite.

Passez ensuite à l'étape qui consiste cette fois non pas à mieux vous comprendre, mais à mieux comprendre les gens qui vous ont causé du tort.

Qu'il s'agisse d'un parent, d'un conjoint, d'un professeur insupportable, d'un patron mesquin, peu importe, essayez de mieux comprendre qui ils sont. Puis, renseignez-vous afin de savoir pourquoi ils ont agi comme ils l'ont fait. Par exemple, mon père était un homme colérique et amer, qui n'arrêtait pas de critiquer. Après avoir jeté un coup d'œil à son passé et avoir analysé les rapports qu'il avait eus avec ses propres parents, j'ai été en mesure de comprendre quelle était l'origine de ses comportements.

Une des participantes à l'émission *Qui perd gagne* avait des problèmes avec des parents qui ne cessaient de la juger et de la critiquer. Pendant des années, elle a cru qu'elle était une « malédiction » et une déception pour sa famille. Après avoir pris le temps de jeter un regard rétrospectif sur la vie de ses parents et sur leur enfance, elle a découvert que ceux-ci étaient issus de familles chinoises traditionnelles très strictes. Ses parents ayant été généralement privés de marques de tendresse et d'affection durant leur enfance, ils étaient peu enclins, faute d'avoir eu un exemple à suivre, à être tendres et affectueux à l'endroit de leurs propres enfants. En quittant la Chine pour les États-Unis, ils avaient profondément irrité et déçu leurs parents (les grands-parents de cette concurrente). Ils se sentaient par conséquent coupables de pas avoir comblé les attentes de leurs propres parents. Puis, lorsqu'eux-mêmes ont eu des enfants, ils ont projeté leur sentiment de culpabilité sur ma gentille candidate, la blâmant sans arrêt de ne pas être « assez bien » alors qu'au fond d'eux-mêmes ils se dévalorisaient.

EXERCICE

NOTEZ LES DÉFAUTS DE L'AUTRE PAR ÉCRIT
Votre premier exercice consiste à noter par écrit tout ce qui vous contrarie chez la personne à qui vous essayez de pardonner : sa cupidité, son égoïsme, sa cruauté, etc. Ne vous gênez pas pour énumérer tous ses défauts.

CONNAISSEZ-VOUS LES ANTÉCÉDENTS DE CETTE PERSONNE ?
Entreprenez ensuite de fouiller dans son passé. Essayez de savoir où, quand, comment et pourquoi ces traits de caractère sont apparus chez cette personne. Les plus grands sociopathes de notre temps, depuis Adolf Hitler jusqu'à Saddam Hussein, ont tous eu une enfance très difficile qui a fait d'eux les monstres qu'ils sont devenus. Je ne prétends pas que la personne qui vous a causé du tort est un maniaque prêt à commettre un génocide ; je dis simplement que tout comportement, qu'il soit bon ou mauvais, excessif ou subtil, a une origine. On pourrait discuter à l'infini quant à savoir si ces causes sont naturelles ou culturelles ; ce qu'il importe de savoir, c'est que la tendance d'une personne à faire le mal restera le plus souvent en sommeil, sauf si des événements catalyseurs en viennent à réveiller la « bête ». Par conséquent, enfilez à présent votre casquette de détective afin d'enquêter sur le passé de votre « agresseur ».

Imaginons toutefois que vous ne puissiez découvrir quels sont les antécédents de cette personne. Supposons qu'il s'agit de votre patron, d'un enseignant ou d'un nouveau petit ami, dont vous avez toutes les raisons de croire qu'il serait peu disposé à répondre à une série de questions le concernant (je plaisante). À moins d'embaucher un détective privé, vous avez peu de chance d'en apprendre davantage sur les raisons de son comportement. En pareil cas, mieux vaut jeter un coup d'œil à sa vie actuelle et au genre de relations qu'il entretient avec ses semblables, afin de voir s'il a l'habitude de faire subir aux autres le même genre de traitements qu'à vous.

Ainsi, une de mes amies fréquentait un type à l'allure sévère qui était constamment replié sur lui-même. Elle était persuadée qu'en se faisant belle et en se montrant intelligente et spirituelle elle l'inciterait à s'ouvrir et à être plus chaleureux et plus attentionné. Comme nous ne savions rien de son enfance, nous ne pouvions qu'essayer de savoir qui il était présentement. Nous avons cherché à découvrir quel type de relations il entretenait avec les autres, à la fois à son travail et dans sa vie privée. Nous avons découvert qu'il était froid et réservé avec tout le monde, et pas seulement avec mon amie. Il avait eu d'un précédent mariage un jeune fils avec lequel il avait du mal à communiquer. Il n'était pas proche de sa mère et en parlait souvent de façon négative et condescendante. Au bureau, il était d'une extrême précision et d'une redoutable efficacité, la branche qu'il avait choisie voulant qu'il fasse preuve de détachement et de sérieux. À force d'analyser la dynamique émotionnelle à l'œuvre dans de nombreux aspects de la vie de son copain, mon amie en est venue à la conclusion qu'elle n'était pour rien dans l'absence de sensibilité de ce dernier – c'était son problème à lui ! Il se montrait distant avec tout le monde. Le fait de savoir qu'elle n'était pas la cause d'un tel comportement a permis à mon amie d'avoir l'esprit en paix.

À votre tour à présent.

Examinez la situation actuelle de la personne qui vous a fait du mal. Est-ce qu'elle se comporte de la même manière avec les autres ? Est-ce que l'enseignant qui vous fait des misères en fait autant aux autres étudiants ? aux autres étudiantes ? Est-ce que le petit ami qui est distant avec vous l'était également avec d'autres femmes ? Est-ce que votre patron est également désobligeant envers les autres employés ? Est-il dans les habitudes de cette personne d'avoir un comportement insupportable ? Encore une fois, l'idée, c'est de comprendre l'autre et ses problèmes afin d'éviter de les intérioriser et de les faire vôtres. (Nous verrons au chapitre 6 POURQUOI vous avez dès le départ jeté votre dévolu sur une personne abusive et comment changer votre attitude pour que la situation ne se répète pas à l'avenir.)

NE VOUS SENTEZ PAS VISÉ PERSONNELLEMENT

Maintenant que vous comprenez mieux la personne qui vous a causé du tort de même que, je l'espère, les raisons qui l'ont poussée à agir ainsi, vous pouvez vous libérer du poids de ses problèmes et refuser de les reprendre à votre compte, ce qui constitue déjà un énorme pas en avant.

À partir de là, vous devez commencer à éprouver de la compassion, car ce n'est que lorsque vous saurez faire preuve de compassion que vous trouverez la force de pardonner. Dans son sens littéral, le mot « compassion » veut dire que les souffrances et les malheurs des autres ne nous laissent pas indifférents. Vous allez donc vous y intéresser dès maintenant.

Imaginez que vous êtes la personne qui vous a fait du mal. Mettez-vous à sa place, en train de vivre sa vie, de ressentir ce qu'elle ressent. Cet exercice vous permet de reconnaître que cette personne est plus que simplement un individu qui vous a causé un préjudice. C'est aussi un être humain à part entière, qui a des sentiments et des émotions, et dont les actions qui vous ont été préjudiciables avaient pour origine son propre mal-être, sa propre souffrance et sa propre impuissance.

Vous serez alors en mesure d'éprouver du chagrin pour cet être malheureux et de considérer l'auteur du préjudice que vous avez subi non pas comme quelqu'un de foncièrement mauvais, mais comme quelqu'un qui est désorienté et perdu. En faisant ainsi preuve d'empathie, vous serez plus enclin à trouver la force de pardonner et à cesser d'éprouver de la colère et du ressentiment.

SAVOIR PARDONNER L'IMPARDONNABLE
Il est très difficile et très pénible d'apprendre à pardonner, mais il n'y a pas d'autre moyen de s'en sortir, lorsqu'on est pris au milieu d'un incendie, que de foncer droit devant soi. Peu importe le mal qu'on vous a fait et la gravité du préjudice subi, vous vous devez de faire cet effort si vous espérez redevenir maître de vous-même et de votre vie.

Il existe des degrés dans l'échelle du pardon. Je suis bien consciente qu'il est plus facile de pardonner à votre père de ne pas avoir assisté à vos parties de football que de pardonner à un violeur ou à un pédophile. Je ne dis pas que je serais capable de pardonner à un violeur, mais je vous pose la question à vous : quel autre choix avez-vous ?

Vous pouvez laisser la colère et le désir de vengeance vous consumer au point de faire de vous un monstre. Vous pouvez aussi intérioriser ces sentiments et jouer le rôle de victime jusqu'à la fin de vos jours. Ou vous pouvez lâcher prise, tirer des leçons de ce qui vous est arrivé et continuer à vivre en étant plus sage et plus fort, en éprouvant de l'empathie et de la compassion à l'égard des autres, de manière à améliorer la qualité de votre vie et à toucher le cœur de beaucoup de personnes. La dure réalité ne change pas, mais pardonner reste la seule façon de se tourner vers l'avenir.

La sagesse que vous acquerrez en faisant preuve de compréhension et en apprenant à pardonner vous conférera une nouvelle responsabilité – la responsabilité qui découle de notre capacité d'admettre que nous nous sommes trompés et de faire des choix différents à l'avenir. Prenez le parti de la vie. Ce qui nous conduit tout naturellement au thème suivant, qui porte sur l'importance d'assumer la responsabilité de nos actes.

....

SAVOIR ASSUMER PLEINEMENT LA RESPONSABILITÉ DE SES ACTES
Résumons-nous. Vous avez pris conscience des problèmes qui vous incitent à toujours avoir les mêmes comportements autodestructeurs et à gâcher ainsi votre vie. Grâce aux vertus de la compassion et du pardon, vous avez pu arracher à la racine le mal qui vous ronge et vous affranchir de l'image négative que vous aviez de vous-même. Il est maintenant temps pour vous de franchir la dernière étape devant vous mener à votre autonomie en portant un regard

critique sur les choix que vous avez faits en réaction aux épreuves que vous avez subies et en vous demandant en quoi ces choix sont à l'origine de votre situation actuelle. Arrêtez de blâmer les circonstances ou les autres pour vos malheurs ou vos problèmes actuels. Lorsque vous accusez les autres, vous dites en substance que vous êtes impuissant à diriger votre propre vie. Désolée d'avoir à vous le dire, mais tout ça c'est des excuses. Vous n'êtes pas une pauvre victime des circonstances : vous jouez un rôle actif dans tout ce qui vous arrive et, si vous escomptez reprendre un jour votre vie en main, vous devez accepter l'entière responsabilité de ce qu'elle comporte de bien et de mal aussi bien que d'insupportable.

Responsabilité n'est pas synonyme de culpabilité. Il existe en effet une énorme différence entre vous culpabiliser et assumer pleinement la responsabilité de vos choix, de vos erreurs et de votre vie actuelle. Il est inutile de se blâmer ; cela ne sert qu'à se faire du mal et à se complaire dans des pensées négatives. Assumer la responsabilité de ses actes équivaut au contraire à s'affranchir du passé, à reconnaître qu'on a la capacité de changer l'avenir et d'améliorer son sort.

Vous vous dites peut-être : « Mais la vie ne m'a pas distribué de bonnes cartes. Ce n'est pas de ma faute si ma vie est moche. » Un instant. Je n'ai pas dit que le fait d'assumer la responsabilité de vos actes implique que vous deviez maîtriser la *totalité* des événements qui surviennent dans votre vie – personne n'a un tel pouvoir. Il existe des moments où nous sommes réellement victimes des circonstances. En acceptant ce fait, vous parviendrez à vous libérer de toute forme de culpabilité ou de honte que vous pourriez encore éprouver par suite des drames et des épreuves que vous avez pu connaître dans le passé.

Il arrive toutefois un moment, à l'âge adulte, où vous devez assumer pleinement la responsabilité de la façon dont vous laissez de tels drames vous affecter et influencer le cours de votre existence. Vous avez le pouvoir de contrôler vos *réactions* face aux contrariétés de la vie et de tirer parti des événements, quelles que soient les situations et les circonstances.

Même si quelque chose de terrible survient, vous avez toujours le choix de la manière dont vous réagissez aux événements. Vous avez l'option de réagir en disant : « Pourquoi faut-il toujours qu'il m'arrive un malheur ? Jamais je ne réussirai à trouver le bonheur. » Ou vous pouvez décider d'affirmer : « Ce qui m'arrive est vraiment affreux, mais je vais en tirer une leçon et tâcher de m'améliorer en examinant le rôle que j'ai pu jouer dans cette histoire. En bout de ligne, cela m'aidera à devenir la personne que j'ambitionne d'être. » Quel sera votre choix à partir de maintenant ?

Une fois que vous prenez conscience du fait que vos choix antérieurs vous ont conduit là où vous en êtes présentement et que vous en assumez l'entière responsabilité, vous êtes en mesure de faire des choix plus éclairés à l'avenir. Vous pouvez choisir la vie, l'amour et le bonheur au lieu de la colère, de la souffrance et de la tristesse. Il est tout aussi important de décider également de mettre l'accent sur vos forces, sur vos projets et sur votre réussite future plutôt que de vous lamenter sur vos faiblesses, sur les obstacles qui se dressent sur votre route et sur vos échecs passés. Il n'en tient en effet qu'à vous de décider si vous voulez rester seul jusqu'à la fin de vos jours sous prétexte que vous avez vécu des relations difficiles jusqu'à présent ; si vous allez mettre de côté une idée en laquelle vous croyez sous prétexte que quelqu'un a détruit votre confiance en vous-même à force de vous critiquer ; si vous allez rester chez vous à sangloter sous prétexte que vous n'avez pas de travail ou si vous allez vous mettre activement à la recherche d'un nouvel emploi, voire entreprendre des démarches en vue d'entamer une nouvelle carrière et de changer votre situation actuelle. Je pourrais continuer ainsi pendant des heures, mais vous voyez où je veux en venir, n'est-ce pas ?

QUEL AUTRE CHOIX AVAIT-ELLE ?

Shay est une fille avec qui j'ai eu la chance extraordinaire de travailler ces derniers temps. Elle a été élevée dans la rue, littéralement. Sa mère héroïnomane n'arrêtait pas de se piquer devant elle. Elle enfermait Shay dans un placard pendant qu'elle faisait des passes pour pouvoir payer sa drogue. Shay a fini par être prise en charge par les services sociaux ; elle passait continuellement d'une famille d'accueil à l'autre, sans jamais disposer du pouvoir de choisir l'endroit où elle allait atterrir ou les personnes qui allaient la prendre en charge. Au moment où je l'ai connue, elle était dans la trentaine et pesait 215 kilos (476 livres). Son passé l'avait anéantie au point où elle était littéralement en train de se suicider à petit feu dans la mesure où la consommation excessive de nourriture entraîne une mort prématurée.

On peut affirmer sans l'ombre d'un doute que Shay était une victime innocente. Elle a pour ainsi dire connu le pire de ce qu'un enfant peut subir. En plus de l'exposer à de graves dangers, sa mère malade a été incapable de lui donner l'amour et les soins de base que chaque enfant mérite et dont il a besoin. Elle a été victime d'un système de placement familial archaïque et bureaucratique. En tant que gamine, elle n'avait pas le pouvoir de contrôler ou de modifier la situation dans laquelle elle se trouvait. Elle était incontestablement victime des circonstances et sa vie était un véritable enfer.

Mais même quelqu'un comme Shay, qui a été marquée par une enfance vécue dans la souffrance et la peur, n'a désormais d'autre choix, en tant qu'adulte, que de reconnaître qu'elle a eu un rôle à jouer dans le fait qu'elle se retrouve là où elle est maintenant. Elle doit comprendre que c'est *elle-même* qui a décidé d'abuser de la nourriture pour se faire souffrir de la même façon qu'elle a souffert au cours de son enfance. Sa conduite est-elle explicable ? Certes, oui. Mais est-il possible de changer pareil comportement lorsqu'on se sert de sa conscience, qu'on apprend à pardonner et qu'on se prend en main ? ABSOLUMENT !

Voyez-vous, l'envers de la médaille, lorsqu'on se rend compte qu'on a fait de mauvais choix, c'est de comprendre qu'on a aussi le pouvoir de faire de *bons* choix. En acceptant le fait qu'elle était responsable d'avoir laissé son poids atteindre 215 kilos (476 livres), Shay a été en mesure d'abaisser celui-ci à 113 kilos (250 livres). Elle a enfin compris qu'elle a maintenant le pouvoir sur sa vie. Elle a le choix de rester en permanence victime de son horrible enfance et de revivre son histoire de maltraitance et de négligence jusqu'à ce qu'elle en meure, ou d'ouvrir son cœur afin d'affronter la douleur et le chagrin qui l'accablent, de pardonner à l'auteur de ses anciennes blessures et de sortir renforcée de cette épreuve. Elle est aujourd'hui libre de se tourner vers l'avenir et de refaire sa vie comme elle l'entend.

Il est impossible d'oublier complètement un tel passé. La chose n'est pas aussi simple. Mais, en assumant la responsabilité de sa situation actuelle, Shay est dorénavant capable de voir qu'elle a le choix de construire quelque chose de positif, même sur des bases aussi peu solides. Elle a perdu plus de 90 kilos (200 livres) et est en bonne santé ; elle est heureuse et vit aujourd'hui en Californie avec son mari ; elle s'occupe par ailleurs de jeunes enfants, un travail qu'elle adore.

EN PLEINE TOURMENTE

À cause de son manque de conscience, de son incapacité à pardonner ou à assumer la responsabilité de ses actes, un de mes amis a connu une série de déboires qui l'ont finalement contraint à la faillite. Ayant revu cet ami récemment, je lui ai demandé comment ça allait.

Il m'a répondu qu'il avait connu une année difficile. Il était ruiné. Il s'était fait prendre pour conduite en état d'ivresse. Son chien avait besoin d'une opération qui coûtait très cher. On avait repris sa voiture. Toutes ces difficultés financières avaient réduit à néant sa capacité d'emprunt et il avait dû déclarer faillite. Il était présentement dans l'incapacité d'obtenir un crédit pour s'acheter une nouvelle voiture et il avait de la difficulté à louer un appartement. Pis encore, sa relation avec sa copine battait – encore une fois – de l'aile. Mon ami s'apitoyait sur son sort, mais examinons comment il s'était lui-même mis dans le pétrin.

Voyons d'abord cette histoire de conduite en état d'ébriété : il n'aurait tout simplement pas dû conduire avec des facultés affaiblies ! Il n'aurait pas fait ce mauvais choix qu'il n'aurait pas eu à dépenser des milliers de dollars en frais juridiques et autres frais de justice. Cela dit, les choses auraient pu être pires : il aurait pu se tuer au volant ou tuer une personne innocente. En ce qui concerne l'opération de son chien, sachez qu'il existe une formule d'assurance pour animaux domestiques, et ce pour un prix dérisoire ! (De l'ordre de 150 $ par année.) S'il avait été suffisamment prévoyant, une telle assurance aurait couvert le coût de l'opération. Le prix de la voiture qui a fait l'objet d'une reprise de possession était nettement trop élevé pour ses moyens, mais il avait décidé de l'acheter quand même au lieu d'acheter une voiture qui cadrait avec son budget. En conséquence, ses finances en ont gravement souffert. Enfin, il aurait aussi pu éviter d'avoir des ennuis avec sa petite amie. Il s'agit d'une fille qu'il fréquentait sporadiquement depuis des mois. Il entretenait avec elle le même type de rapports hargneux qu'il avait eus avec sa mère. S'il avait choisi de faire un travail en profondeur sur lui-même, il aurait sans doute évité de revivre le genre de relations malsaines qui l'ont toujours laissé le bec dans l'eau, en particulier lorsqu'il traversait une mauvaise passe dans d'autres domaines de sa vie.

Vous pourriez être tenté de croire que je suis trop sévère : « Jillian, où est ta compassion ? » Mais est-ce faire preuve de compassion que de dissimuler la vérité à quelqu'un ? Est-ce une bonne chose que d'encourager un ami à avoir un comportement autodestructeur? Je ne vois pas les choses de cette façon.

Mais revenons à vous. Commencez-vous à voir quelles sont les habitudes qui vous empêchent de progresser? Neuf fois sur dix, nous sommes les artisans inconscients de ce qui nous arrive sans que nous le voulions vraiment, puis nous imputons nos malheurs à la «malchance».

Malchance mon œil!

Nous sommes des êtres puissants qui se mettent dans des situations difficiles dans une tentative inconsciente d'en tirer un enseignement.

À LA RUE!

Voici un nouvel exemple, personnel cette fois. Au moment où j'écris ces lignes, je suis sans domicile fixe, ce qui génère énormément de stress dans ma vie. Il y a quelque temps, j'ai décidé de rénover ma maison. J'ai entrepris les travaux en pensant qu'ils seraient terminés environ trois mois plus tard. J'ai donc trouvé un endroit où habiter temporairement et signé un bail de trois mois en étant persuadée que nous allions rentrer gentiment à la maison avant l'expiration du contrat de location. Pendant que nous étions dans notre logement de fortune, j'ai pris sur moi de sauver deux chiens qui se trouvaient dans un refuge pour animaux abandonnés, portant ainsi à quatre têtes la population canine résidant sous mon toit. Je croyais que la transition entre les deux habitations s'effectuerait sans heurts. J'avais tort. Le bail est arrivé à expiration avant la fin des travaux.

Me voilà donc sans domicile fixe avec quatre chiots sur les bras. J'aurais pu m'éviter tout ce stress si seulement je m'étais mieux informée sur la durée des travaux de rénovation. Par mesure de sécurité, j'aurais pu ensuite ajouter quelques mois à la durée anticipée. J'aurais pu signer un bail pour une plus longue période en ce qui concerne le logement temporaire. J'aurais pu aussi attendre d'être bien installée dans ma maison rénovée avant d'accueillir des chiens. Lorsque j'examine les raisons qui m'ont poussée à prendre ces décisions, je constate que j'ai agi sous le coup de l'impulsivité engendrée par l'anxiété. Je me sentais contrariée à cause d'un problème lié à mon travail et j'ai entrepris tous ces projets pour me changer les idées. C'est bien joli de vouloir rénover sa maison et adopter des chiens, mais ce sont des décisions qui doivent être prises après un examen beaucoup plus réfléchi que je ne l'avais fait. Je n'aurais pas été aussi angoissée et aussi impulsive que je ne me retrouverais pas à la rue à l'heure qu'il est et que j'aurais pu gérer ces diverses situations de façon harmonieuse.

La leçon que j'en tire pour la prochaine fois ? Être davantage à l'écoute de ce que je ressens lorsque je suis contrariée. Il n'y a rien que je puisse faire d'autre que de laisser mes sentiments s'exprimer. Et si je choisis d'entreprendre un projet en guise de mécanisme de défense, je ne dois pas agir de manière impulsive. Je me dois de faire les recherches nécessaires si je veux éviter au maximum les situations génératrices de stress.

EXERCICE

QUELLE EST LA NATURE DE VOTRE PROBLÈME ?

Arrêtez-vous un instant et prenez le temps de noter par écrit tous les problèmes qui vous tracassent en ce moment, du plus gros au plus petit. Demandez-vous à présent dans quelle mesure vous avez contribué à vous attirer ces ennuis. Avez-vous échoué en classe parce vous n'avez jamais assisté à vos cours ? Votre patron vous a-t-il enguirlandé parce que vous regardiez des clips sur YouTube au lieu de travailler ? Votre petite amie vous a-t-elle plaqué parce que vous passiez plus de temps avec vos potes qu'avec elle ? Vous êtes-vous fait agresser parce que vous flâniez dans un quartier mal famé ? Pesez-vous cinquante kilos de trop parce que vous vous rebellez contre vos parents sous prétexte qu'ils vous critiquaient quand vous étiez petit ? Avez-vous attiré l'homme qui vous maltraite parce que vous répétez le même mauvais scénario qu'avec votre père ? Vous a-t-on diagnostiqué un cancer du poumon parce que vous avez fumé comme un pompier pendant vingt ans ?

Si je peux vous paraître insensible, c'est sans doute parce que je le suis... si vous ne faites rien pour changer votre situation. À un moment donné, il vous faudra cesser d'agir comme si les événements vous tombaient dessus par hasard et admettre que c'est *vous* qui les attirez à vous. Une fois que vous êtes prêt à assumer votre part de responsabilité dans tout ce qui vous arrive, vous vous donnez le pouvoir d'améliorer votre vie dans tous les domaines, simplement en agissant el en vous comportant différemment. Alors rendez-vous service. Réveillez-vous avant qu'il ne soit trop tard, soyez attentif à ce que vous faites, assumez la responsabilité de vos actes et tirez rapidement parti des leçons que vous donne la vie afin d'éviter de toujours refaire les mêmes erreurs.

QUIZ
Êtes-vous vainqueur ou vaincu ?

Chapitre 6
ADOPTEZ UNE NOUVELLE ATTITUDE

Une fois que vous avez assumé la responsabilité des actes qui sont à l'origine de votre situation actuelle – et que vous vous êtes pardonné, car après tout vous êtes humain ! –, il est temps pour vous d'entreprendre le processus lent et parfois angoissant qui consiste à jeter les bases d'un changement véritable. Je peux vous proposer un plan d'action détaillé que vous devriez suivre étape par étape afin d'atteindre vos objectifs, mais, à moins de faire un travail d'introspection, vous n'irez nulle part. Votre réalité actuelle est la conséquence directe de vos attitudes et de vos croyances. Ce que vous percevez comme étant vrai devient votre réalité. Par conséquent, si vous voulez modifier cette réalité, vous devez réviser votre attitude de fond en comble. Ce chapitre porte sur votre attitude mentale ; nous nous occuperons au chapitre suivant de votre attitude face au monde extérieur.

Peut-être avez-vous l'occasion de m'entendre hurler après les concurrents de *Qui perd gagne* qui osent prétendre qu'ils ne sont « pas capables » de faire certains exercices. J'admets qu'il m'arrive souvent de crier, mais, sérieusement, rien ne m'horripile davantage que d'entendre pareil aveu d'impuissance. Pourquoi ? Pour la simple raison que le fait de le dire, c'est déjà y croire : cela devient une prédiction qui s'accomplit d'elle-même. Mais l'inverse est également vrai si vous affirmez : « J'en suis capable ».

C'est vrai pour tout : vous attirez ce sur quoi vous concentrez votre attention et les résultats que vous obtenez dépendent de ce que vous croyez. Si vous êtes constamment en train de vous dire que vous êtes un incapable, un bon à rien ou un échec ambulant, la réalité correspondra inévitablement à l'image que vous vous faites de vous-même.

Je ne vous parle pas ici de la loi de l'attraction ou des aspects ésotériques de la mécanique quantique que nous avons abordés au chapitre 3. Je parle du fait que vos pensées influencent vos comportements, lesquels façonnent à leur tour votre réalité. Ce principe s'applique à tous les domaines de votre vie. Il est par conséquent indispensable d'orienter vos pensées de telle sorte que vous puissiez croire en vos capacités et de détourner votre esprit des scénarios construits sur la peur.

Laissez-moi vous donner quelques exemples. Imaginons que vous ayez un petit ami (ou une petite amie) qui surveille tous vos faits et gestes et ne vous permet aucune liberté de mouvement. Comme vous avez l'impression d'étouffer en sa compagnie, vous évitez de lui communiquer le moindre renseignement personnel, ce qui a pour effet d'accroître son sentiment d'insécurité et de l'inciter à vouloir contrôler encore davantage votre vie. Ou admettons que votre patron ait pour habitude de critiquer ses employés et de s'en méfier. En revanche, ses employés le volent, bâclent leur travail ou démissionnent, tout ça parce qu'ils n'éprouvent aucun sentiment de loyauté envers lui et qu'ils trouvent parfaitement légitime de se révolter. Supposons encore que vous ayez une amie dans le besoin qui ne sait jamais quand s'arrêter de parler ou quand partir. Les gens la fuient comme la peste, avec comme résultat qu'elle est de plus en plus seule et dans le besoin. J'ai vu des personnes courir sur le tapis roulant en disant : « Je n'y arrive pas », pour ensuite paniquer et devenir étourdies au point de trébucher et de se blesser, engendrant ainsi un scénario dans lequel elles sont littéralement incapables de faire un pas de plus.

Ce que nous craignons devient réalité. Je pense que, jusqu'à un certain point, nous le faisons exprès. Nous permettons à nos craintes de se manifester parce qu'elles renferment les leçons de vie les plus importantes pour nous. Si nous ne parvenons pas à comprendre ce principe, nous ne serons jamais en mesure de triompher de nos peurs, avec comme conséquence que notre qualité de vie risque d'en pâtir considérablement.

Voici un exemple de peur avec laquelle je suis aux prises : je suis parfois inquiète, surtout en ce qui concerne le boulot. Ce qui m'angoisse le plus, c'est le fait d'être tenue à l'écart de ce qui se passe. Cela soulève immanquablement chez moi une série de questions ayant trait au degré de pouvoir et de confiance que j'accorde aux autres. Dans le passé, lorsque mon associé m'informait de ce qui se passait, je paniquais au moindre détail. Par conséquent, il a cessé de me tenir informée au jour le jour de la situation, afin d'éviter que je me mette en colère contre lui. Mais le fait de savoir qu'il me tenait volontairement à l'écart m'a encore plus affolée. C'était devenu un véritable cercle infernal. Nous avons donc conclu une entente en vertu de laquelle il me dirait tout mais s'arrêterait à la seconde même où je commencerais à paniquer. Dorénavant, chaque fois que je fais une crise, il me le signale, me rappelle notre arrangement et m'accorde le temps nécessaire pour que je me calme. Je fais alors une pause de cinq minutes, je prends quelques profondes inspirations, j'apaise mes inquiétudes, puis je reprends le cours de la conversation dès que j'ai retrouvé mon sang-froid. En mettant cette entente en application, j'ai assumé la responsabilité du fait que mes inquiétudes peuvent constituer une entrave à ma vie professionnelle, puis j'ai mis en place un plan d'action qui me permet de maîtriser mes angoisses, de rester concentrée sur mes objectifs et de les poursuivre avec détermination. Est-ce clair?

Une partie de notre travail consiste à apprendre à avoir une vision globale des choses. La leçon que j'ai retenue de cet épisode, c'est que j'ai besoin d'apprendre à faire confiance aux gens et à moins chercher à contrôler leurs faits et gestes. Si je pouvais y arriver, j'abattrais davantage de boulot en une journée, sans compter que cela allongerait probablement mon espérance de vie.

Avez-vous remarqué que la plupart des choses dont vous avez peur finissent par se manifester? Si vous avez peur d'être seul, êtes-vous éternellement célibataire? Si vous craignez de souffrir d'embonpoint, avez-vous de la difficulté à arrêter de manger à l'excès? Si vous avez peur de manquer d'argent, avez-vous constamment du mal à joindre les deux bouts? Cet exercice est destiné à vous montrer que votre attitude est à l'origine de toutes les prophéties qui se réalisent dans votre vie. Les événements ne surviennent pas par hasard. Dans quatre-vingt-dix-neuf pour cent des cas, ce qui nous arrive est le fruit de notre comportement et de nos actions. Le hasard ou la malchance n'y sont pour rien : les circonstances qui entourent notre existence sont directement liées à notre mode de pensée et à notre attitude.

IL N'Y A RIEN À CRAINDRE, HORMIS LA PEUR ELLE-MÊME

Un des participants à *Qui perd gagne* était terrifié à l'idée que sa fiancée puisse heurter ses sentiments. Tout au long de son enfance, son père lui avait répété de ne jamais faire confiance aux femmes. (Son père avait été échaudé par un divorce éprouvant.) De telles mises en garde ont évidemment eu de graves répercussions sur la vie de ce candidat. Il est tombé amoureux d'une femme absolument charmante, mais il a été pris de panique à l'idée qu'elle pourrait le tromper ou lui faire du mal. Il aurait très bien pu faire part à cette femme de ses craintes et de son sentiment d'insécurité ; elle aurait pu le rassurer et ils auraient pu trouver le moyen de surmonter ensemble ses difficultés. Au lieu de cela, il a réagi inconsciemment en faisant en sorte de gâcher leur relation. Il s'est comporté comme si elle le laissait indifférent et il a pris du recul, sentimentalement parlant, de manière à ne pas trop s'investir dans la relation et à éviter d'être trop chagriné si jamais elle décidait de le laisser. En fin de compte, son comportement a provoqué exactement ce qu'il craignait le plus au monde : elle l'a quitté. Il en est profondément bouleversé depuis.

Voici une autre anecdote à votre intention. Une des candidates de *Qui perd gagne* qui se prénommait Lisa ne cessait de dire qu'elle détestait cette expérience et voulait rentrer chez elle. Pourtant, elle réussissait toujours le test de la pesée. Il n'y a rien de plus simple que de quitter l'émission : il suffit de franchir le seuil de la porte ou de ne pas passer le test au moment de la pesée pour être éliminé. Mais Lisa n'a jamais rien fait en vue de concrétiser son intention de partir.

Un jour que j'en avais marre d'entendre ses jérémiades, je me suis adressée à elle en ces termes : « Pourquoi prétends-tu que tu veux partir alors que tu ne fais rien pour quitter l'émission ? Sais-tu combien de gens seraient prêts à tout pour être à ta place ? Quel est ton problème au juste ? »

À force d'insister, j'ai fini par obtenir la réponse à mes questions. Elle ne voulait absolument pas quitter l'émission : elle souhaitait rester plus que tout. Mais elle avait l'impression d'avoir perdu la maîtrise des événements. Il y avait trop de manigances autour d'elle et elle se sentait incapable de continuer dans ces conditions. Elle ne pourrait pas supporter de devoir retourner chez elle ; elle a donc commencé à se « protéger » en disant des choses comme : « Je déteste ça ici. J'ai hâte de m'en aller. Je veux juste rentrer chez moi. » Elle rejetait d'emblée ceux qui étaient susceptibles de l'exclure. Il s'agit là d'un mécanisme de défense typique en vertu duquel nous nous persuadons que nous détestons la personne qui semble nous rejeter, et ce dans le but d'éviter d'éprouver de la déception ou du chagrin.

Voyons en quoi pareille attitude n'est pas du tout productive. En répétant sans cesse qu'elle détestait *Qui perd gagne* et voulait rentrer chez elle, Lisa a fini par contrarier tout le monde : nous, les entraîneurs, les autres concurrents et les producteurs de l'émission. Si jamais Lisa devait échouer au test de la pesée, elle serait probablement la première à être éliminée. Et c'est exactement ce qui s'est produit.

Même si vous n'avez aucun contrôle sur ce que font les autres, certaines de vos attitudes et certains de vos comportements influencent les événements en votre faveur ou non. Si Lisa s'était concentrée uniquement sur son désir de participer à l'émission, elle aurait consacré ses énergies à suivre son régime alimentaire et son programme d'exercices. Elle aurait probablement réussi le test de la pesée et n'aurait pas été éliminée. Si elle avait adopté une attitude différente face à ce qu'elle vivait et affiché son désir de rester et de recouvrer la santé, les autres participants auraient pu éliminer quelqu'un d'autre à sa place. Ce n'est qu'un autre exemple de la façon dont nos craintes et nos angoisses s'incarnent dans la réalité.

EXERCICE

DE QUOI AVEZ-VOUS PEUR ?

Notez par écrit quels sont vos sentiments de crainte et d'insécurité les plus intimes. Cela vous aidera à établir un lien entre ce que vous craignez le plus et ce que vous vivez.

Procédez à un examen de votre situation actuelle et dressez la liste de certains de vos problèmes. Méditez-les en profondeur. Dressez un inventaire détaillé de votre vie. À titre d'exemples :

Une personne vous a-t-elle quitté ?
Vos enfants se sont-ils rebellés contre vous ?
Votre patron vous a-t-il congédié ?
Vos collègues de travail vous ont-ils rejeté ?

Ce ne sont là que quelques exemples évidents de questions concernant la manière dont se manifestent nos craintes primaires les plus secrètes. Il n'est toutefois pas nécessaire que votre peur porte sur vos sentiments d'insécurité les plus profonds. L'idée à retenir, c'est de voir comment vous vous y prenez pour fabriquer votre propre réalité, depuis le plus grand jusqu'au plus petit événement. Prenez le cas de mon ami dont le chien avait besoin d'une opération coûteuse qu'il n'avait pas les moyens de financer. Je suis certaine que la maladie de son chien ne représentait pas la principale de ses craintes, du moins jusqu'au jour où elle s'est manifestée. Mais s'il avait été mieux organisé et plus responsable, il aurait pris une assurance pour animaux domestiques et se serait ainsi évité un coup dur sur le plan financier.

QU'EST-CE QUI VA DE TRAVERS DANS VOTRE VIE ?
Dressez la liste de tout ce qui va mal dans votre vie. Voici quelques exemples supplémentaires de questions prises au hasard, au cas où vous n'auriez toujours pas compris comment procéder, même si je suis à peu près certaine que vous le savez à présent.

Vous êtes-vous blessé durant un cours de conditionnement physique ?
Vous êtes-vous disputé avec votre conjointe ?
Avez-vous émis un chèque sans provisions ?
Avez-vous eu un accident de voiture ?

QUIZ
Un changement d'attitude vous serait-il profitable ?

Voyez quelle est votre part de responsabilité dans ces scénarios. Dans quelle mesure vos comportements ont-ils contribué à générer vos problèmes actuels ?

À présent, examinez de près l'ensemble de vos interactions quotidiennes avec les autres et voyez de quelle manière vous vous comportez face aux situations, aux personnes, aux endroits ou aux choses qui vous intimident, vous bouleversent, vous accablent ou vous font peur.

Avez-vous tendance à être sur la défensive ?
Avez-vous tendance à être insolent et arrogant ?
Avez-vous tendance à rejeter ceux qui vous rejettent ?
Avez-vous tendance à vouloir tout contrôler et à tout mettre en œuvre pour surmonter vos problèmes ?
Avez-vous tendance à être anxieux, impulsif ou nerveux ?
Avez-vous tendance à faire des choses qui ont pour conséquence de vous détourner de vos objectifs et de semer la pagaille dans votre vie (comme sauver des chiens alors que vous êtes temporairement sans domicile fixe) ?
Avez-vous tendance à vous rebeller et à vous causer du tort par dépit (comme vous empiffrer pour vous venger de vos parents qui n'ont pas su vous aimer d'un amour inconditionnel) ?
Avez-vous tendance à vous ankyloser au point de négliger de faire face à vos obligations quotidiennes (comme souscrire une police d'assurance automobile ou d'assurance pour animaux domestiques, ou prendre rendez-vous chez le médecin) ?

Voyez-vous où je veux en venir ? Reconnaissez votre part de responsabilité dans l'apparition des problèmes qui vous empoisonnent l'existence. Rappelez-vous comment j'ai compris que mes crises empêchaient mon associé de me mettre au courant de certaines informations (dont j'avais pourtant besoin pour arrêter de paniquer). Vous êtes la seule personne en mesure de briser le cercle vicieux qui vous entraîne vers l'autodestruction. Regardez vos problèmes en face et prenez le temps d'en relever le maximum possible.

METTEZ UN TERME À TOUT CE CIRQUE !

Une fois que vous avez établi dans quelle mesure vous contribuez à vous autodétruire, vous devez mettre un terme à vos agissements et les remplacer par de nouveaux comportements.

Dès que vous vous apercevez que vous êtes sur le point de retomber dans le même piège, dites « STOP ». Prenez un peu de recul ou une profonde inspiration, ou faites autre chose pour vous calmer et prendre conscience de ce que vous êtes en train de faire. Avant d'agir, faites un petit exercice de prise de conscience. Pensez à votre objectif et demandez-vous si la conduite que vous êtes sur le point d'adopter favorisera ou retardera sa réalisation. En quoi pouvez-vous modifier votre comportement et votre attitude de manière à ce qu'ils puissent mieux vous servir à l'avenir ?

Si vous savez que, lorsque vous vous sentez seul et que vous êtes désespérément dans le besoin, vous n'arrêtez pas d'importuner vos amis au point où ils souhaiteraient ne vous avoir jamais rencontré, réfléchissez à ce que vous pourriez faire pour combattre la solitude avant que vos rapports avec les autres ne se détériorent définitivement. Faites du jogging afin de produire des endorphines qui vous permettront de vous sentir fort et apte à résoudre vos problèmes. Trouvez-vous un passe-temps ou lancez-vous dans un projet qui vous passionne, de manière à laisser cette activité vous absorber pendant quelques heures. Songez à adopter un animal de compagnie (sauf si vous êtes sans domicile fixe).

Allez vers les autres

Lorsque vous vous sentez vulnérable et que vous craignez d'être rejeté, faites l'effort d'aller vers les autres plutôt que de les rejeter ou de fuir la situation qui vous dérange et de vous replier sur vous-même. Si un mec annule son rendez-vous avec vous, ne commencez pas à jouer à un petit jeu avec lui en décidant de ne pas retourner ses appels pendant deux jours. Cela ne peut que vous entraîner tous les deux dans une impasse. Dites-lui plutôt que vous l'aimez beaucoup mais que vous avez été blessée lorsqu'il s'est décommandé à la dernière minute, parce que vous estimez qu'un tel comportement est irrespectueux. S'il est incapable de respecter vos raisons et de changer ses manières, vous saurez alors qu'il ne mérite pas que vous le fréquentiez et vous pourrez passer à autre chose. Il est fort probable qu'il va vous présenter ses excuses et vous affirmer qu'il vous aime aussi, qu'il ne s'est pas rendu compte qu'il a heurté vos sentiments et qu'il fera dorénavant des efforts pour respecter ses engagements.

Il n'est pas aisé de dévoiler ses sentiments et de s'ouvrir aux autres ; il faut par conséquent du temps pour adopter de nouveaux comportements à cet égard. Mais vous vous rendrez vite compte que c'est le seul moyen de créer une véritable intimité avec ses semblables et de mener une vie riche et bien remplie. Et même si l'on vous rejette, vous y survivrez en sachant que vous avez balayé devant votre porte et pris la bonne décision.

Changez de stratégie

Lorsque vous êtes inquiet, êtes-vous du genre à devenir obsédé et à réagir sous le coup de l'impulsion, jetant ainsi de l'huile sur le feu ? Si c'est votre cas, pensez à une façon de réagir qui ne contribue pas à aggraver la situation. Prenez un bain moussant, profitez de la pause-déjeuner pour vous faire donner un massage d'une demi-heure, notez vos impressions dans un journal ou faites quelque chose d'agréable et de réconfortant. Mais vous devez absolument neutraliser votre anxiété, de manière à pouvoir stopper dans son élan tout comportement autodestructeur qui vous cause des ennuis. Vous pouvez aussi faire comme mon éditrice – frapper quelqu'un –, mais uniquement dans un endroit prévu à cette fin et en compagnie d'un partenaire d'entraînement. Prenez un cours de kick-boxing ou initiez-vous aux arts martiaux, par exemple. Non seulement cela vous aidera à vous sentir fort et apte à résoudre vos problèmes, mais cela aura également pour effet de neutraliser vos angoisses.

Au cours de la troisième étape, qui traite exclusivement d'action, nous examinerons plus en détail ce qu'il convient de faire pour garder le cap. J'aimerais néanmoins que vous commenciez à voir dès à présent que tous les conseils que je vous donne sont liés entre eux. J'ai conçu mon plan de telle sorte que chacun de ses composants puisse vous servir d'appui et vous aider à sortir de l'ornière dans laquelle vous vous êtes enfoncé et à mener enfin la vie que vous méritez.

JEUX DE RÔLES

Une autre manière de limiter nos capacités consiste à nous cantonner dans des rôles que nous pensons devoir jouer. Que nous l'admettions ou non, nous sommes tous les protagonistes du film ou du roman de notre vie. À un moment donné, nous nous attribuons un rôle en fonction des archétypes que nous reproduisons depuis notre enfance : nous jouons à la victime, au martyr, au héros, à la belle ingénue, à la fille laide mais intelligente, au bon gars qui est toujours seul, et ainsi de suite. Vous voyez ce que je veux dire.

Il est grand temps à présent de balancer ces rôles par la fenêtre. Ils ne sont que le fruit de notre imagination : nous les avons inventés en intériorisant les problèmes des autres au cours de notre enfance. Ils ont beau nous sembler réels, ils ne correspondent pas à la réalité, sans compter qu'ils limitent nos vies de manière impitoyable.

Votre confiance en vous découle en grande partie de l'image que vous avez de vous-même. Or, cette image et le rôle que vous jouez dans le monde déterminent ce que vous attendez de vous-même et ce que vous espérez obtenir de la vie. Si le récit de votre enfance est tragique, vous allez automatiquement supposer que votre avenir le sera aussi.

Vos expériences passées et vos souvenirs conditionnent l'image que vous avez de vous-même. Si un de vos parents vous critiquait et vous incitait sans cesse à agir à la perfection parce qu'il se sentait imparfait à l'intérieur de lui-même, il est possible que vous ayez intériorisé son sentiment d'insécurité au point de croire que tout ce que vous faites n'est jamais adéquat. Vous abordez la vie en étant persuadé que vous ne serez jamais à la hauteur de ses exigences. Ce qui explique que vous vivez aujourd'hui des situations qui font ressortir encore davantage vos lacunes, prisonnier que vous êtes d'un cercle vicieux qui se perpétue à l'infini. Il s'agit là de nouveau d'une prédiction qui s'accomplit d'elle-même. Pour réussir, il faut y croire. Il s'agit d'une vérité incontournable. Tant que vous croirez à des histoires qui vous limitent dans vos capacités, vous rejouerez le même scénario, du moins jusqu'au jour où vous déciderez consciemment d'y mettre fin une bonne fois pour toutes.

C'est la prison de votre esprit qui est la cause de vos malheurs, pas l'emploi sans avenir que vous avez ou la relation dépourvue d'amour que vous vivez présentement. Ce ne sont là que les signes extérieurs de ce que vit votre personnage. Il n'est pas facile de modifier la manière dont on se perçoit soi-même. Si, lorsque vous étiez enfant, vous avez subi une perte, un échec ou un rejet, ou si vous avez été amené à croire que vous êtes paresseux ou que vous êtes un perdant, etc., il est difficile pour vous de vous défaire de telles croyances parce que vous n'avez aucun autre cadre de référence. Mais je vous jure que, quelles que soient les idées limitatives qui ont été implantées dans votre esprit, elles sont fausses. À un moment donné dans votre vie, vous avez accepté ce mensonge pour un motif quelconque et la même histoire s'est répétée depuis parce que vous avez cru qu'elle était vraie.

Je n'ai jamais oublié l'anecdote suivante (tirée d'un livre de psychologie populaire que j'ai lu il y a quelques années), qui illustre parfaitement le propos de ce livre :

Un père et son jeune fils vont au cirque. Là, le garçon aperçoit un énorme éléphant retenu par des chaînes toutes rouillées et pas très solides. Se tournant vers son père, il demande : « Cet éléphant n'est-il pas assez fort pour se libérer de ses chaînes ? »

« Bien sûr qu'il l'est, lui répond le papa. C'est simplement qu'il a été enchaîné ainsi dès son plus jeune âge, alors qu'il était encore trop faible pour se libérer, et maintenant il ne sait pas qu'il en aurait la force. »

C'est triste à dire, mais l'éléphant de cette histoire, c'est *vous*.

Vous avez le POUVOIR de quitter cet emploi que vous détestez tant ou votre conjoint alcoolique, ou encore de retourner aux études. Vous voulez savoir ce qui vous retient de le faire ? Absolument rien... sinon vous-même !

EXERCICE

SE LIBÉRER DE SES CHAÎNES

> Voici de nouveau quelques questions destinées à vous aider à vous affranchir des limites que vous vous êtes peut-être imposées à vous-même sans vous en rendre compte.

QUELLE EST VOTRE HISTOIRE PERSONNELLE ?

Quel rôle jouez-vous dans votre propre vie et en quoi vous emprisonne-t-il et vous empêche-t-il d'évoluer ? Êtes-vous gros parce que vous pensez que vous êtes paresseux ? Êtes-vous pauvre parce que vous pensez que vous êtes un perdant ? Continuez-vous d'occuper un emploi minable parce que vous croyez qu'il est trop tard pour changer de carrière ? Êtes-vous seul parce que vous êtes d'avis que vous êtes trop moche pour dénicher quelqu'un qui saura vous aimer ? Je m'arrête ici avant de crier : « C'est faux ! » Mais j'espère que vous avez compris. Notez par écrit tout ce qui, dans votre définition de vous-même, vous empêche de mener la vie dont vous rêvez.

S'AGIT-IL D'UNE HISTOIRE VRAIE ?

Y a-t-il la moindre trace de vérité dans votre récit ? Réfléchissez-y longuement et profondément. Êtes-vous handicapé physiquement au point de ne pouvoir franchir le seuil de votre demeure et demander le divorce ? Si vous restez à cause des enfants, songez que ceux-ci se rendent parfaitement compte du fait qu'ils vivent au sein d'une famille dysfonctionnelle. Somme toute, il vaut peut-être mieux pour eux que vous ne restiez pas davantage prisonnier d'un mariage malheureux.

Êtes-vous réellement trop paresseux pour entreprendre un programme d'exercices qui vous aiderait à perdre du poids ? Voilà qui est douteux. Êtes-vous réellement perdant à ce point que vous êtes incapable de gagner de l'argent ? Probablement pas. Êtes-vous réellement trop âgé pour vous présenter à un entretien d'embauche ou pour retourner aux études ? Non, à moins que vous soyez déjà centenaire. Êtes-vous une espèce de monstre que personne sur terre ne saurait jamais aimer ? NON !

Ce ne sont là que quelques exemples. Quelles que soient les limites que vous vous imposez à vous-même, le moment est venu pour vous de les repérer avant de vous en débarrasser définitivement. Vous devez dorénavant vous raconter une nouvelle histoire, de préférence une histoire dans laquelle vous menez une vie enrichissante et passionnante, et dans laquelle vous êtes entouré d'amour et de puissantes voitures anciennes. Et ne me dites surtout pas que c'est compliqué, parce que c'est faux : c'est très simple. Tout ce dont vous avez besoin, c'est de quelques idées nouvelles et d'un peu de courage afin de remettre votre vie sur la bonne voie. Est-ce que ce sera facile ? Oh ! que non ! Je ne vais pas vous faire de fausses promesses à cet égard. Mais c'est possible et ça en vaut vraiment la peine. Débusquer les illusions à l'origine de l'image négative que vous avez de vous-même constitue le seul moyen de vous en libérer et de découvrir quelle est votre vraie vocation.

L'ART DE FAIRE SEMBLANT

L'image que vous avez de vous-même constitue le facteur qui détermine où votre chemin vous conduit. Et elle n'est jamais neutre : soit elle vous aide à vous tourner vers l'avenir, soit elle vous retient prisonnier du passé. Si vous êtes persuadé que vous ne valez rien, vos décisions et vos choix découleront de cette conviction et vos projets ne pourront qu'échouer lamentablement. Mais si vous êtes convaincu du contraire, cela se reflétera, là également, dans les résultats que vous obtiendrez.

Une fois que vous avez compris cette vérité, vous êtes libre de modifier votre attitude et l'opinion que vous avez de vous-même, lesquelles vont à leur tour vous pousser à faire des choix différents et à obtenir des résultats différents. Il vous faudra un certain temps et quelques efforts pour modifier vos habitudes, car vous ne pouvez pas espérer changer du jour au lendemain l'image que vous avez de vous-même. Mais continuez de vous familiariser avec les étapes du présent programme et cela deviendra de plus en plus facile. Si vous savez faire preuve de vigilance et de détermination, les petites victoires et les petits succès que vous allez accumuler vont grandement contribuer à redéfinir l'image que vous avez de vous-même.

Lorsque j'oblige une participante de *Qui perd gagne* qui se croit paresseuse et incapable de faire de la gymnastique à prendre part pendant deux heures à une pénible séance d'entraînement, puis à courir encore un kilomètre pour la première fois de sa vie, elle devient instantanément une nouvelle personne. (Cela est également valable pour les candidats masculins.) Elle fait l'expérience d'une nouvelle réalité : elle découvre soudain qu'elle est une femme forte et accomplie. Pendant un instant, ses certitudes sont ébranlées et un monde de possibilités s'ouvre à elle. Elle en arrive alors à cette conclusion : s'il n'est pas vrai qu'elle soit faible et paresseuse, il est fort probable que les autres idées et croyances préjudiciables qu'elle entretient à son propre sujet soient également fausses. À partir de là, tout devient possible.

Cela dit, en attendant que vos petites victoires et vos petits succès se matérialisent, vous devrez « faire comme si ».

Vous avez sûrement déjà entendu cette expression. Mettez-la en pratique. La raison pour laquelle elle fonctionne est simple : si vous continuez à prendre des mesures concrètes en vue d'atteindre vos objectifs, avant longtemps elles deviendront des habitudes et vous finirez par croire à vos chances de succès.

C'est un peu comme mettre la charrue avant les bœufs, mais ça marche. Avec la bonne méthode – et en y mettant beaucoup de préparation, d'entraînement, de patience et de temps –, vos efforts seront bientôt récompensés. La confiance dans le succès attire le succès. Nous en reparlerons. Maintenant que nous nous sommes penchés sur votre attitude mentale, il est temps d'aborder la question de votre attitude face au monde extérieur.

CHAPITRE 7

VOTRE ATTITUDE FACE AU MONDE EXTÉRIEUR

Il a beaucoup été question dans les pages précédentes de la perception que vous avez de vous-même. Mais qu'en est-il de la façon dont vous percevez la vie et le monde qui vous entoure? Comment composez-vous avec les mauvaises surprises que la vie vous réserve? Lorsque les choses tournent mal, choisissez-vous d'en tirer des leçons et d'acquérir une compréhension approfondie des choses? Ou vous laissez-vous abattre par les événements et considérez-vous vos échecs comme la preuve que vous êtes réellement un incapable?

Il ne suffit pas de modifier l'opinion que vous avez de vous-même pour que votre attitude négative s'en trouve aussitôt transformée. Vous devez également avoir l'honnêteté de vous interroger sur la manière dont votre perception du monde extérieur vous empêche d'évoluer.

Il est possible de transformer un obstacle en tremplin vers le succès. Et je ne parle pas d'âneries du genre «voyez le verre à moitié plein». Je parle de reconnecter vos circuits internes et de modifier votre vision des choses de manière à ce que vous deveniez invincible, de manière à vous conditionner mentalement à survivre aux échecs, à franchir tous les obstacles et à surmonter toutes les difficultés.

Voyons quels sont les pièges les plus courants dans lesquels nous sommes le plus susceptibles de tomber lors de nos interactions avec notre environnement: les soucis, la peur et l'échec.

ARRÊTEZ DE VOUS EN FAIRE

Il est *inutile* de s'inquiéter. Cela ne sert absolument à rien, si ce n'est à vous priver de précieuses énergies que vous pourriez canaliser en vue de vous créer une nouvelle vie. Dites-moi franchement quelle est l'utilité de s'en faire et de se stresser. Je ne sais pas pour vous, mais moi je peux me passer volontiers de tout ce qui s'appelle nuits blanches, hypertension, mains moites et maux de tête. Tout ça ne fait qu'empirer les choses. Ayant souffert d'anxiété toute ma vie, j'ai appris comment la surmonter.

Présent !

Ancrez-vous fermement dans l'instant présent. Souvent, nous perdons notre calme parce que nous nous inquiétons au sujet de l'avenir. Dans bien des cas, nos prévisions sont plus impressionnantes que la réalité. Très souvent, nous nous inquiétons pour rien ; dans le cas contraire, le fait de s'inquiéter d'avance ne contribue nullement à arranger les choses.

Par conséquent, dès que vous commencez à angoisser, demandez-vous comment les choses se passent pour vous en ce moment. Avez-vous un emploi ? Êtes-vous en bonne santé ? Arrivez-vous à joindre les deux bouts ? Avez-vous un toit au-dessus de la tête ? Vos proches sont-ils vivants et bien portants ?

Certes, il arrive que des mauvaises nouvelles surviennent. Je ne suis pas en train de dire que vous devriez vous mettre la tête dans le sable et refuser d'envisager une telle éventualité, ou que vous ne devriez pas anticiper les événements et prendre les précautions nécessaires pour vous protéger, vous et vos proches. Là où je veux en venir, c'est que vous devez empêcher des problèmes qui n'existent pas encore de vous empoisonner l'existence. Rappelez-vous ce vieil adage : « Nous verrons bien le moment venu. » Ou encore, comme ma productrice Ellen Rakieten ne cesse de me le répéter : « Pas la peine de saigner tant qu'on ne t'a pas tiré dessus. » Si jamais les choses tournent mal, vous gérerez au mieux la situation à ce moment-là, mais, d'ici là, restez concentré et faites ce que vous avez à faire en ce moment même.

Redoublez de débrouillardise

Lorsqu'un problème survient, il est important de mettre l'accent sur la solution, pas sur le problème lui-même. Il existe à ce sujet un excellent ouvrage dont vous avez peut-être entendu parler et qui s'appelle *Who Moved My Cheese?*[18]. Ce titre est tiré d'une expérience menée sur des souris qui avaient

---

18. Traduction libre : *Qui a changé mon fromage de place ?* Il s'agit d'un ouvrage de stratégie à l'usage des gestionnaires d'entreprise. (*N.D.T.*)

été placées dans un labyrinthe. Chaque jour, pendant des semaines, les souris parcouraient les couloirs du labyrinthe et trouvaient un morceau de fromage toujours disposé au même endroit. Un jour, les chercheurs ont changé le fromage de place. Certaines des souris se sont mises à paniquer. Après s'être rendues à l'endroit où le fromage devait se trouver, elles ont commencé à gratter les parois du labyrinthe et à tourner en rond. Elles étaient tellement affolées qu'elles n'ont jamais réussi à découvrir le nouvel endroit où se trouvait le fromage. Dans la vraie vie, cela aurait signifié la famine et la mort ; or, *c'est exactement cette perspective qui terrorisait les souris.*

Certaines d'entre elles ont toutefois réagi d'une manière complètement différente. N'ayant pas découvert de fromage là où elles l'attendaient, elles ont accusé le coup puis sont retournées sur leurs pas et se sont mises à renifler un peu partout et à emprunter de nouveaux itinéraires jusqu'à ce qu'elles l'aient trouvé.

Quel type de souris avez-vous l'intention d'être ?

Allez-vous paniquer et arrêter de chercher ? Ou allez-vous utiliser vos compétences et vos ressources en vue de trouver une solution à vos problèmes ? C'est la deuxième réponse qui est la mieux appropriée.

Dans un premier temps, vous devez réduire le problème à sa plus simple expression. Si vous avez des craintes parce que vous souffrez d'une maladie chronique qui accroît vos risques d'attraper la grippe porcine, recherchez sur Google quelles sont les mesures à prendre pour vous en protéger. Évitez déjà de vous rendre au Mexique, d'où cette grippe est originaire. Évitez par ailleurs de prendre l'avion, à moins que ce ne soit nécessaire, et prenez des suppléments naturels afin de renforcer votre système immunitaire.

Si vous avez peur de perdre votre emploi, efforcez-vous de mieux faire votre travail. Ou, si vous n'avez aucun pouvoir à ce sujet parce que l'entreprise pour laquelle vous travaillez effectue de nombreux licenciements en ce moment, commencez à consulter les petites annonces, à frapper aux portes et à remplir des demandes d'emploi.

Être proactif constitue encore le meilleur moyen de chasser le stress. Quand on y pense, il existe une foule de petites mesures que l'on peut prendre pour éviter que le pire se produise, ou pour faire face à la situation lorsque les événements sont défavorables. Une fois que vous aurez épuisé toutes vos options, il sera toujours temps de trouver le moyen de calmer votre esprit.

Stimulez votre cerveau

Pratiquez des activités qui soulagent le stress, adoptez des comportements destinés à libérer la sérotonine, laquelle améliorera votre humeur. Cela vous aidera à vous distraire, vous empêchant ainsi de ruminer sans cesse les mêmes problèmes. Car c'est exactement ce que font les gens aux prises avec un trouble obsessionnel. Je le sais, c'était mon cas. J'ai souffert pendant des années d'anxiété congénitale, de préférence entre minuit et quatre heures du matin. Ce n'était pas drôle et c'était loin d'être productif.

Il existe des tas de choses que vous pouvez faire pour vous débarrasser temporairement de votre stress. De l'exercice physique. Des exercices de respiration profonde. Toute autre activité que vous aimez et qui a un effet bénéfique sur vous: jardiner, tricoter, bricoler sur votre voiture. Si vous y trouvez du plaisir et que cela vous détend, faites-en davantage! Chaque fois que je suis hyper stressée et que j'ai fait tout ce qui était en mon pouvoir pour régler courageusement un problème, je vais faire une randonnée à cheval ou une balade en moto. Trouvez des activités qui nourrissent votre âme et occupent votre esprit tout en vous procurant des sensations agréables, de façon à empêcher votre anxiété de vous paralyser.

Si cela ne suffit pas à vous convaincre, demandez-vous ceci: si un ami ou un membre de votre famille vous faisait part de ses angoisses ou de ses craintes, ou se tourmentait à propos de quelque chose, que feriez-vous? Vous lui diriez probablement que tout va finir par s'arranger. Vous pourriez lui suggérer de prendre un bon bain chaud, lui faire un massage, lui envoyer des textos amicaux et des courriels rassurants tout au long de la journée. Vous ne chercheriez pas à l'embarrasser davantage. (Du moins je l'espère!) Alors, pourquoi diable n'en faites-vous pas autant pour vous-même?! Pour une raison inconnue, beaucoup de gens pensent que c'est faire preuve de faiblesse ou de complaisance que d'être bienveillant envers soi-même. En réalité, c'est en apprenant à être aimable envers vous-même et attentif à vos besoins que vous pourrez le mieux surmonter les épreuves et en ressortir plus fort et plus avisé.

Demandez un deuxième avis

Je parie que vous connaissez l'expression «l'arbre qui cache la forêt». (J'adore les clichés. Ils nous rappellent à quel point la vie peut être simple et évidente la plupart du temps, si nous ne lui mettons pas des bâtons dans les roues.) Très souvent, lorsqu'une situation nous préoccupe, nous avons trop le nez collé sur les événements pour pouvoir mettre les choses en perspective. Il est alors bon qu'une deuxième paire d'yeux observe le paysage. Demander son avis à quelqu'un est utile tant sur le plan émotionnel que stratégique. Non seulement vous aurez le sentiment d'être soutenu et de ne pas être livré à vous-même dans une situation fâcheuse (cela ne fait pas de tort de temps en temps), mais vous en aurez en outre un portrait plus réaliste et plus impartial de la part de quelqu'un qui n'y est pas aussi impliqué que vous l'êtes.

Lorsque nous sommes «tout feu tout flamme», nous ne sommes pas en mesure d'évaluer une situation de manière réaliste ou d'agir de façon rationnelle et d'être productif. Le fait de s'adresser à quelqu'un qui n'est pas directement aux prises avec un problème permet de s'en décharger sur lui, d'examiner froidement les faits, d'évaluer ses options et, surtout, de rassembler vos idées de manière à pouvoir décider d'un plan d'action, même si cela consiste à rester tranquille et à ne rien faire dans l'immédiat.

Petite mise en garde : restez prudent lorsque vous demandez un deuxième avis à quelqu'un. Un ami qui est d'accord avec tout ce que vous dites n'est probablement pas la personne idéale à cet égard. Ne demandez pas conseil à n'importe qui. Nous en reparlerons plus en détail au chapitre 9. Pour l'instant, contentez-vous de rechercher quelqu'un de confiance qui sait garder son calme et qui a une tête sur les épaules, de préférence quelqu'un qui a une certaine connaissance du problème qui vous préoccupe.

Il existe divers moyens susceptibles de vous aider à vous détacher de vos soucis, de vos angoisses et de vos conflits intérieurs, de manière à les empêcher de bouffer vos énergies et à permettre ainsi à votre esprit libéré de se consacrer à des choses beaucoup plus productives et plus enrichissantes. L'inquiétude est engendrée par la peur, qui est l'une des forces les plus destructrices qui soient. Voilà par conséquent à quoi nous allons maintenant nous attaquer.

UTILISEZ VOTRE PEUR POUR VOUS RENFORCER

Il existe des centaines d'ouvrages vantant les mérites de l'intrépidité. Le mot même évoque l'image d'individus défiant les lois de la nature, vous ne trouvez pas ? Cela semble tellement génial ! Oubliez tout de suite cette idée, ce n'est même pas la peine d'essayer ! Tous les êtres vivants, du plus petit insecte au

PDG le plus puissant, connaissent la peur. Elle est au cœur même de la nature, alors réfléchissez-y à deux fois avant de croire que vous pouvez y échapper. L'astuce consiste non pas à fuir ses peurs, mais à les affronter et à les utiliser comme un stimulant et une source d'enseignement. Ce n'est qu'en remontant à l'origine de vos craintes que vous saurez en tirer de précieuses leçons et vous tourner vers l'avenir en étant plus fort que jamais.

La peur est susceptible d'engendrer panique et confusion, ou lucidité et perspicacité. Elle peut vous paralyser et vous détruire, ou elle peut devenir votre plus grande source d'inspiration. J'ai vu la peur faire ressortir ce qu'il y a de pire chez les gens (moi y compris!), mais je l'ai aussi vue inciter des gens à surmonter les obstacles les plus surprenants (je m'inclus aussi dans cette catégorie). Il est fort probable que l'un des plus grands défis de la vie consiste à apprendre à laisser la peur nous guider vers la lumière plutôt que vers la folie. Croyez-le ou non, cela dépend entièrement de vous.

Voici à ce sujet deux exemples tirés de mes propres expériences. Dans le premier, je permets à ma peur de m'inciter à agir de manière inappropriée; dans le second, je laisse mes craintes m'encourager à faire de mon mieux.

Autrefois, j'avais des difficultés dans mes rapports avec les autres. Toute ma vie j'ai eu des problèmes d'intimité que je tente toujours de régler. Mais, avec le recul, je me rends compte qu'il y a une relation en particulier que j'ai laissée se détériorer à cause de mes peurs. J'étais beaucoup plus jeune que maintenant et je fréquentais alors quelqu'un de plus âgé que moi. J'en étais intimidée et je manquais de maturité. De crainte de paraître faible ou d'avoir l'air d'être dans le besoin, je bloquais toute communication et je devenais froide. Étant donné que j'avais constamment peur d'être blessée par cette personne, je me repliais sur moi-même. Et c'est ce qui a fini par mettre un terme à notre relation. Si j'avais été assez courageuse pour exprimer mon sentiment d'insécurité et pour faire part de mes besoins, les choses auraient pu évoluer différemment. Mais je ne m'en rendais pas compte à cette époque. Je sais maintenant que, pour trouver le bonheur, il faut s'ouvrir à lui et le laisser entrer. Comme vous l'avez sûrement appris à vos propres dépens, une peur qui n'est pas gérée adéquatement peut vous emprisonner à l'intérieur de vous-même et vous empêcher de trouver le bonheur auquel vous avez droit.

Voici un exemple plus édifiant.

Lorsque j'étais dans la vingtaine, j'avais des amis dont les parents ont continué de subvenir à leurs besoins des années durant après la fin de leurs études. J'en étais jalouse au point où je me disais qu'ils avaient de la chance de ne pas continuellement avoir à se soucier de payer le loyer et l'épicerie, ou de mettre un peu d'essence dans leur voiture. Il s'avère toutefois que ces amis n'ont presque rien accompli de leur vie. À force d'avoir eu la vie trop facile, ils sont aujourd'hui apathiques et très peu motivés. Comme ils n'ont jamais été obligés de travailler, ils n'ont jamais senti le besoin de trouver un but à leur vie ou de réfléchir à ce qui était susceptible de leur procurer le plus de satisfaction. Ils n'ont jamais développé les aptitudes sociales qui leur auraient permis de nouer des liens avec les autres et d'élaborer un plan de carrière. Ils n'ont pas développé l'endurance physique et mentale que procure une solide éthique professionnelle. Aujourd'hui, ils sont tous au milieu de la trentaine et ils se demandent encore ce qu'ils pourraient bien faire de leur vie.

Quant à moi, j'ai été pratiquement laissée à moi-même à compter de dix-sept ans. Ma mère m'a versé 400 $ par mois pour payer mon loyer jusqu'à ce que j'aie dix-huit ans et elle a payé pour ma thérapie jusqu'à ce que j'en aie vingt-quatre. (Comme je l'ai déjà mentionné, elle a jugé que c'était essentiel – que Dieu la bénisse !) Puis ce fut tout. J'ai donc été *obligée* d'affronter ma peur de me retrouver devant rien. J'ai dû me battre pour me trouver du travail, faire face au rejet lors d'entretiens d'embauche et apprendre à communiquer et à nouer des relations avec les autres. J'ai dû entreprendre différentes choses parce que mon existence en dépendait carrément. Si je me suis retrouvée dans le pétrin ? Oh ! que si. Mais j'ai aussi appris à m'en sortir et je vois à présent où ma mère a voulu en venir au juste en faisant sien le précepte « qui aime bien châtie bien ».

Parce que j'ai dû me débrouiller par moi-même, j'ai appris à canaliser mes peurs et à m'en servir pour me frayer un chemin dans la vie.

« Nuit de combat »

Voici un nouvel exemple, tiré de mon expérience des arts martiaux. (Si vous avez déjà entendu cette histoire auparavant, tenez bon. Puisqu'elle convient tout à fait à mon propos, je vais vous la raconter une fois de plus.) J'avais environ treize ans et il n'y avait pas encore un an que mes parents avaient divorcé. Ma grand-mère bien-aimée était décédée depuis peu d'un cancer des poumons. J'étais encore assez grosse et, à l'école, j'étais généralement la souffre-douleur des autres enfants. En fait, j'avais l'impression d'avoir été une victime toute ma vie. Par conséquent, je n'étais pas bien dans ma tête. Un jour, je m'entraînais avec mon professeur d'arts martiaux dans le cadre de ce que nous appelions une «nuit de combat». (Une bande d'élèves et de ceintures noires se réunissaient pour s'entraîner.) Comme j'étais en principe débutante – peut-être ceinture bleue –, je croyais qu'il n'oserait pas trop me rudoyer. Il s'agissait d'un simple entraînement, après tout. Et puis j'étais novice et je traversais une période difficile, ne l'oublions pas. Grossière erreur de ma part!

Je me suis bientôt retrouvée dans un coin en train de me faire amocher sérieusement, car mon professeur n'arrêtait pas de me porter des coups de pied directement à l'estomac. Le souffle coupé, je me suis aussitôt mise en boule pour me protéger et j'ai commencé à pleurer. À ma grande surprise, il n'a pas cessé pour autant de me donner des coups. Il s'est plutôt contenté de me dire: «La vie va te couper le souffle sans arrêt. Soit tu te ressaisis et tu sors de ton coin, soit je te brise les côtes.» Sur ce, d'un geste vif, il m'a de nouveau porté un coup au plexus solaire. Je vous jure que je n'exagère pas.

Mais c'est à ce moment-là que j'ai compris que je ne devais pas laisser la peur me paralyser plus longtemps. Il me fallait l'utiliser de manière à m'inciter à contre-attaquer – et c'est ce que j'ai fait. Cette nuit-là, j'ai réussi à sortir de mon coin, et c'est ce que je continue de faire depuis.

La vie n'est ni juste, ni rationnelle, ni raisonnable. Peu importe qui vous êtes ou quelles épreuves vous traversez, la vie est sans pitié. C'est à vous qu'il appartient soit de surmonter votre peur et de saisir les terribles occasions qui se présentent à vous, soit de vous replier sur vous-même et de vous laisser abattre par les circonstances de la vie. Les décisions que nous prenons dans ces moments cruciaux déterminent ce que sera notre vie et tissent la trame de notre existence.

Si vous apprenez à dominer votre peur, à l'apprivoiser, à la ressentir, à réfléchir à la façon dont vous allez y réagir, puis à prendre des mesures concrètes pour la surmonter et vous sortir du pétrin, elle peut constituer une merveilleuse source d'énergie.

Prêt pour le changement ?

La plus préjudiciable de toutes les peurs, celle avec laquelle nous nous débattons tous, c'est la peur du changement auquel, paradoxalement, nous aspirons plus que tout. Même si nous ambitionnons tous de tirer davantage parti de la vie, nous redoutons tout ce qui est susceptible de nous mener en territoire inconnu : nous avons peur autant de prendre que de perdre du poids, d'échouer que de réussir, de tomber malade que de voir un de nos proches tomber malade, de mettre fin à une relation sans issue, de perdre notre emploi, de vieillir. Cette liste pourrait s'étirer à l'infini, car, lorsqu'on a peur du changement, on a peur de tout. Malheureusement, si vous résistez au changement, vous cessez d'évoluer. Même si le changement est la seule chose qui soit constante dans la vie, nous nous accrochons au *statu quo*. La peur nous indique que le processus de changement est en marche ; par conséquent, elle fait partie intégrante du voyage que constitue la vie.

Eleanor Roosevelt a dit : « Vous devriez faire tous les jours quelque chose dont vous avez peur. » Le fait de vous engager dans l'inconnu vous permet d'ouvrir les portes des infinies possibilités qui s'offrent à vous. Supposons que vous vivez une relation malsaine dont vous refusez de sortir de peur de vous retrouver seul. Si vous parvenez à surmonter vos craintes et à quitter votre partenaire, vous créez l'espace affectif nécessaire pour que quelqu'un de nouveau, quelqu'un de mieux, puisse s'introduire dans votre vie. Imaginons que vous avez quitté un emploi qui vous rendait malheureux ou que vous avez été congédié, et que vous êtes terrifié parce que vous vous demandez comment vous allez gagner votre vie dorénavant. Si vous parvenez à surmonter votre peur, vous pourrez vous mettre à la recherche d'un travail dans un nouveau domaine et même vous retrouver avec une meilleure situation.

Par conséquent, n'essayez pas d'échapper à vos peurs. Vous iriez droit dans le mur et vous vous retrouveriez dans une impasse.

Étant donné que je ne saurais mieux dire moi-même, voici une citation destinée à illustrer mon propos :

« La vie est contrariante dans le sens où plus vous recherchez la sécurité, moins vous la trouvez. Mais plus vous êtes à l'affût des occasions, plus il est probable que vous obtiendrez la sécurité que vous recherchez. »
- Brian Tracy, auteur et conférencier motivateur

Ayez confiance. En vous laissant entraîner vers l'inconnu, vous créez, au propre comme au figuré, un espace dans lequel de bonnes choses sont susceptibles de s'engouffrer en vue de façonner votre vie. Et c'est la raison pour laquelle nous existons, après tout.

Les moments les plus effrayants sont ceux qui nous offrent le plus de possibilités d'apprendre et d'évoluer, alors sentez-vous à l'aise à l'idée d'éprouver un peu d'inconfort.

Voici un scoop : vos peurs vont finir par s'envoler.

Il vous arrivera de trébucher et d'être rejeté. Le mauvais sort s'acharne même sur les gens bien. Et alors ? Vous avez connu des échecs dans le passé et, de toute évidence, vous avez survécu. Si vous savez garder une attitude positive et mettre quelques stratégies en pratique, vous pourrez réorienter vos mécanismes de défense fondés sur la peur de manière à ce qu'ils travaillent pour vous plutôt que contre vous. Voici quelques exercices destinés à vous aider à renforcer votre seuil de tolérance à la peur, notamment à la peur de l'inconnu.

Affrontez vos démons

Nous craignons souvent que nos actions aient des conséquences déplorables. Pareille peur peut avoir pour effet de vous subjuguer et de vous paralyser, vous incitant du coup à nier la réalité et à fuir vos problèmes. Malheureusement, on ne peut pas échapper à la peur. Plus on cherche à fuir, plus la situation empire au point de prendre les allures d'un véritable monstre. Donnez-vous au contraire la permission d'avoir peur. Voyez en imagination la pire chose qui puisse arriver, et ce jusqu'au bout. Vous vous rendrez alors compte que, dans la plupart des cas, vos craintes ne sont pas réellement fondées, ou encore que les conséquences ne seraient pas si graves si elles devaient se confirmer. En analysant vos peurs en détail, vous serez en mesure, une fois celles-ci dissociées de leurs aspects irrationnels, de mieux évaluer les risques réels et d'attaquer de front ce qu'il en reste.

EXERCICE

Prenez un moment pour noter par écrit ce que vous craignez le plus en ce moment même.

À présent, dressez la liste de tout ce qui est susceptible de se produire si vos craintes devaient se réaliser.

Demandez-vous : Tout cela est-il si terrible ? Est-ce que cela hanterait encore mon esprit dans un mois, dans un an ou dans cinq ans ? Les choses ne finiraient-elles pas par s'arranger avec le temps ?

QUELLE EST LA PIRE CHOSE QUI POURRAIT SURVENIR ?

Voici un exemple de « pire scénario susceptible de se produire ». Un de mes amis était terrifié à l'idée de demander à une camarade de travail qu'il aimait bien de sortir avec lui. Elle lui plaisait vraiment beaucoup, mais il ne parvenait tout simplement pas à se résoudre à l'aborder. J'ai donc discuté avec lui et, ensemble, nous avons passé en revue tous les scénarios possibles, d'une manière calme et rationnelle. (Bon, d'accord, moi j'étais calme et rationnelle, histoire que vous sachiez à quel point le pauvre était malheureux.) La conversation s'est déroulée à peu près comme suit :

Lui : Et si je l'invite à sortir et qu'elle refuse ?
Moi : Quelles conséquences cela aura-t-il sur ta vie ?
Lui : Aucune, sauf que je devrai continuer à la croiser tous les jours au boulot.
Moi : Et alors ?
Lui : Ben, c'est plutôt gênant parce que tout le monde au bureau va être au courant.
Moi : Est-ce que ça va te tuer ?
Lui : Non.
Moi : Est-ce que c'est quelque chose que tu ne pourrais pas surmonter ?
Lui : Non.
Moi : Sauf en ce qui a trait à ton travail, est-ce que tu te soucies réellement de ce que tes collègues de bureau pensent de toi ?
Lui : Oui.
Moi : Pourquoi ?
Lui : Parce que je veux qu'ils m'apprécient. J'ai envie de me sentir bien dans mon lieu de travail.
Moi : Tu projettes ton sentiment d'insécurité sur des étrangers. Si tes collègues pensent que tu as moins de valeur parce que tu as demandé à une fille de

sortir avec toi et que ça n'a pas fonctionné, est-ce que ce sont là des personnes que tu désires avoir dans ta vie ? Penses-y sérieusement. Veux-tu t'entourer de gens qui te jugent et qui ne t'aiment pas ou qui ne te sont d'aucun secours lorsque tu te sens déprimé ou vulnérable ?

Lui : Non.

Moi : D'ailleurs, tu as de vrais amis. Un véritable ami te conforterait en pareil cas, il ne te jugerait pas. Moi je te soutiens et je vais continuer de te soutenir. Quand les gens se montrent tels qu'ils sont en te jugeant injustement, ils te rendent service ; c'est là un signal auquel tu dois faire attention.

Lui : Oui, je comprends.

Moi : Alors, qu'est-ce que tu as vraiment à perdre ? Dans le pire des cas, ton orgueil va en prendre un coup. Rappelle-toi le dicton : « Une mauvaise journée pour l'ego est un bon jour pour l'âme. » Et c'est vrai. Tu auras l'avantage de savoir un peu mieux qui sont vraiment tes collègues de travail, et ça t'aidera à choisir avec soin les personnes que tu veux laisser entrer dans ta vie.

Et tu ne penses pas que la possibilité que les choses tournent en ta faveur mérite que tu prennes le risque d'être un peu embarrassé ? Sans compter que la tension émotionnelle qui accompagne la peur va te permettre de t'endurcir en prévision de tes projets futurs et des situations où tu auras besoin de courage.

Lui : D'accord, je comprends ce que tu veux dire. Je vais tenter ma chance et lui parler demain.

En découpant le scénario scène par scène, il a été en mesure de peser le pour et le contre de la situation de manière rationnelle. Non seulement cet exercice l'a aidé à se préparer mentalement au pire, s'il devait survenir, mais il l'a également aidé à comprendre jusqu'à quel point sa peur était sans fondement, voire insignifiante par rapport à la douce récompense qui l'attendait.

Exception faite de la mort, il n'y a absolument RIEN dont nous ne puissions nous remettre. Avec un peu de persévérance, nous serons en mesure et nous trouverons les moyens de nous en sortir en étant plus forts, plus sages et plus déterminés que jamais à vivre au maximum de nos capacités.

QUEL EST LE MEILLEUR DES SCÉNARIOS POSSIBLES ?

Les gens ne se précipitent généralement pas au-devant des coups. Par conséquent, un autre excellent moyen de vaincre vos peurs consiste à déterminer quelle pourrait être la récompense qui vous attend. Il n'existe aucune peur que vous ne pourrez surmonter si le résultat en vaut la chandelle. Examinez les craintes que vous avez notées précédemment. Mais, au lieu d'imaginer ce qui pourrait vous arriver de pire, songez au contraire à tout ce qui pourrait survenir de merveilleux.

Revenons à mon ami qui avait le béguin pour sa collègue de travail.

Moi : Pourquoi veux-tu demander à cette fille de sortir avec toi ?

Lui : Je la trouve extraordinaire. Elle est charmante, drôle, intelligente. Elle fait toujours sourire tout le monde au bureau.

Moi : D'accord. Alors si tu l'invites à sortir et qu'elle ne te rit pas au nez, qu'est-ce qui se passe ensuite ?

Lui : Je suppose que nous nous donnons rendez-vous quelque part.

Moi : Où ?

Lui : Je ne sais pas…

Moi : Non, on ne va pas à un rendez-vous sans savoir où, ni avec la peur au ventre. C'est exclu.

Lui : Nous sortons ensemble. Nous découvrons qu'il y a des atomes crochus entre nous. Il se trouve qu'elle est l'élue de mon cœur. Nous nous marions. Nous avons deux enfants. Nous vivons heureux jusqu'à la fin de nos jours.

Moi : Ouah ! C'est plutôt sympa comme histoire. Penses-tu que la possibilité de décrocher le gros lot vaut la peine que tu risques d'essuyer un refus ou de te sentir humilié devant un tas de gens que tu connais à peine ?

Lui : Oui, bien sûr. Mais ça va plus loin que ça. Si elle me dit non, je vais être déprimé. Tu as réussi à me faire dire que je veux épouser cette fille ! Ma déception serait terrible.

Moi : Écoute, tu vis déjà une terrible déception et tu ne l'as même pas encore invitée à sortir ! Pour l'instant, tu te retrouves devant rien. Cette fille n'est pas encore à toi. Tu ne sors pas avec elle. D'après ce que nous en savons, tu n'es même pas sur son écran radar. Qu'est-ce qui pourrait être encore plus frustrant, si tu tiens vraiment à elle ?

Lui : Ben, au moins pour l'instant nous sommes amis. Si je l'invite à sortir et qu'elle refuse, la situation va être un peu bizarre et il y aura un froid entre nous deux au bureau.

Moi : Non ! Ce n'est pas vrai, sauf si tu décides qu'il en sera ainsi. Si tu l'invites à sortir et qu'elle refuse, la façon dont les choses vont se dérouler à partir de là dépend de tes actions et de ton comportement. Si elle te dit non et que tu restes bon et aimable tout en prenant la chose en riant, peu importe ce que tu ressens, ton malaise va finir par se dissiper et vous resterez bons amis. Bien sûr, tu seras déçu de la tournure des événements, mais tu pourras toujours en parler à tes amis qui t'aiment, à des personnes comme moi, par exemple. Si tu te confies à nous, tu pourras rester naturel avec elle. Mais si tu te comportes bizarrement avec elle, c'est clair qu'elle aussi aura un comportement bizarre en ta présence.

Lui : Tu as raison.

Certes, il est parfois angoissant et même pénible de se retrouver face à l'inconnu. Mais il vaut généralement la peine de tenter le coup. Même si le résultat n'est pas celui que vous auriez souhaité, il vous sera toujours possible d'en tirer de précieuses leçons qui pourront vous servir dans d'autres domaines. Rappelez-vous que vous semez une graine à chacune de vos actions ; si vos intentions sont pures, vos actions porteront des fruits le moment venu. Au fait, mon ami s'est fiancé à la fille en question. J'adore les histoires qui finissent bien.

METTEZ-VOUS DANS LA PEAU DE L'AUTRE
Je vous assure qu'il existe des gens de par le monde qui ont connu les mêmes peurs que vous.

Comment ont-ils réussi à s'en sortir ? Comment s'y sont-ils pris pour retourner la situation à leur avantage ? Et comment auraient-ils pu être encore plus efficaces ?

Les histoires personnelles constituent un excellent moyen d'introduire des changements, tant dans notre propre vie que dans celle des autres. Si vous étudiez de près les récits des personnes qui ont survécu au pire ou qui ont réussi à vaincre des peurs comparables aux vôtres, vous pouvez vivre par procuration une expérience intellectuelle et émotionnelle qui va vous donner la force d'affronter les difficultés. J'utilise beaucoup cette méthode lorsque je travaille avec les gens. Par exemple, dans le cadre de *Qui perd gagne,* je me fais un devoir de leur parler de mon combat contre l'obésité et contre l'image négative que j'avais de mon corps. Je leur raconte quel a été mon itinéraire personnel, depuis hier jusqu'à aujourd'hui. Je fais ainsi vibrer la corde sensible de mon auditoire, qui s'investit alors à fond dans mon histoire et part à l'aventure avec moi. De la sorte, s'ils connaissent des moments de doute et d'incertitude, ils peuvent toujours se dire : « Si Jillian a réussi à surmonter cette épreuve, moi aussi j'en suis capable. »

L'émission elle-même constitue un exemple encore plus éloquent. Je ne saurais vous dire combien de personnes provenant des quatre coins du monde m'envoient des courriels, m'écrivent des lettres, me laissent des messages sur ma page Facebook ou viennent même à ma rencontre dans la rue pour me dire combien de kilos elles ont perdu et à quel point leur vie a changé « grâce à *Qui perd gagne* ». Vous et moi savons bien que ce n'est pas l'émission comme telle qui a fait le travail à leur place. Mais, en la regardant, ils se sont identifiés aux concurrents et les ont accompagnés dans leurs efforts. Ils ont été sensibles à leurs difficultés et ils ont partagé leurs succès. Si les participants pouvaient y arriver, eux aussi en étaient capables. Voyez-vous comment ce mécanisme fonctionne ?

Le fait de pouvoir vous mettre dans la peau des autres vous aide à vibrer au même diapason qu'eux. N'hésitez donc pas à utiliser cette technique à votre avantage. Choisissez quelqu'un qui a vécu la même chose que vous et observez-le attentivement. S'il s'agit d'une personnalité connue, lisez tout ce que vous trouverez sur elle. Si ce n'est pas le cas, essayez, par tous les moyens que vous pouvez imaginer (sans aller toutefois jusqu'à harceler cette personne : contentez-vous de vous intéresser à sa vie), d'en savoir le plus possible sur elle. Étudiez son parcours et la manière dont elle a procédé, et imaginez-vous en train de vivre les mêmes choses qu'elle. Essayez de rendre cet exercice le plus vivant possible.

Cette enquête vous aidera à élaborer un cadre de référence qui vous sera utile en vous permettant, jusqu'à un certain point, de vous familiariser avec l'inconnu. En expérimentant ainsi l'inconnu par personne interposée, vous vous préparez mentalement à y faire face. En conséquence, vous aurez moins peur le moment venu. Vous aurez le sentiment d'être guidé, comme si vous possédiez un GPS interne. Certes, personne ne suit exactement le même parcours qu'un autre, mais le fait d'avoir une carte routière même rudimentaire entre les mains nous donne la confiance nécessaire pour tracer notre propre route.

••

« VAS-Y, T'ES CAPABLE ! »

Choisissez quelqu'un que vous connaissez personnellement et que vous admirez. Il peut s'agir de votre grand-père, d'un ancien professeur d'université, d'un vieil ami, peu importe, du moment que vous éprouvez énormément de respect pour cette personne, dont la vie ou les réalisations suscitent de l'admiration en vous. Alors que vous vous apprêtez à sauter dans l'inconnu, imaginez que cette personne est à vos côtés et qu'elle vous prodigue ses encouragements en vous affirmant qu'elle vous fait entièrement confiance. Utilisez cette tactique lorsque vous voulez demander une augmentation de salaire, inviter quelqu'un à sortir avec vous, demander un prêt bancaire destiné à vous aider à démarrer votre petite entreprise ou entreprendre quelque chose qui risque de vous entraîner en dehors de votre zone de confort. Nous avons tous besoin d'un peu d'encouragement et de soutien à l'occasion. Je ne prétends pas que ça devrait être votre unique source d'inspiration ou que vous devriez agir dans l'espoir d'obtenir l'approbation d'autrui, mais un peu de soutien moral ne peut pas faire de tort.

Et ça marche! Chaque fois que je dois affronter une situation difficile, j'imagine que ma vieille grand-mère est à mes côtés. Je sens sa présence. Je l'entends me dire à quel point elle est impressionnée par mon courage et qu'elle m'aime quoi qu'il advienne. Cela m'aide à me défaire de l'emprise de la peur, car je me sens aimée et soutenue inconditionnellement, quel que soit le résultat de mes démarches.

Apprendre à dominer ses peurs et à neutraliser ses effets paralysants, c'est l'affaire de toute une vie – il ne s'agit pas d'un exploit qu'on réalise du jour au lendemain. Comme le dit le proverbe, « Rome ne s'est pas faite en un jour ». Rappelez-vous les paroles d'Eleanor Roosevelt et lancez-vous en faisant quelque chose dont vous avez peur.

À force de prendre de petites initiatives courageuses, vous augmenterez votre tension émotionnelle au point de réussir à prendre progressivement vos distances par rapport à votre zone de confort. Cela vous aidera à accepter le fait que la vie est imprévisible et à vous familiariser avec l'idée que le changement est une constante et qu'il est nécessaire de prendre des risques si nous voulons tirer le maximum de notre potentiel.

Bien sûr, il vous arrivera parfois de subir un échec. Cela nous arrive à tous et nous avons tous horreur d'échouer, moi y compris. Mais il y a un rayon de soleil qui perce ce nuage sombre. Même s'il est rare que ce message soit apprécié, nous avons tous entendu dire que « l'échec est un bien meilleur professeur que le succès ». C'est la raison pour laquelle l'échec est un outil indispensable. Par conséquent, jetons-y dès à présent un regard sans complaisance.

RELEVEZ LA TÊTE...

Nombreuses sont les personnes (peut-être en faites-vous partie) qui savent qu'elles doivent impérativement faire un changement, que ce soit dans leur vie personnelle ou leur vie professionnelle, mais qui n'osent pas, de peur qu'en cas d'échec cela soit pour elles l'équivalent de la fin du monde, ou que cela vienne confirmer les pensées négatives qu'elles entretiennent à leur propre sujet : elles détiendraient enfin la *preuve* qu'elles ne sont pas à la hauteur. Certains craignent qu'en cas d'échec leurs amis et leurs proches aient une moins bonne opinion d'eux, soient déçus d'eux ou les quittent. Je sais pertinemment que c'est le cas de certains d'entre vous, car toutes les personnes que j'ai jamais aidées éprouvent ce sentiment. Cela m'arrive parfois à moi aussi, ce qui ne m'empêche pas d'écrire ce livre!

Bien souvent, nous ne tentons rien parce que c'est le meilleur moyen de ne pas échouer. Ce qui nous permet de continuer à croire que nous pourrions réussir si nous le voulions et que nous avons à tout le moins réussi à dissimuler nos faiblesses aux yeux des autres.

C'est ainsi que beaucoup de personnes obèses ne se donnent même pas la peine d'essayer de perdre du poids. Elles agissent comme si leur excès de poids ne les dérangeait pas et prétendent qu'elles sont heureuses comme elles sont. Elles s'accrochent à l'idée qu'elles pourraient changer si elles le voulaient. En réalité, elles craignent plus que tout d'échouer ; au lieu d'essayer, elles renvoient aux autres l'image de quelqu'un de faible et de paresseux et se confirment du coup à elles-mêmes qu'elles sont impuissantes à changer leur comportement. Si elles devaient essayer de perdre du poids, à la fois pour des raisons de santé et pour se sentir mieux dans leur peau, et venaient à échouer, elles en seraient anéanties et redouteraient d'être à jamais condamnées à mener une vie misérable et pitoyable. C'est pourquoi la plupart des gens ne prennent aucun risque et préfèrent vivre dans ce que j'appelle un état de « douce torpeur » comparable à la description, qui me paraît tout à fait appropriée, qu'en donne la chanson *Comfortably Numb*[19], du groupe Pink Floyd. J'utilise souvent cette expression pour décrire l'état émotionnel et psychologique dans lequel se trouvent plusieurs des personnes dont je m'occupe, qu'elles soient obèses ou non.

Malheureusement, il n'est pas possible de bloquer ses sentiments de manière sélective. Lorsqu'on est dans un état d'engourdissement, toute l'activité du système limbique (la zone du cerveau responsable des émotions) diminue. On ne ressent plus rien. Ni joie, ni peine, ni exaltation, ni chagrin – absolument rien !

Au cours de la sixième saison de *Qui perd gagne*, j'ai fait la connaissance d'une belle jeune femme prénommée Coleen. Dans le cadre d'une des épreuves de l'émission, elle s'était retrouvée au pied du mur, elle et son père devant impérativement perdre au total près de 6,5 kilos (14 livres) au cours de la semaine, faute de quoi ils risquaient l'élimination. Cette semaine-là, je n'ai pas arrêté de mettre de la pression sur elle durant les séances d'entraînement. Chaque fois, à un moment donné, elle se mettait à pleurer et renonçait à

---

19. Traduction libre : « Confortablement engourdi ». (*N.D.T.*)

poursuivre ses exercices. Je l'ai donc fixée dans le blanc des yeux et lui ai demandé pourquoi elle démissionnait juste au moment où elle devait faire le maximum d'efforts. Elle s'est effondrée en me disant qu'elle n'avait jamais fait autant d'efforts pour quoi que ce soit auparavant. Je lui ai de nouveau demandé pour quelle raison et elle m'a expliqué qu'elle était terrifiée à l'idée d'échouer. C'est à ce moment qu'elle a compris qu'elle allait tout perdre si elle ne faisait pas de son mieux. Elle a ensuite été en mesure de continuer et de connaître un franc succès au cours des émissions suivantes.

Voyez-vous, il ne fait aucun doute qu'un échec restera toujours quelque chose d'affreux, de déplaisant, de pénible ; quelque chose qui fait perdre du temps, qui rend dépressif et qui donne envie de se cacher au fond d'un trou pour s'y laisser mourir. Il n'est pas étonnant que tant de gens pensent que l'option la plus intelligente consiste à ne prendre aucun risque. « Si je ne tente pas le diable, je ne risque pas de me brûler. » Cela vous rappelle-t-il quelque chose ?

Si vous envisagez de prendre un risque susceptible de déboucher sur un échec, la première chose à retenir, c'est que *vous aurez toujours de la valeur, peu importe si vous échouez ou si vous réussissez*. Personne n'a le droit de vous juger uniquement sur la base d'un échec. Et si quelqu'un ose vous critiquer, remerciez-le de vous avoir montré sa vraie personnalité, puis montrez-lui la porte et tenez-vous loin de lui et de sa mauvaise influence. Rappelez-vous que nous sommes tous des miroirs et que cette personne ne fait probablement que projeter sur vous ses propres sentiments d'incompétence. Ce qui importe, c'est de ne pas vous laisser démoraliser par ce genre de discours. Faites-le dévier comme si vous étiez un miroir. Quant au jugement que vous pourriez porter sur vous-même en cas d'échec, c'est aussi de la foutaise. En vérité, le fait que vous preniez un risque démontre que vous êtes plus fort et plus courageux que la plupart des gens. Le seul véritable échec consiste à ne rien tenter.

Il n'y a rien de rigolo dans le fait de trébucher, mais cela fait intégralement partie du processus visant à contribuer à votre essor, tant sur le plan personnel que sur le plan professionnel. Vous échouerez tôt ou tard. Du moins je l'espère, car cela signifie vous êtes vivant et en voie de vous réaliser. L'échec vous montre comment réussir. Lorsque vous découvrez ce qui n'a pas fonctionné, vous pouvez prendre des dispositions afin de ne pas répéter la même erreur à l'avenir. La clé pour surmonter un échec, c'est de considérer ce dernier comme le point de départ d'un processus d'apprentissage, comme un chemin qui mène vers la sagesse. Si vous avez la bonne attitude mentale, vous saurez transformer n'importe quel revers en un tremplin vers la réussite.

Voici une autre histoire à votre intention. Environ un an avant d'auditionner pour *Qui perd gagne*, j'ai été approchée pour une émission de télé-réalité appelée *Flab to Fab*[20]. Je voulais à tout prix ce boulot. Je suis allée à un entretien d'embauche, mais j'ai échoué lamentablement. J'ai parlé régime, remise en forme, psychologie. J'ai dit tout ce qu'on désirait entendre. J'étais persuadée d'être la favorite. Tous mes clients célèbres ont appelé pour dire un mot en ma faveur. De même que tous les autres entraîneurs du coin, ils savaient que j'étais la candidate idéale pour ce boulot. Je vais droit au but en vous disant ce que vous avez sans doute déjà compris : je n'ai pas obtenu le poste. J'étais *complètement* humiliée. J'ai pensé que mes homologues allaient se réjouir de mon échec et que mes clients allaient me considérer comme une perdante et revoir leur décision de s'entraîner avec moi. Mais rien de tout cela ne s'est produit. Pas même un tant soit peu. De toute évidence, j'avais projeté mon profond sentiment d'insécurité sur les autres.

J'ai pris une semaine ou deux pour soigner mon ego meurtri, puis j'ai cherché à savoir pourquoi je n'avais pas eu le poste. J'avais des réserves au début, car j'ignorais ce que j'allais découvrir. Ma candidature avait été rejetée et le fait de demander pour quelles raisons équivalait en quelque sorte à remuer le couteau dans la plaie. Mais je l'ai fait quand même parce qu'il ne s'agissait pas seulement d'une question d'orgueil. Il fallait que je sache où je m'étais trompée et que j'apprenne de mes erreurs afin de faire mieux la prochaine fois. Et voici ce que j'ai découvert : je n'ai pas obtenu le poste parce qu'on était d'avis que je risquais de paraître inaccessible aux yeux du grand public à cause de mes clients célèbres. Dès que j'ai appris ça, j'ai su que c'était la leçon que je devais tirer de cette expérience.

Avez-vous jamais lu un article ou vu une émission de télévision où je parle de la forme physique d'une célébrité ? Non, et ce ne sera jamais le cas parce que j'ai compris à ce moment-là que ce genre de publicité contribue à envoyer un mauvais signal aux gens. Mon objectif n'est pas de vous inciter à ressembler

---

20. Traduction libre : *Raffermissez vos muscles ramollis*. L'objectif était de permettre aux participants à cette émission de perdre du poids. (*N.D.T.*)

à une célébrité, mais à avoir un corps en meilleure santé – pas celui de Jennifer Lopez ou de Jennifer Aniston – et à mener une vie meilleure.

C'est alors que l'occasion de faire partie de l'équipe de *Qui perd gagne* s'est présentée à moi un an plus tard. J'avais tiré la leçon de mon échec de l'année précédente en recueillant les témoignages de toutes les mères des jeunes joueurs de football, de tous les baby-boomers et de tous les citoyens ordinaires que j'entraînais. Vous savez maintenant comment cette histoire s'est terminée. L'émission *Flab to Fab* n'aura été diffusée qu'une seule saison. Si j'avais obtenu le travail que je convoitais, j'aurais été sous contrat et n'aurais pas été libre de passer une audition pour *Qui perd gagne,* une émission qui m'a permis de communiquer à des millions de téléspectateurs répartis un peu partout sur la planète mon message visant à inciter les gens à mener une vie plus saine et plus épanouissante. En résumé : j'ai échoué, j'ai cherché à savoir pourquoi et je me suis améliorée de telle sorte que, lorsqu'une occasion en or s'est de nouveau présentée à moi, j'étais plus avisée et mieux préparée. Et voyez où cela m'a menée !

Si vous savez faire preuve de courage et d'honnêteté, vous serez en mesure et vous trouverez les moyens de transformer vos échecs en outils indispensables à votre réussite et à votre croissance personnelle. Les exercices qui suivent vous accompagneront dans vos démarches. Il pourra vous sembler difficile et passablement éprouvant de répondre à certaines des questions qu'ils contiennent, mais, comme vous le savez maintenant, c'est signe que vous êtes sur la bonne voie.

EXERCICE

> Avez-vous perdu votre travail parce que vous étiez trop souvent en retard ? Avez-vous besoin d'améliorer vos compétences en matière de communication ? Avez-vous bâclé un exposé parce que vous avez attendu à la dernière minute avant de le préparer ? Le fait d'analyser ce qui n'a pas bien fonctionné vous permettra de découvrir précisément ce que vous devez améliorer. N'ayez pas peur. Ce genre d'exercice est susceptible de porter un coup dur à votre ego. Mais il vous permettra de devenir plus fort et plus avisé, et vous serez prêt lorsque quelque chose de mieux se présentera à vous le moment venu.

JUSQU'À QUEL POINT VOTRE PEUR DE L'ÉCHEC EST-ELLE IRRATIONNELLE ?

Est-ce que les membres de votre entourage auront *réellement* une moins bonne opinion de vous si vous échouez ou est-ce que vous ne faites que projeter votre sentiment d'insécurité sur eux ? Si certains d'entre eux se permettent de vous juger pour avoir essayé et échoué, est-ce que ce sont là des personnes que vous désirez avoir dans votre vie ? J'ose espérer que non. Toutefois, s'il s'agit de personnes que vous êtes appelé à côtoyer régulièrement, tels des membres de votre famille ou de votre belle-famille, vous devez songer à vous protéger de façon à ce que leurs idées négatives et leurs critiques ne vous atteignent pas. Essayez de dresser des barrières entre eux et vous en limitant vos contacts avec eux et en leur donnant le moins d'information possible sur vous et vos projets.

AVEZ-VOUS ÉCHOUÉ DANS LE PASSÉ ? AVEZ-VOUS SURVÉCU ?

Autant nous trouvons l'idée de l'échec difficile à supporter, autant la réalité est là pour nous rappeler que nous avons tous échoué un jour ou l'autre – et que nous sommes toujours vivants. Vous trouverez aussi le moyen de survivre. Dans le cadre de *Qui perd gagne,* il m'arrive souvent de demander aux candidats de me raconter comment ils ont survécu à un échec dans le passé. Je leur fais comprendre qu'ils ont *déjà* connu l'enfer et qu'ils en sont revenus, puis je les oblige à faire appel à la capacité d'affronter les difficultés qu'ils ont acquise depuis. Si vous avez survécu jadis, vous allez survivre à nouveau, sauf que cette fois vous savez comment tourner un échec à votre avantage.

Notre désir d'éviter à tout prix la douleur et la souffrance constitue une autre raison qui nous pousse à plonger dans un état de douce torpeur, comme nous allons le voir à l'instant.

COMMENT SURMONTER LA DOULEUR

> « *La vie casse tout le monde… Mais certains deviennent plus forts à l'endroit cassé.* »
>
> - Ernest Hemingway

Tout comme l'échec, la douleur est quelque chose que nous passons beaucoup de temps et d'énergie à éviter. Nous pensons qu'il suffit de nous abriter convenablement pour pouvoir vivre sans souffrir. Malheureusement, la réalité est tout autre. La douleur et la souffrance existent pour une raison, et vouloir fuir cette réalité nous fait plus de tort que de bien. Vous ne réaliserez jamais votre plein potentiel si vous cherchez à éviter la douleur. Vous pouvez tenter de la combattre – nous essayons tous de le faire. Mais une fois que vous êtes épuisé, usé, et que vous constatez que vos efforts ont été vains, la meilleure chose à faire est de lâcher prise, de tirer parti de la situation et de laisser la douleur couler à travers vous. En fin de compte, vous y gagnerez en sagesse et en force. Le seul moyen véritable de se débarrasser de la douleur, c'est de la traverser (comme dans la chanson enfantine : « Impossible de passer dessus, impossible de passer dessous, nous allons devoir la traverser »).

> « *Si vous traversez des épreuves, foncez droit devant.* »
> - Winston Churchill

Lors de la sixième saison de *Qui perd gagne,* nous avons eu une concurrente étonnante qui se prénommait Michelle. Elle est arrivée à l'émission pleine d'énergie et bien déterminée à aller jusqu'au bout. Mais, dès la troisième semaine, elle s'est effondrée : la douleur émotionnelle qui l'avait amenée à peser 110 kilos (242 livres) et la séparation d'avec sa mère lui paraissaient insupportables. La cinquième semaine, elle en avait assez et était prête à tout abandonner. En temps normal, lorsqu'une personne qui s'entraîne avec moi décide de ne plus s'occuper de sa santé, je la laisse partir. Je ne peux pas le faire à sa place. Mon rôle se limite à donner aux gens les outils dont ils ont besoin et à leur expliquer comment les utiliser ; à eux de faire le travail et, s'ils refusent, ils n'obtiendront aucun résultat.

Mais il en allait autrement dans le cas de Michelle. Je ne pouvais pas la laisser partir, parce qu'elle obtenait de bons résultats. La douleur qu'elle ressentait était la preuve qu'elle en était à la première étape du processus de prise de conscience. Je lui ai donc répondu qu'elle était libre de rentrer chez elle, mais que jamais elle n'irait de l'avant dans sa vie tant qu'elle n'affronterait pas ce qui était en train de remonter à la surface. Michelle et moi avons donc conclu un pacte : j'allais lui permettre de faire face en toute sécurité à la crise qu'elle traversait et elle essaierait d'en tirer parti. Si vous avez regardé les épisodes de *Qui perd gagne* cette saison-là, vous n'ignorez pas qu'elle est sortie plus avisée et plus forte de la tempête qu'elle a traversée. Elle a acquis un tel pouvoir sur elle-même qu'elle a fini par triompher de tous les autres concurrents. Elle est aujourd'hui mariée et elle motive des femmes du monde entier à affronter leurs démons et à aller au bout de leurs passions. Si elle ne s'était pas donné la permission de ressentir la douleur, elle n'aurait jamais connu un tel succès.

Nous passons tellement de temps à fuir les difficultés et à nous couper de nos émotions, prêts à tout que nous sommes pour rester dans un état de douce torpeur. Un secteur industriel qui génère plusieurs milliards de dollars se consacre à la production de médicaments qui empêchent nos émotions de se manifester. Éprouvez-vous un sentiment de tristesse, de colère ou d'anxiété ?

Quel que soit le problème émotionnel dont vous souffrez, il y a de fortes chances pour qu'il existe une pilule destinée à soulager votre mal. C'en est aberrant. Voilà une raison qui explique pourquoi je déteste la plupart des compagnies pharmaceutiques.

Il a fallu des milliers d'années d'évolution pour que les êtres humains en arrivent à éprouver des émotions. Elles ont leur raison d'être. Nos émotions constituent une sorte de système GPS interne qui nous incite à fuir les situations pénibles ou dangereuses et à rechercher ce qui est bon pour nous. Vous rappelez-vous le jeu de chaud-ou-froid de la première étape ? Vos émotions vous indiquent quand vous êtes sur la bonne voie et quand vous vous en écartez. C'est ce qu'on appelle « suivre son intuition » et « écouter son cœur ». Lorsque vous éteignez cette partie de vous-même ou que vous mettez votre système de navigation personnel dans la boîte à gants, il devient impossible pour vous de retrouver votre chemin.

Beaucoup de gens n'exploitent pas leur plein potentiel parce que, dès qu'ils éprouvent la moindre contrariété, ils avalent un comprimé de Prozac. Leur besoin de lutter contre leur état de tristesse s'estompe alors et ils retrouvent sans peine l'état de douce torpeur dans lequel ils ont pris l'habitude de baigner.

Dans la plupart des cas, loin d'apporter le bonheur, les antidépresseurs et nos mécanismes de défense alambiqués en bloquent l'accès. Ils vous détruisent au lieu de vous protéger. Lorsqu'on vit en permanence dans un état de douce torpeur, on devient insensible à la richesse et à la plénitude de la vie. On ne peut connaître l'amour que si on connaît la fragilité. On ne peut connaître le bonheur que si on connaît la tristesse. Votre capacité à ressentir une émotion augmente votre capacité à ressentir son contraire. Souvenez-vous de cette citation de Khalil Gibran que nous avons vue au chapitre 1 : « Votre joie est votre tristesse sans masque. Ce même puits d'où jaillit votre rire fut souvent rempli de vos larmes. Et comment en serait-il autrement ? Plus profondément la tristesse creusera dans votre être, plus abondamment vous pourrez le combler de joie. »

Quel est donc le procédé alchimique qui transforme la souffrance en sagesse et en joie ? C'est tout simple : la conscience, l'honnêteté et le temps. Vous devez prendre conscience de vos sentiments et les respecter en refusant de les étouffer. Vous devez trouver un sens à votre souffrance en en tirant les enseignements qu'elle renferme. Avec le temps, la conscience et l'honnêteté vous permettront de devenir « plus fort à l'endroit cassé ». La chose peut sembler impossible à imaginer lorsque nous sommes sous l'emprise de la souffrance, mais, comme ma mère avait l'habitude de me dire, comme sa mère avait l'habitude de lui dire à elle et comme votre mère vous l'a peut-être déjà dit, « ça va passer ».

Et la douleur finit par passer, effectivement. Ne vous fermez pas à la vie. Soyez présent et gardez l'esprit ouvert. Pour ainsi dire chaque événement important, et en particulier les difficultés de la vie, comporte un sens caché qui vous sera plus utile que tout le reste, pour peu que vous décidiez qu'il en soit ainsi. C'est de cette manière qu'une tragédie peut se transformer en triomphe.

Si l'on vous congédie, voyez-y le signe que vous êtes destiné à autre chose. Améliorez vos compétences et mettez-vous en quête d'un meilleur emploi. Si vous vivez une difficile rupture amoureuse ou si vous vous brouillez avec un ami, voyez comment vous pouvez améliorer ou approfondir vos rapports avec les autres tout en nouant de nouvelles relations. Les heures les plus sombres de notre vie, tout comme nos plus cuisants échecs, peuvent se révéler être nos meilleurs professeurs.

•••

LORSQUE LE PIRE S'EST DÉJÀ PRODUIT

Qu'en est-il lorsque la souffrance et la tristesse ne peuvent pas être expliquées ou rationalisées, comme dans le cas de la mort d'un être cher ? Ce sont des choses qui arrivent et qui sont vraiment dévastatrices. Tout ce que je peux vous proposer, c'est une méthode qui m'aide à dormir la nuit et qui s'appelle « logothérapie ». (Oui, elle porte un nom.) La logothérapie a été inventée par Viktor Frankl, un neurologue et psychiatre autrichien qui a survécu à l'Holocauste et qui a mis au point une philosophie destinée à l'aider à supporter les privations qu'il a connues dans un camp de concentration. Les principes de base de cette thérapie sont les suivants :

- La vie a un sens, y compris dans les pires circonstances.
- Notre principale raison de vivre se trouve dans notre volonté de donner un sens à notre vie.
- Nous avons la liberté de donner un sens à nos actions et à nos expériences, ou du moins de choisir l'attitude qu'il convient d'adopter face à une souffrance inévitable.

Certains d'entre vous sont peut-être en rogne contre moi du fait que j'insinue que des événements terribles peuvent avoir une vertu quelconque. En fin de compte, chacun s'arrange à sa manière avec les « souffrances inévitables » :

mon intention n'est pas de fonder une nouvelle religion. En ce qui me concerne, toutefois, j'estime de mon devoir de donner un sens aux circonstances afin d'en tirer le meilleur parti possible, aussi bien dans le meilleur que dans le pire des cas. Et je suis d'avis que si un homme a su trouver un sens à quelque chose d'aussi inexplicable et d'aussi effroyable qu'un camp de concentration, les difficultés qui sont les miennes et les préjudices que j'ai pu subir ne sont vraiment rien en comparaison. Laissez-moi vous donner quelques exemples de la façon dont vous pouvez mettre cette technique en pratique. Le premier nous est donné par Frankl lui-même ; il concerne un homme qui avait perdu sa compagne.

> Un médecin d'un certain âge est venu me consulter parce qu'il souffrait d'une grave dépression depuis deux ans. Il ne pouvait se remettre de la mort de sa femme, qu'il avait aimée plus que tout au monde. Que pouvais-je pour lui ? Que lui dire ? J'ai décidé de lui poser la question suivante :
> « Et si vous étiez mort le premier et que votre femme ait eu à surmonter le chagrin provoqué par votre décès ? »
> – Oh ! pour elle, cela aurait été affreux ; comme elle aurait souffert !
> – Eh bien, docteur, cette souffrance lui a été épargnée, et ce, grâce à vous. Certes, vous en payez le prix puisque c'est vous qui la pleurez. »
> Il n'a rien dit, mais il m'a serré la main et a quitté mon bureau calmement[21].

Lorsque j'ai lu cette histoire, j'en ai eu des frissons et j'ai pleuré pendant environ dix minutes. Parfois, nous n'avons pas d'autre choix que de souffrir et de nous sacrifier, mais nous pouvons donner un sens à cette souffrance en devenant une source de bonté. Je ne vous suggère pas de devenir martyr pour autant. Vous savez que ce n'est pas mon genre. Mais si vous êtes victime d'un terrible événement contre lequel vous êtes impuissant, l'abnégation et la croyance en un Bien Suprême pourraient vous aider à surmonter vos difficultés. L'histoire de ce médecin veuf rapportée par Frankl est triste, mais elle n'est pas sombre ou tragique. Bien qu'elle soit susceptible d'anéantir quelqu'un, la perte d'un être cher s'inscrit dans l'ordre naturel des choses ; elle est peut-être moins difficile à supporter pour cette raison.

---

21. D*r* Viktor E. Frankl, *Découvrir un sens à sa vie*, Les Éditions de l'Homme, Montréal, 2006.

Mais que faire dans le cas de tragédies et de crimes aussi inexplicables que génocides ou assassinats fondés sur la malveillance et engendrés par les forces du mal ? (Je suis en effet persuadée que le mal existe. Il n'est pas immanent, mais tire plutôt son l'origine de drames non gérés.) Comment de telles horreurs peuvent-elles avoir une raison d'être et générer le bien ? En réalité, si vous deviez vivre de tels drames, vous sauriez leur trouver un sens, car il est probable que votre santé mentale en dépendrait.

Voici un autre exemple qui montre à quel point l'esprit humain est capable de transformation. Il s'agit d'une histoire qui m'a permis de traverser de nombreux moments difficiles. En 1981, un enfant de six ans du nom d'Adam Walsh était enlevé dans un grand magasin situé près de son domicile, en Floride, puis assassiné sauvagement. Le pire cauchemar de tout parent s'était réalisé dans le cadre de ce meurtre perpétré dans d'atroces conditions. La mort d'un enfant, surtout lorsqu'elle est accompagnée d'une telle violence, reste certainement l'une des choses les plus pénibles qu'un être humain puisse connaître. Mais, au lieu de se laisser abattre par la douleur, John Walsh, le père d'Adam, fit exactement le contraire. Il s'est métamorphosé en ardent défenseur des victimes de crimes avec violence, allant jusqu'à mettre sur pied et animer *America's Most Wanted*[22], l'émission qui est demeurée le plus longtemps au programme de la chaîne de télévision américaine Fox. En date du 15 juillet 2010, quelque 1123 criminels avaient pu être arrêtés de par le monde grâce à ses efforts.

Walsh a donné un sens et une raison d'être à une tragédie inexplicable. Il a transmué les ténèbres entourant l'assassinat de son fils en un instrument visant à empêcher d'autres victimes innocentes de connaître un tel désespoir. Cette émission n'apaisera évidemment jamais entièrement la douleur de cet homme. Mais « Dieu » / l'Univers ne nous envoie jamais une épreuve que nous ne sommes pas en mesure de surmonter. Je crois en effet que les personnes victimes de si grands malheurs sont assez fortes pour en découvrir le sens caché et pour transformer leur souffrance en amour.

J'adore la philosophie et souvent, lorsque je n'arrive pas à dormir, j'écoute des podcasts[23] réalisés par des gens qui philosophent sur tous les sujets, depuis l'infini jusqu'au vin. Au cours d'un exposé portant sur le problème du

---

22. Traduction libre : « Les criminels les plus recherchés des États-Unis ». (*N.D.T.*)

23. Pour les non-initiés : émissions de radio que l'on peut écouter sur Internet. (*N.D.T.*)

mal, un orateur a soulevé la question de savoir si la compassion aurait encore sa place dans un monde où le mal n'existerait pas. (De même, comment pourrions-nous éprouver une joie profonde si nous ignorions ce qu'est la tristesse ?) Personne ne souhaite que le mal s'installe dans sa vie, mais il arrive que ce choix ne nous appartienne pas, comme John Walsh et Viktor Frankl en ont fait l'expérience. Mais ce qu'ils ont accompli après avoir connu le malheur nous montre l'envers du décor, à savoir que la lumière est en mesure de percer les ténèbres.

Comment faire en sorte que les malheurs ou les drames susceptibles de vous avoir frappé deviennent une source de bonté ? C'est là une grave question à laquelle je ne puis répondre pour vous. Il vous appartient de tâcher d'y apporter une réponse tout au long de votre vie et de lui donner un sens. Mon rôle se limite à vous dire que vous trouverez si vous cherchez. Il n'est pas facile de mettre une telle philosophie en pratique. Aucune victoire véritable n'est jamais facile. Mais, puisque nous avons été programmés pour survivre, vous pourrez surmonter n'importe quelle difficulté si vous essayez d'en tirer parti, d'en tirer des leçons et de la transmuer.

KARMA INSTANTANÉ

J'aimerais conclure mon propos sur l'attitude mentale sur une courte note agréable, car sa signification est évidente. Lorsque je dis « karma », je ne parle pas de réincarnation. Si ce sujet vous passionne, c'est super ; sinon, c'est super aussi. Ce que je veux dire par là, c'est tout simplement de « faire aux autres ce que vous voudriez qu'ils vous fassent », comme le veut la formule consacrée. Votre karma est le résultat de vos actions et de la conduite que vous adoptez au cours de votre vie ; c'est ce qui détermine la tournure que prend votre vie. Ce mot exprime de manière toute simple une bonne partie de ce nous venons de voir. Si vous préférez formuler la chose en termes de psychologie, rappelez-vous que vos rapports avec les autres ne sont jamais que le reflet des rapports que vous entretenez avec vous-même. Si vous aimez mieux énoncer cette vérité en termes de spiritualité, souvenez-vous que, tels des aimants, nous attirons à nous ce sur quoi nous concentrons notre attention. Quelle que soit votre conception des choses, nos pensées et nos actions ont un effet boomerang, et cela est particulièrement vrai dans la manière dont nous traitons les autres.

Le karma fonctionne dans les deux sens, en bien comme en mal. Si vous vous comportez mal à l'égard des autres, il y a de fortes chances pour que la vie vous malmène à son tour. Si vous vous montrez bon envers les gens, il est plus que probable que vous serez comblé de bienfaits en retour. On récolte vraiment ce que l'on sème. Si vous voulez vous la jouer plus intello, retenez ces paroles de Gandhi : « Soyez le changement que vous voulez voir advenir dans le monde. » Bref, à vous de choisir ce que vous voulez envoyer comme message autour de vous.

Je me doute de ce que vous pensez en ce moment : « J'ai vu des salauds de la pire espèce connaître énormément de succès, alors comment tout cela peut-il être vrai ? » Moi aussi j'en ai vu. Mais songez que vous ignorez tout de la qualité de leur vie personnelle ou de leur bien-être physique et spirituel. Mon père était un homme qui a très bien réussi dans la vie et je suis persuadée qu'aux yeux du monde extérieur sa vie pouvait sembler admirable, mais je ne crois malheureusement pas qu'il ait jamais été heureux. Comme le dit si bien le dicton, « il ne faut jamais juger d'après les apparences ». Dites-vous une chose : une personne heureuse et contente d'elle-même ne ressent pas le besoin d'agresser, de rabaisser ou de sous-estimer les autres.

Souvent, les gens ont un comportement hostile parce qu'ils estiment que le monde n'a pas été tendre envers eux. Comme ils souffrent et se sentent impuissants, ils font souffrir les autres de façon à montrer qu'ils ont un pouvoir sur eux, un peu comme le fait une petite brute dans la cour de récréation. Or, nous savons bien que les tyrans sont des personnes qui éprouvent plus que n'importe qui des sentiments de peur et d'insécurité.

J'aimerais que vous reteniez une chose de ce qui précède : si vous voulez que la vie soit bonne envers vous, soyez bon envers la vie. Ne jugez pas les autres et ne soyez pas rempli d'amertume à leur endroit. Tant que vous continuerez à commérer, à cataloguer les gens et à les rabaisser, vous perdrez votre temps et vos énergies, en plus d'attirer à vous la fatalité. Vous créerez de la sorte un trou noir qui vous aspirera, vous et tout ce qui a trait à votre vie.

Avez-vous jamais joué à un jeu appelé « le roi de la montagne » lorsque vous étiez enfant ? Un joueur monte au sommet d'une colline et tous les autres joueurs s'efforcent de le faire tomber, soit en poussant, soit en tirant sur lui. Tout le monde se fait tabasser à tour de rôle et finit couvert de bleus. Même celui ou celle qui se trouve temporairement au sommet de la colline ne peut pas vraiment jouir d'un tel privilège. De même, toute attitude négative de votre part ne peut que vous empêcher de bénéficier des bonnes choses de la vie. Arrêtez de gaspiller vos énergies inutilement en étant envieux ou jaloux. Ne s'agit-il pas de l'un des sept péchés capitaux? Ne laissez plus vos peurs et vos manques déterminer le cours de vos actions. Rappelez-vous que l'univers est abondance. Invitez son énergie à couler à travers vous et agissez dans le sens de vos désirs afin de les concrétiser. Au lieu de vous bagarrer avec les autres, construisez votre propre château au sommet de votre colline à vous!

Portons un instant notre regard au-delà des raisons évidentes pour lesquelles nous ne devrions pas être mesquins et méprisants. Tous les grands maîtres spirituels et grands psychologues font état de notre unité fondamentale, ce qui explique pourquoi la loi du karma se trouve sous une forme ou sous une autre dans tous les systèmes de croyance connus. Ce que vous faites aux autres, c'est à vous-même que vous le faites. Une de mes théories préférées à ce sujet reste la notion d'inconscient collectif telle que définie par Carl Jung, qui concevait celui-ci comme un fonds commun universel englobant les pensées de l'humanité tout entière. Si nous pouvions tous plonger assez profondément dans nos esprits, croyait-il, nous atteindrions un niveau de connaissances partagées par l'ensemble des êtres humains. Il s'agit en quelque sorte du «réservoir des expériences de notre espèce», lequel est constitué de concepts tels que la science, la morale et la religion. Ses recherches l'ont même amené à suggérer qu'à un niveau de conscience encore plus élevé nous avons tous le même esprit. Nous ne sommes pas seulement identiques par essence, nous sommes un seul et même être.

Ce n'est pas un concept évident, j'en conviens. Mais, d'une certaine manière, c'est rassurant de savoir ça et j'y crois profondément. Nous sommes tous constitués de la même matière et de la même énergie, sauf que nous exprimons les choses différemment. Je me plais à penser que les gens sont comme des vitraux: nous avons tous des motifs, des couleurs et des thèmes uniques et différents, mais la lumière qui filtre à travers votre vitrail est la même que celle qui filtre à travers le mien. Et même s'il arrive qu'un vitrail vole en éclats, l'énergie qui l'éclaire est éternelle.

Cela fait beaucoup de matière à assimiler, mais l'essentiel demeure que vous devez faire aux autres ce que vous voudriez qu'ils fassent pour vous. Gardez l'esprit ouvert, sachez donner et recevoir chaque fois que faire se peut et dans le cadre du raisonnable. Lorsque vous êtes disposé à sacrifier l'objet même de votre quête, vous contribuez à maintenir l'abondance en circulation. Vous avez besoin d'argent? Soyez généreux! Vous avez besoin d'amour et de réconfort? Soyez affectueux et sachez encourager les autres. Quel que soit ce que vous désirez obtenir, si vous parvenez à le générer autour de vous, il vous reviendra tôt ou tard.

Chapitre 8

CESSEZ DE VOUS DÉVALORISER

Nous voici à présent au cœur même de cette deuxième étape et dans le vif du sujet auquel tout ce qui précède vous a préparé. Ce livre est fondé sur le postulat selon lequel tout le monde peut tout accomplir. La seule inconnue de l'équation, c'est le degré de confiance que vous avez en vous-même. Pensez-vous être en mesure de fournir les efforts nécessaires pour que vos rêves se réalisent ? Et, question tout aussi importante, croyez-vous mériter que vos désirs deviennent réalité ?

Toutes les personnes à qui je suis venue en aide au fil des ans avaient une chose en commun : au début, elles avaient une piètre opinion d'elles-mêmes. Pas étonnant qu'elles aient été désemparées face à la vie. L'estime de soi correspond à l'idée générale que nous nous faisons de notre propre valeur. Si vous avez le sentiment que vous ne valez rien, dites-vous que vous n'êtes pas seul : énormément de gens on un sérieux problème d'estime de soi.

Au cours de la première étape, je vous ai indiqué comment élaborer, fabriquer et intégrer dans votre esprit une vision claire et nette de la vie dont vous rêvez. Au cours de la troisième étape, je vais vous aider à agir avec détermination et de façon délibérée pour que cette vision devienne réalité. La deuxième étape reste la partie la plus difficile de ce processus global, mais elle en est aussi la pierre angulaire.

La chose la plus importante que vous puissiez faire pour libérer les forces qui sommeillent en vous, c'est d'apprendre à avoir confiance en vous. J'aurais beau vous remettre un plan d'action détaillé sur la manière de parvenir à perdre du poids, à rencontrer l'amour de votre vie ou à trouver l'emploi idéal, si vous n'avez pas suffisamment confiance en vous pour le mettre à exécution, peu importe la pertinence des informations que je vous communiquerais, vous serez toujours désorienté.

Une piètre estime de soi constitue le produit toxique qui ronge le lien existant entre vos actions et vos intentions. Quel que soit le domaine, il est essentiel de croire en soi si l'on souhaite agir convenablement.

Les personnes qui ont une bonne opinion d'elles-mêmes sont en mesure d'établir de meilleurs rapports et des liens plus étroits avec les autres. Elles savent délimiter leur territoire et exprimer leurs besoins, de même qu'elles savent apprécier à leur juste valeur leur contribution à une entente mutuellement avantageuse. Un jour où je m'étais disputée avec un copain d'école stupide, mon père m'a dit : « Les garçons vont te maltraiter tant et aussi longtemps que tu les laisseras faire. » (À l'occasion, mon père savait donner de bons conseils. Comme je vous l'ai déjà dit, tout n'est pas noir ou blanc chez les gens.) Il avait raison, mais ce n'est pas uniquement une question de rapports entre hommes et femmes : c'est aussi une question de rapports entre individus. Si vous savez vous apprécier à votre juste valeur et vous traiter avec respect, vous serez apprécié et respecté. Sinon, personne ne vous respectera. C'est aussi simple que cela. Même si quelqu'un vous apprécie et vous respecte en dépit du fait que vous vous dépréciez vous-même, vous n'aurez pas suffisamment d'estime de vous-même pour croire en la sincérité de ses sentiments pour vous et vous serez incapable de les accepter comme tels, ce qui aura pour effet de vous empêcher de consolider votre relation avec cette personne.

Une saine estime de soi constitue la clé du succès dans tout ce que vous entreprenez, qu'il s'agisse d'accomplir votre travail ou de suivre un régime amaigrissant. Lorsque nous n'avons pas une bonne opinion de nous-mêmes, nos habitudes autodestructrices viennent saper à petit feu notre vie amoureuse, notre carrière, nos liens familiaux et, surtout, notre sentiment de bien-être et notre force intérieure. Nous sommes alors incapables de prendre les risques ou les décisions qui nous permettraient de mener une vie satisfaisante et enrichissante. Nous nous sentons honteux ou incompétents, avec comme conséquence que nous hésitons à mordre dans la vie, de crainte de ne pas être en mesure de répondre aux exigences que comporte une existence bien remplie. Même lorsque vous parvenez à surmonter un échec ou à atteindre un objectif, votre réussite risque d'être de courte durée si elle n'est pas fondée sur une solide confiance en vous-même.

C'est l'une des principales raisons pour lesquelles les gens régressent après avoir atteint un objectif. Comme ils estiment qu'ils ne méritent pas le bonheur que le succès leur procure, ils détruisent ce qu'ils ont accompli. Ou ils s'aventurent sur la route qui mène au succès, mais ils s'arrêtent avant d'avoir franchi le fil d'arrivée de peur que les autres aient de nouvelles attentes à leur égard le jour où ils auront fait la preuve de leurs capacités. En effet, ils ne pourront alors plus prétexter qu'ils sont incompétents. Ils s'inquiètent de savoir s'ils ont les aptitudes nécessaires pour continuer sur leur lancée, car le risque de décevoir les gens croît de manière exponentielle après chaque victoire. Or, pour les personnes qui ont une piètre opinion d'elles-mêmes, rien ne peut être pire que l'idée de décevoir les autres, puisqu'elles définissent leur propre valeur en fonction de leur capacité à plaire aux autres. Combien parmi vous ont adopté ce type de comportement?

Lorsque j'étais gamine, j'étais la championne toutes catégories à cet égard. Je me fixais un objectif, je me décarcassais jusqu'à ce qu'il soit en vue, puis je me dégonflais. J'avais terriblement peur de décevoir mon entourage si mes efforts devaient aboutir à un échec. Mes parents, mes amis et mes enseignants auraient vu alors que j'étais incompétente. Or, qui est intéressé à fréquenter un perdant? Comment mes parents auraient-ils pu être fiers de moi? Pourquoi mes enseignants auraient-ils perdu leur temps avec moi? Et ainsi de suite. Vous connaissez le refrain.

J'ai toujours trouvé le moyen de justifier pourquoi j'abandonnais avant la fin : « Ça me suffit, je n'ai pas besoin de savoir comment l'histoire se termine. » Ou : « Maintenant que je me suis rendue jusqu'ici, ce serait une perte de temps que d'aller jusqu'au bout. » Ou encore : « J'en ai marre à présent, j'ai envie de passer à autre chose. Les gens intéressants sont toujours en mouvement et ne cessent jamais d'apprendre des choses nouvelles. » J'avais déjà vingt ans lorsqu'une personne m'a appris comment mettre fin à ce type de comportement.

Comme vous le savez sans doute maintenant, j'avais douze ans lorsque j'ai commencé à m'initier aux arts martiaux. Cela m'a permis de devenir forte et d'être en pleine forme, et, par conséquent, de me sentir bien dans ma peau. En cinq ans, je suis passée de ceinture blanche à ceinture rouge troisième dan (ce qui correspondait pour nous au grade précédant immédiatement la ceinture noire), puis, à dix-sept ans, j'ai décidé de tout abandonner. J'avais développé une réelle complicité avec mon instructeur et ça l'a rendu furieux de voir que je laissais tomber son cours. Pauvre lui. Pendant trois ans, il n'a cessé de me demander de revenir pour « finir ce que tu as commencé ».

Mais, à cause de mon passé, l'opinion que j'avais de moi-même était encore vacillante ; mes mécanismes de défense avaient si bien manœuvré qu'ils m'avaient rendue allergique au bonheur et au succès, et j'ai donc repoussé ses requêtes. En effet, si j'étais allée jusqu'au bout de ma démarche et avais obtenu ma ceinture noire, il m'aurait fallu laisser derrière moi l'image de la gamine perdante et potelée à laquelle je m'identifiais encore. Qu'allais-je bien pouvoir devenir ? Sur quoi allais-je pouvoir me rabattre ? À quoi cette nouvelle Jillian épanouie allait-elle ressembler ? Et si ses efforts aboutissaient à un échec ? Elle n'aurait plus aucune excuse ni aucune raison pour justifier son incompétence. J'en étais terrifiée. Je n'ai pas retourné ses appels ni répondu à ses lettres. Je lui ai même fait croire que j'avais déménagé ! Sans blague, j'ai entrepris d'indiquer « Retour à l'expéditeur » sur les enveloppes. Un jour, un peu avant mon vingt et unième anniversaire, il m'a écrit une dernière lettre. Pour une raison que j'ignore, j'ai choisi de l'ouvrir. En voici le contenu :

Chère Jillian,

Cela fait un bon moment que je n'ai eu de tes nouvelles. Je comprends que tu sois effrayée et que tu aies autant peur du succès que de l'échec, que tu l'admettes ou non.

Il est très difficile pour moi de développer un lien étroit avec un élève et de le chasser ensuite de ma vie. Néanmoins, ceci est ma dernière tentative en vue de te convaincre. En fin de compte, il t'appartient de prendre tes propres décisions. Je sais à présent ce que doit ressentir une maman oiseau lorsqu'elle pousse son petit hors du nid sans savoir s'il va tomber ou s'envoler.

L'épreuve en vue de l'obtention de la ceinture noire est l'aboutissement du voyage que nous avons entrepris ensemble. Après cette épreuve, je vais accomplir ce que j'ai décidé de faire lorsque j'ai commencé à enseigner. L'élève devient son propre héros, il cesse de s'abriter sous l'aile protectrice de son instructeur et devient un maître à son tour : une personne distincte et forte qui compte d'abord et avant tout sur elle-même.

Comme je te l'ai dit auparavant [...], tu as parcouru quatre-vingt-quinze pour cent du chemin. Encore trois mois et nous serions parvenus au fil d'arrivée.

Tu as vécu d'importants conflits intérieurs et tu as survécu. Tu as atterri sur tes deux pieds et tu as appris à ne dépendre que de toi-même.

Souviens-toi toujours de la sensation que tu as éprouvée à ce moment-là et fais-lui confiance désormais. Il est temps pour toi de devenir ton propre maître. Que tu crées ton propre destin. De devenir l'héroïne que tu es appelée à devenir.

J'aimerais que tu saches que je suis fier de ce que tu es devenue et de ce que tu as déjà accompli. Je pense que tu es une jeune femme extraordinaire et que nous avons réalisé passablement de choses ensemble. Mon cœur et ma maison te sont toujours TOUT GRAND OUVERTS et, lorsque tu seras prête, s'il te plaît, reviens terminer ta formation. J'aimerais te voir avec une ceinture noire autour de la taille.

Bonne chance dans toutes tes entreprises. Il est 4 h 30 du matin. Il est temps pour moi d'aller dans les collines m'exercer avec mon sabre et hurler à la lune avec les coyotes.

Prends soin de toi,

Sensei

(Je devine ce que vous pensez. Oui, il a vraiment mentionné le sabre et la lune. Il est un peu excentrique, comme le sont parfois les personnes exceptionnelles!)

Cette lettre m'a profondément touchée. Après l'avoir lue, j'ai su que je devais devenir moi-même, me tourner vers l'avenir et regarder les choses en face. Il était temps pour moi de laisser derrière moi une fois pour toutes la gamine perdante et potelée à laquelle je m'identifiais encore. Je suis retournée au dojo, je me suis entraînée pendant un an et j'ai obtenu ma ceinture noire en Akarui-do («la voie de la lumière»). Cette victoire marqua un point tournant dans ma vie, le point de départ de tout ce qui s'en est suivi.

J'avais encore un long chemin à parcourir, mais au moins je venais d'accomplir quelque chose pour personne d'autre que pour moi-même. Certes, j'ai apprécié les félicitations et les tapes sur l'épaule que j'ai alors reçues. Mais c'était pour moi que je m'étais battue, et le sentiment que j'en éprouvais était plus agréable que tout. J'ai longuement savouré ma victoire et me suis servie de ce sentiment comme d'une armure que je revêtais chaque fois que je me retrouvais devant une tâche ou une situation difficile. J'y ai puisé cette force intérieure tranquille qui est indispensable lorsqu'on poursuit un rêve. Encore aujourd'hui je me surprends à penser : « Si j'ai réussi à obtenir ma ceinture noire, il n'y a rien que je ne puisse accomplir désormais ! »

C'est là une autre des raisons pour lesquelles j'en fais voir de toutes les couleurs aux participants de *Qui perd gagne*. Je sais que, lorsqu'ils devront faire face à leurs démons, une fois qu'ils seront de retour chez eux, ils pourront compter sur la force intérieure qu'ils auront acquise au cours des exercices harassants que je leur aurai fait faire au gymnase pendant des heures. Certains m'ont dit à brûle-pourpoint : « Après ce que j'ai enduré avec toi pendant des mois, Jillian, il n'y a rien je ne puis supporter dorénavant. »

Lorsqu'on a un problème d'estime de soi, celui-ci est d'autant plus insidieux que, comme de nombreux autres problèmes d'ordre émotionnel, il trouve souvent son origine dans l'enfance. De sorte que, lorsque nous sommes devenus adultes, nous trouvons parfaitement normal de douter de nous à la moindre occasion, de stagner au sein de la première relation que nous entamons et de regarder la vie passer à cause de notre peur de l'inconnu.

J'ai toujours trouvé l'expression « famille dysfonctionnelle » quelque peu amusante, parce qu'elle présuppose qu'une famille « fonctionnelle » constituerait la norme. Or, la plupart des familles comportent au moins une part de dysfonctionnement. Certes, tout est relatif : certains d'entre nous arrivent à l'âge adulte en traînant derrière eux un fardeau beaucoup plus lourd que d'autres. (Songez à Shay, dont nous avons parlé au chapitre 5, qui nous fournit l'exemple d'un cas terrible de dysfonctionnement familial poussé à l'extrême.) Il est dans la nature des choses que nos antécédents familiaux et nos relations amoureuses comportent des degrés variables de dysfonctionnement. Je crois toutefois qu'il est de notre devoir de résoudre ces problèmes afin de nous développer et de nous adapter. Notre vie en dépend. Car si vous ne parvenez pas à les régler, ils sont susceptibles d'inhiber considérablement et même de détruire ce qui constitue votre joie de vivre et votre raison d'être.

Vous souvenez-vous de l'histoire de l'éléphant enchaîné ? Si vous avez été élevé avec l'idée que vous n'êtes bon à rien, comment serez-vous en mesure de penser différemment lorsque viendra le temps pour vous d'explorer le vaste monde ? Selon moi, ce que nous devenons en tant qu'adultes est une combinaison d'inné et d'acquis, mais même quelqu'un doté de la meilleure constitution et de l'esprit le plus perspicace et le plus rationnel du monde peut être amené à croire qu'il n'a aucune valeur et qu'il ne mérite pas de réussir ou d'être heureux.

Voici à ce sujet une autre histoire tirée d'un épisode de *Qui perd gagne*. Un des participants australiens à l'émission était un gars formidable qui avait du potentiel à revendre. Au cours des premières semaines, il a battu tous les records des saisons précédentes en termes de perte de poids. Il travaillait fort, il était sympathique et, semaine après semaine, il n'arrêtait pas de maigrir. C'est alors que j'ai découvert quelque chose qui a déclenché un signal d'alarme en moi : il avait déjà suivi des cures d'amaigrissement comparables et, chaque fois, il avait perdu énormément de poids pour le reprendre rapidement par la suite, et même ajouter quelques kilos supplémentaires à son poids initial.

Que faire pour empêcher que la même chose se reproduise ?

Je l'ai pris à part et je l'ai bombardé de questions difficiles. Que s'était-il produit dans sa vie lorsqu'il avait perdu du poids auparavant ? Que s'était-il produit lorsqu'il avait récupéré son poids initial ? Depuis combien d'années ce cycle durait-il ? Des événements majeurs avaient-ils coïncidé avec sa prise de poids initiale ? Je l'ai interrogé sans répit et ne l'aurais pas laissé s'en tirer avec des demi-réponses.

S'il vous est arrivé de regarder l'émission, je parie que vous avez vu comment je procède d'habitude en pareil cas. Sans exception, les concurrents me donnent des réponses faciles ou évasives du genre : « Je ne sais pas » ou « Je ne me souviens pas ». Mais ce ne sont pas des réponses, ça ! Ce sont des mécanismes de défense que nous utilisons tous dans l'espoir de nous protéger de vérités désagréables. Or, il est parfois nécessaire d'exhumer ces vérités désagréables si nous voulons nous libérer de ce qui nous empêche de progresser. Une fois que vous commencerez à creuser, vous constaterez que les réponses sont là, attendant que vous les déterriez.

Mais revenons à ce concurrent australien. J'ai continué à maintenir la pression sur lui jusqu'à ce qu'il soit au bord de l'épuisement mental et émotionnel. Torture mise à part, on aurait dit une scène d'interrogatoire tirée d'un film d'espionnage. (Contrairement à ce que certains pourraient penser, je me fixe une limite à ne pas dépasser !) Puis les réponses ont commencé à affluer et les douloureux secrets de son passé sont remontés à la surface pour la première fois en quinze ans.

Il s'est avéré que son grand frère était tombé gravement malade et était décédé à la fin de l'adolescence. C'est à cette époque qu'il a commencé à prendre du poids. Ses parents l'avaient traîné d'un endroit à l'autre tout en s'efforçant de prendre soin de leur fils souffrant. Pendant que ceux-ci faisaient de leur mieux dans ces circonstances pénibles, mon pauvre candidat a eu le sentiment que son univers basculait : d'un seul coup, non seulement son frère était atteint d'une maladie mortelle, mais il avait perdu le confort et la sécurité que lui conférait le fait d'être chez lui avec ses parents. Une telle perte de repères, ajoutée au décès d'un proche, aurait constitué pour quiconque un énorme défi à relever. À plus forte raison pour un gamin de quatorze ans.

En pareilles circonstances, le chagrin n'est pas la seule émotion qu'il nous arrive de ressentir. Ce participant a également éprouvé de la colère ; il en voulait à la fois à Dieu pour avoir permis à ce drame de survenir, à son frère qui était mort et à ses parents pour l'avoir abandonné. Il a par la suite éprouvé de la honte. Seul un être ignoble pouvait s'être ainsi mis en colère : après tout, ce n'était pas lui qui avait perdu la vie. Il s'est également senti coupable et honteux d'avoir survécu. Et cette honte était à l'origine du dégoût qu'il éprouvait pour lui-même.

Histoire de faire face à ses divers sentiments – solitude, culpabilité, chagrin, colère –, il s'est mis à manger de façon compulsive. Ce qui n'a fait qu'ajouter au poids de la honte qu'il portait déjà sur ses épaules. Certes, il avait essayé de retrouver la forme, mais il avait saboté tous ses efforts chaque fois qu'il était sur le point d'atteindre son poids idéal, car, au fond de lui-même, il continuait de penser qu'il devait payer parce qu'il était quelqu'un de mauvais, parce qu'il était encore en vie, etc. Inutile de dire que plus il s'est aventuré dans cette direction, plus il a enfoui profondément ses sentiments initiaux de honte et de colère et plus la situation a empiré.

Tout cela est plutôt grave, non ? N'empêche qu'une fois qu'il a pu remonter à la source de son problème de poids, il a été en mesure de prendre les dispositions nécessaires pour corriger le tir et se tourner vers l'avenir. N'étant plus à la merci de ses émotions refoulées, il a pu découvrir quelle était la cause de ses mauvaises habitudes et de son comportement destructeur. Il a pu remonter à l'origine de sa blessure et faire le deuil de son passé sans avoir honte de lui-même. Il est parvenu à comprendre que ses sentiments étaient justifiés et qu'il n'avait pas à les réprimer. Cela lui a permis de les accepter avant de s'en libérer, puis de commencer à rebâtir l'image qu'il avait de lui-même à partir de là. Il a dès lors pu cesser de ruiner sa santé.

Une saine estime de soi constitue une prédiction qui s'accomplit d'elle-même : plus vous vous appréciez, plus vous commencez à faire des choses agréables. Plus vous êtes convaincu de pouvoir réaliser quelque chose, plus vous êtes susceptible d'y parvenir. « Pour réussir, il faut y croire. » Vous savez que j'adore les clichés de ce genre ! Si vous avez une saine estime de vous-même, vous serez en mesure de respirer la confiance, la maîtrise et l'assurance dont vous avez besoin pour mettre votre plein potentiel en valeur et pour contribuer à votre bien-être physique et émotionnel.

Mais que faire lorsqu'on souffre d'une piètre estime de soi ? Heureusement, il existe des remèdes à ce problème. Mais, avant d'y recourir, nous allons d'abord tracer le portrait de l'estime que vous avez de vous-même présentement. J'ai donc préparé à votre intention un petit quiz qui vous permettra de déterminer où vous vous situez sur l'échelle qui va du dégoût de soi à l'amour de soi, et d'évaluer jusqu'à quel point vous laissez la culpabilité, la honte, la colère et l'auto-dénigrement compromettre vos chances de succès. Vos réponses vous aideront à définir les problèmes que vous devez régler pour pouvoir mieux canaliser vos énergies réparatrices. Allez, au boulot !

DU DÉGOÛT DE SOI À L'AMOUR DE SOI

1. La plupart du temps, je suis :
    a) Heureux ou satisfait.
    b) Triste et mécontent.
    c) Léthargique et déprimé.

2. Qu'il s'agisse de savourer une victoire ou de me consoler après une dure journée, j'adopte un comportement autodestructeur, soit en mangeant avec excès, en faisant des achats compulsifs ou en buvant avec excès :
    a) Rarement.
    b) Souvent.
    c) En permanence.

3. Je sais faire part de mes besoins à ma famille, à mes amis et à mes collègues de travail :
    a) En permanence.
    b) Souvent.
    c) Rarement.

4. Lorsque je commets une erreur :
   a) J'en éprouve d'abord un sentiment de déception, puis je tire la leçon de mon erreur, de manière à réévaluer le problème et à le résoudre.
   b) Je suis furieux contre moi-même et je fais en sorte de ne pas me tromper la fois suivante.
   c) Je me sens anéanti et je crains de recommencer.

5. Je me soucie de ce que les autres pensent :
   a) Presque jamais.
   b) Souvent.
   c) En permanence.

6. Je déteste me regarder dans le miroir :
   a) Rarement.
   b) Souvent.
   c) En permanence.

7. J'éprouve de la difficulté à demander de l'aide aux autres :
   a) Rarement.
   b) Souvent.
   c) En permanence.

8. Je parle en mal de moi-même (je me traite de gros, de stupide, de paresseux, etc.) :
   a) Rarement.
   b) Souvent.
   c) En permanence.

QUIZ
Où vous situez-vous sur cette échelle ?

9. Je me fais plaisir :
   a) En permanence.
   b) Souvent.
   c) Rarement.

10. J'exprime mes regrets :
    a) Uniquement lorsque je suis directement responsable d'un problème.
    b) Souvent, même si je ne suis pas directement responsable d'un problème.
    c) En permanence. Même lorsque je heurte quelqu'un par accident, je dis « désolé » au lieu de « pardon ».

11. Au restaurant, si mon plat n'est pas bien apprêté ou ne correspond pas à ce que j'ai commandé :
    a) Je le retourne immédiatement.
    b) Je m'excuse auprès du serveur et lui demande s'il veut bien régler le problème.
    c) Je ne dis rien et mange ce qu'on m'a apporté.

12. Lorsqu'on me demande de faire quelque chose que je n'ai pas envie ou que je n'ai pas le temps de faire, je le fais quand même parce que, de peur de décevoir les gens, je fais passer les besoins des autres avant les miens (exemples : faire du covoiturage pour rendre service à votre voisin, récupérer votre oncle à l'aéroport, faire du bénévolat à l'école de votre neveu – tout ça dans la même semaine, parfois le même jour) :
    a) Rarement.
    b) Souvent.
    c) En permanence.

13. Je suis allé à un entretien d'embauche mais, n'ayant pas obtenu le poste :
    a) J'ai demandé à la personne qui m'a fait passer l'entrevue de me faire part de ses commentaires, j'ai fait en sorte de voir dans quelle mesure je pourrais améliorer mes réponses ou ma présentation, je reste persuadé que rien n'arrive pour rien et j'ai confiance que d'autres occasions vont se présenter.
    b) Je me dis que je savais que je n'étais pas fait pour ce travail, que je ne faisais pas le poids et que je n'aurais jamais dû briguer ce poste.
    c) J'ai paniqué : j'ai eu peur de ne plus jamais avoir de boulot.

14. Lorsqu'on me fait un compliment :
    a) Je l'accepte et je remercie la personne qui me l'a fait.
    b) Je me sens mal à l'aise.
    c) Je repousse le compliment.

15. J'exprime sans aucune difficulté mes sentiments de colère ou de tristesse :
    a) En permanence.
    b) Souvent.
    c) Rarement.

16. J'entretiens des rapports chaleureux avec les gens que j'aime :
    a) En permanence.
    b) Souvent.
    c) Rarement.

17. Lorsqu'un ami ou une connaissance obtient une promotion ou tombe amoureux, je suis :
    a) Content pour cette personne ; son bonheur devient pour moi une source d'inspiration.
    b) Quelque peu jaloux, mais je sais que mon tour viendra.
    c) Malade de jalousie.

Pour connaître votre score, additionnez vos résultats comme suit : (a) = 1, (b) = 2, (c) = 3.

RÉSULTATS

Entre 17 et 21 : Très impressionnant ! Ouah ! Sérieusement ? Si c'est le cas, tant mieux pour vous ! Vous avez un sens très aigu de votre personne et de votre importance, et vous ne vous inclinez devant personne. Vous vous respectez et ne jalousez ni n'enviez les gens de votre entourage. Vous ne craignez pas de demander de l'aide parce que vous savez que vous en êtes digne et que vous serez un jour en mesure de renvoyer l'ascenseur. Votre vie est équilibrée et vous êtes heureux, et lorsque l'occasion de progresser et de vous améliorer se présente, vous répondez toujours « présent ».

Entre 22 et 29 : Très bien ! Vous avez obtenu de meilleurs résultats que la plupart des gens. Vous savez qui vous êtes et ce que vous valez. La plupart du temps, vous êtes fier de vous-même et vous placez généralement votre quête du bonheur en tête de liste de vos priorités. Il peut vous arriver de vous retrouver dans une impasse, mais vous cherchez alors activement le moyen de vous en sortir. Vous avez suffisamment confiance en vous-même pour vous auto-analyser et pour demander de l'aide à vos amis et aux membres de votre famille au besoin, car vous savez que vous pouvez faire preuve de solidarité à leur égard lorsqu'eux aussi traversent une période difficile.

Entre 30 et 40 : Pas fameux ! Votre vie n'est pas complètement chaotique, mais vous auriez intérêt à renforcer votre estime de vous-même. Vous pouvez être très sévère et même impitoyable envers vous-même. Vous vous valorisez en aidant les autres à trouver le bonheur et en faisant souvent passer leurs besoins avant les vôtres. Vous vous sentez vite coupable lorsque les choses tournent mal et vous avez tendance à vous mettre des bâtons dans les roues en ne vous accordant pas le droit à l'erreur ou en ne prenant pas le temps de tirer des leçons de vos erreurs.

Entre 41 et 51 : Pitoyable ! Ça me fend le cœur de vous savoir dans cet état. Sentez-vous ma présence dans ces pages ? Je vous serre très fort dans mes bras. Vous éprouvez le sentiment que vous n'êtes bon à rien. Vous laissez les caprices des autres vous dicter votre conduite. Vous vous faites rarement plaisir, car tout vous porte à vouloir plaire aux autres, peu importe à quel point vous vous brimez vous-même pour ce faire. Vous vous culpabilisez et vous vous dévalorisez à la première occasion. Quelle façon de vivre épouvantable ! J'espère que vous prenez ce livre très au sérieux, parce que vous en avez drôlement besoin.

Ne soyez pas découragé si vous avez obtenu un mauvais score. Ce test n'a pas été conçu dans le but de vous juger, mais uniquement pour que vous puissiez prendre conscience de votre situation actuelle, pour vous amener à réfléchir et vous préparer à vivre au maximum de vos capacités. Et même si vous avez obtenu le pire score qui se puisse imaginer, si vous avez acheté ce livre, cela signifie que vous êtes conscient que quelque chose va mal dans votre vie et que vous êtes déjà en train de prendre les moyens pour remédier au problème.

Bien, maintenant que nous savons où vous en êtes dans votre cœur et dans votre tête, nous voilà prêts à faire appel à des méthodes simples qui vont vous aider à former, à cultiver et à renforcer l'idée que vous vous faites de votre propre valeur. Vous trouverez dans les pages qui suivent quelques exercices de base destinés à susciter en vous certaines réflexions, de même que quelques activités susceptibles de vous aider à démarrer. Comme vous pouvez le voir d'après les résultats du test, même si vous avez obtenu un excellent score, nous avons tous des problèmes à régler et il existe des éléments de notre estime de nous-mêmes qu'il ne ferait pas de tort de consolider un peu.

Cela ne se fera pas facilement ou rapidement. Malheureusement, il n'existe pas de pilule capable de renforcer l'estime de soi ; vous devrez le faire vous-même, ce qui exigera un travail acharné et solitaire de votre part. C'est un peu l'équivalent d'un programme d'entraînement pour le cerveau : il vous faudra y consacrer du temps et personne ne pourra le faire à votre place. Certes, cela aide énormément d'être entouré de personnes qui nous aiment, qui nous encouragent et qui nous disent à quel point nous sommes formidables, mais c'est à vous et à vous seul qu'il appartient, à la fin de la journée, d'entrer en contact avec votre force intérieure et de la cultiver.

J'aurai beau vous répéter *ad nauseam* que votre potentiel est illimité, cela n'aura de sens que si vous en êtes vous-même persuadé. Ce qui ne saurait tarder si vous vous appliquez.

Ne vous laissez pas impressionner par les efforts que vous devrez fournir. Qu'y a-t-il de plus important que la relation que vous entretenez avec vous-même ? Rien, selon moi. Après tout, c'est la seule chose sur laquelle vous pouvez exercer un pouvoir et c'est celle-là qui conditionne tout ce que vous faites.

Un dernier détail : préparez-vous à connaître des hauts et des bas.

Comme cela se produit chaque fois que l'on poursuit un objectif noble, il se peut que vous ayez parfois l'impression de régresser. Ne vous culpabilisez pas pour autant. Vous connaissez peut-être cet exercice qui consiste à faire cinq pas en avant et trois pas en arrière ? Rappelez-vous que le succès s'obtient en grande partie à l'usure, à force « d'être vu », comme le dit si bien Woody Allen[24]. Alors soyez patient et bon envers vous-même, et continuez de persévérer. Même si vous avez l'impression que vos efforts ne donnent aucun résultat, tôt ou tard ils porteront fruit. Croyez-moi, je parle en connaissance de cause.

Prêt à passer à l'action ?

DRESSEZ L'INVENTAIRE DE VOS RÉALISATIONS

Il est temps pour vous de commencer à noter par écrit quelques-unes des choses que vous avez accomplies dans différents domaines au cours de votre vie. Il n'est pas nécessaire que ces réalisations aient bouleversé votre vie ou qu'elles aient constitué des instants extraordinaires de gloire suprême. Il peut s'agir de petits accomplissements, comme le fait de réussir votre teinture ou de vous préparer un bon petit-déjeuner ! (Je ne plaisante pas : un matin, j'ai réussi à retourner des œufs sans briser le jaune et je m'en suis félicitée toute la journée. Ce sont les petites choses qui comptent…) Il y a toujours quelque chose que vous pouvez être fier d'avoir accompli et qui vous procure un sentiment agréable de bien-être. Vous êtes-vous enfin décidé à faire le ménage dans votre garde-robe et à donner vos vieux vêtements à l'Armée du Salut ? Avez-vous réussi à payer vos impôts à temps ? Avez-vous réussi à préparer un excellent repas pour vos amis ou votre famille l'autre soir ? Notez-le par écrit ! Il n'y a aucune limite de temps à respecter ; continuez de dresser votre liste tout en vaquant à vos occupations quotidiennes. Vous n'aurez qu'à la consulter le jour où vous connaîtrez des moments d'inquiétude et doute.

Chaque fois que vous éprouverez un sentiment de crainte ou de découragement, ressortez cette liste – peu importe que vous ayez consigné vos notes sur un bout de papier ou que vous les ayez enregistrées sur votre iPhone – et passez-la en revue, de manière à renforcer le sentiment de compétence et de force intérieure qui accompagne toute réalisation, grande ou petite. Lorsque

---

24. Extrait de la citation suivante : « Quatre-vingts pour cent du succès réside dans le fait d'être vu. » (Cf. http://www.evene.fr/citations/woody-allen?page=5.) (*N.D.T.*)

nous prenons connaissance de nos réalisations, nous apprenons concrètement, grâce à nos expérience personnelles, que nous sommes réellement compétents. Dès l'instant où vous renforcez l'image que vous avez de vous-même en créant un climat émotionnel approprié, vous commencez à croire en vos capacités de réaliser encore davantage de choses.

OFFREZ-VOUS UNE PETITE VICTOIRE

Alors que l'exercice précédent portait sur vos réussites passées, celui-ci consiste à ajouter de nouveaux succès à votre palmarès. Qu'elles soient récentes ou qu'elles remontent à une autre époque, nos expériences nous aident à définir ce que nous sommes et ce dont nous sommes capables. Si le verre a été à moitié vide tout au long de notre vie, échec et désespoir deviennent des prédictions qui s'accomplissent d'elles-mêmes. Nous allons à présent utiliser la même astuce pour planifier votre réussite future. En effet, les mêmes schémas de pensée qui ont miné votre confiance en vous-même peuvent également vous permettre de la retrouver.

Revenons à Shay, dont nous avons parlé au chapitre 5. C'est sa première semaine avec nous et elle se trouve pour la première fois dans le gymnase en compagnie de Bob et de moi-même. Encore quelques jours et elle pourrait fort bien être éliminée de l'émission et forcée de rentrer chez elle, où elle n'aurait plus qu'à continuer de se suicider à petit feu en s'alimentant mal. Le temps presse. Mais Shay n'est pas idiote. Elle sait qu'un régime alimentaire et un programme d'exercices appropriés constituent les clés qui vont lui permettre de perdre du poids et de trouver la forme. Son problème ne provient donc pas d'un manque de connaissances. Son cas est beaucoup plus simple et beaucoup plus pathétique, sans parler du fait qu'il est beaucoup plus universel : elle se sent incapable d'accomplir quoi que ce soit et ne se sent pas digne de réussir.

Je sais que la seule façon de changer le cours des choses consiste à lui permettre de vivre de nouvelles expériences au cours desquelles elle se prouvera à elle-même qu'elle possède la force et les capacités nécessaires pour réussir. Il n'est pas obligatoire qu'il s'agisse de quelque chose d'énorme : mon intention n'est pas de lui faire courir le marathon. Même la plus petite réalisation fera l'affaire. Nous allons ensuite la semer comme s'il s'agissait d'une graine, la nourrir avec attention et la regarder pousser.

Au gymnase, c'est devenu une question de vie ou de mort, littéralement. J'essaie d'obliger Shay à grimper encore trente secondes dans l'échelle rotative, mais elle s'effondre complètement. Elle gémit, elle glisse et ne cesse de faire toutes sortes de commentaires négatifs: «Je n'y arrive pas», «J'ai trop mal», «Je veux rentrer chez moi». Elle y consacre beaucoup d'énergie, mais elle s'y prend mal: elle tente désespérément de reproduire le même scénario en se persuadant que ses efforts sont voués à l'échec et qu'elle est destinée à mener une vie misérable. Usant de toute la patience dont je suis capable (et vous savez que ce n'est pas mon point fort), je passe la demi-heure suivante à essayer de la convaincre de grimper à cette échelle pendant un minimum de trente secondes. Je me fais douce, gentille, tendre. Rien n'y fait. Mais si elle n'y parvient pas, ce sera pour elle comme une preuve supplémentaire de son impuissance et du fait qu'elle est une cause perdue.

Si vous avez regardé le premier épisode de la huitième saison, vous vous souvenez peut-être de ce qui s'est passé par la suite. Je me suis déchaînée. Je refusais de continuer à laisser Shay affirmer qu'elle était incapable d'accomplir quoi que ce soit. Il n'était pas question pour moi de la regarder béatement accumuler de nouvelles preuves de son incompétence. Je me suis mise à vociférer et à jurer de toutes mes forces: «Shay, monte dans cette saloperie d'échelle! GRIMPE MAINTENANT!» Ce n'était pas très joli à voir. Je l'ai agrippée par le tee-shirt et l'ai littéralement poussée et tirée jusqu'à l'échelle tout en continuant de hurler de lui promettre le pire des sorts si elle refusait de grimper.

Et vous savez quoi? Pendant ces quelques instants, Shay a tellement eu peur de moi que sa crainte a temporairement interrompu son dialogue intérieur. Elle était trop effrayée pour se rappeler de se dire qu'elle était incapable d'y arriver, et du coup elle a réussi à grimper. Et pas seulement une fois trente secondes: ce jour-là, elle a réussi à le faire cinq fois; le lendemain, elle y est arrivée pendant cinq minutes consécutives. Par la suite, elle a cessé de se répéter «Je n'y arrive pas» et a réussi à devenir la femme qui a perdu le plus rapidement 45 kilos (100 livres) de toute l'histoire de *Qui perd gagne*.

Ne vous méprenez pas. Je ne veux pas dire par là qu'il faille vous faire agresser verbalement ou qu'un détraqué doive menacer de vous arracher les deux bras et de vous battre avec ces derniers afin d'empêcher votre monologue intérieur de vous nuire. C'est à vous qu'il appartient de sortir de votre zone de confort, de cesser de toujours reproduire le même scénario et de vous donner la chance de mener la vie que vous méritez. Au fur et à mesure que votre confiance en vous se raffermira, vous allez comprendre peu à peu qu'il est puéril de croire que vous êtes incompétent.

La vitesse à laquelle cela se produit varie d'une personne à l'autre. Certains ont besoin de réaliser beaucoup de petites choses avant qu'un déclic se produise et qu'ils se rendent compte qu'ils sont habiles et efficaces. Pour d'autres, le déclic se produit quasi instantanément : ils prennent conscience dès leur première réussite, même si elle est modeste, qu'ils ont eu tort de penser du mal d'eux-mêmes. Ils découvrent que la prison dans laquelle ils étaient enfermés jusque-là est le fruit de leur imagination et ils se sentent soudain libres de briser leurs chaînes et de prendre leur envol. N'allez toutefois pas croire que seul le succès vous attend par la suite. Vous connaîtrez des revers, des épreuves et des échecs. Mais, à mesure que vous renforcerez votre estime de vous-même, l'image que vous avez de vous-même évoluera. Vous vous percevrez comme quelqu'un qui apprend de ses erreurs et sait surmonter l'adversité plutôt que comme quelqu'un qui se laisse abattre par les événements.

Il est important, surtout au début, de ne pas prendre de risques inutiles. Au moment où j'ai invectivé Shay, je voulais qu'elle grimpe pendant *trente secondes* dans une échelle d'exercice. N'importe qui dont les deux jambes fonctionnent normalement devrait être capable d'en faire autant. Je me suis assurée qu'elle était en mesure de prendre le risque que je voulais qu'elle prenne. Le pire à ce moment-là aurait été de faire en sorte qu'elle subisse un nouvel échec.

Il en va de même pour vous. Vous devez choisir judicieusement ce que vous voulez entreprendre ; assurez-vous qu'il s'agit de quelque chose que vous pouvez réaliser. Par exemple, si vous n'avez pas fait de jogging depuis cinq ans, n'essayez pas d'aller courir un kilomètre. Courez pendant 60 secondes, puis marchez pendant 60 secondes afin de récupérer ; continuez ainsi pendant 20 à 30 minutes. Progressez ensuite lentement à partir de là. La semaine suivante, faites 90 secondes de jogging. Puis 120 secondes la semaine d'après, et ainsi de suite. Si vous pouvez faire mieux et progresser plus rapidement, tant mieux, mais l'essentiel est de veiller à vous fixer un objectif réaliste, de manière à renforcer votre confiance en vous-même.

Le succès attire le succès. Une fois que vous commencerez à éprouver le sentiment de réussite que vous procure le fait d'obtenir un résultat, même mineur, cela vous aidera à bloquer des émotions négatives comme l'anxiété et le doute, et vous serez alors en mesure de relever des défis de plus en plus grands. Avant même de vous en apercevoir, vos petits pas deviendront des pas de géant.

LIBÉREZ-VOUS DE LA CULPABILITÉ ET DE LA HONTE

Tant que vous éprouverez des sentiments de culpabilité et de honte, vous ne serez jamais en mesure de vous construire une image saine de vous-même. La culpabilité et la honte ont uniquement pour fonction de vous signaler que vous avez repris à votre compte les problèmes de quelqu'un d'autre, ou que vous n'avez pas pris les mesures appropriées pour redresser un tort que vous avez causé à quelqu'un. Autrement dit, elles contribuent uniquement à vous faire perdre vos énergies et à vous faire sentir mal dans votre peau. Est-ce vraiment nécessaire ?

Il en a été question au chapitre 5, lorsque nous avons parlé de compassion et de pardon, mais j'aborde ce point à nouveau ici, car, si vous espérez reprendre votre vie en main, il est essentiel de reconnaître que vous avez repris à votre compte les peurs, les angoisses et les problèmes des autres. Qu'est-ce qui vous fait vous sentir coupable ou honteux ? Un problème dont quelqu'un d'autre s'est déchargé sur vous et que vous avez intériorisé constitue généralement la cause de vos tourments. Le fait de découvrir que les autres ont des défauts et des problèmes nous permet d'éviter que ces derniers deviennent les nôtres et, donc, de voyager léger, sans nous encombrer des fardeaux des gens qui nous entourent.

Vous ne me croyez pas ? Vous êtes persuadé que la culpabilité et la honte que vous ressentez sont les vôtres ? C'est possible mais peu probable. Voyons cela de plus près. La culpabilité, c'est le malaise que l'on ressent après avoir fait quelque chose. Exemple : « Je me suis acheté un téléviseur à écran plat et à présent je me sens coupable parce que c'était très égoïste de ma part. » Est-ce que le fait de vous choyer constitue réellement quelque chose dont vous devriez vous sentir coupable ? Les raisons véritables pour lesquelles vous éprouvez de la culpabilité proviennent généralement de ce que quelqu'un vous a dit ou laissé entendre que ce que vous avez fait est mal. Imaginons le pire des scénarios dans le cas présent : vous êtes un acheteur compulsif, vous êtes à court d'argent et vous n'avez pas demandé son avis à votre tendre moitié avant d'effectuer cette dépense. Il n'y a tout de même aucune raison de vous sentir coupable, car c'est improductif. Cela ne ferait que saper votre estime de vous-même et empirer vos problèmes. En pareille situation, la solution consiste à affronter votre problème et à faire amende honorable auprès de votre conjoint ou partenaire.

On confond parfois la honte et la culpabilité, car elles vont souvent de pair, bien qu'elles soient différentes. La honte se traduit par l'humiliation et la gêne que peut engendrer la culpabilité, mais elle ne découle pas toujours de quelque chose que nous avons fait. Certains éprouvent littéralement de la honte du simple fait d'exister.

J'ai connu des gens qui avaient honte de leur physique, de leur appartenance ethnique ou religieuse, de leur orientation sexuelle, de la ville où ils étaient nés, etc. Je vous le demande de bonne foi, y a-t-il matière à rougir dans tout cela? Peu importe qui vous êtes, quels sont vos antécédents ou quelles sont vos origines, vous n'avez à rougir de rien. La honte est un sentiment qu'on nous inculque à la fois directement et indirectement. Aucun enfant ne naît en ayant honte de lui-même; il s'agit d'un sentiment qui a été implanté en nous avec le temps. «Tu devrais avoir honte de toi!» Vous rappelez-vous avoir entendu ces paroles? La honte peut aussi provenir simplement du fait que votre famille et vos amis étaient mal à l'aise à propos de quelque chose que vous avez par la suite intériorisé et fait vôtre. Un peu comme font les enfants lorsque leurs parents divorcent. Leurs parents sont malheureux, ils se séparent, mais les enfants s'imaginent que tout est de leur faute. Si seulement ils avaient été meilleurs, leurs parents auraient été heureux et seraient restés ensemble. Et la honte, provenant du fait qu'ils se perçoivent comme un échec ou une déception, s'installe alors dans leur esprit, même si le divorce n'avait rien à voir avec eux et que leurs parents se détestaient depuis des années et ont fini par avoir assez de lucidité pour mettre un terme à leur relation malsaine.

Toute personne qui vous manipule, vous juge ou vous humilie ouvertement est quelqu'un qui a un problème. Elle joue avec vos émotions afin de vous pousser à faire ce qu'elle attend de vous. Éprouvez-vous un sentiment de culpabilité lorsque vos parents insistent pour que vous leur rendiez visite à Noël alors que vous auriez besoin de prendre des vacances aux Bahamas? Il vous appartient de décider si vous irez ou non les voir à Noël. Dans un cas comme dans l'autre, pas la peine d'en faire une montagne. C'est vous qui acceptez de vous charger ou non d'un fardeau émotionnel. Le choix vous appartient!

Il est aussi possible que quelqu'un projette sur vous ses craintes ou son sentiment d'insécurité. Nous avons souvent peur des différences, car nous sommes effrayés par ce que nous ne comprenons pas, voire terrorisés par ce qui remet en cause nos convictions et notre mode de vie. C'est la raison pour laquelle nous éprouvons du ressentiment à leur endroit et stigmatisons les personnes qui sont trop différentes de nous. C'est ainsi que les guerres de religion ont fait plus de victimes que toute autre cause de décès connue.

Lorsque vous vous sentez honteux, demandez-vous si ce dont vous avez honte est à ce point anormal et répréhensible. Je doute fortement que ce soit le cas! Il est plus que probable que vos préjugés et vos sentiments de honte vous ont été transmis par vos éducateurs ou votre famille.

Voici un autre exemple de la manière dont les sentiments de honte nous sont transmis *indirectement*. Disons que vous souffrez d'embonpoint et que vous estimez que votre problème est «grave». Vous détestez votre corps, mais vous refusez de vous entraîner dans un gymnase en compagnie de personnes minces, par crainte de ce qu'elles vont penser de vous. J'ai entendu des femmes dire qu'elles se sentent humiliées lorsque leur mari les voit nues. Comme c'est triste. Mais quelle est l'origine d'une telle attitude? Après tout, la graisse n'est que de l'énergie accumulée. C'est un état physique, rien de plus et rien de moins. Une telle attitude suppose que vous ne vous accordez aucune valeur en tant qu'être humain. Pourtant, dans certaines cultures, on vénère les personnes fortes, car on y considère la corpulence comme un signe d'abondance. Cela dit, je ne prétends pas qu'il est normal pour vous de négliger votre santé. (Ce n'est pas bien! Votre famille et vos amis souhaitent certainement vous avoir auprès d'eux pendant encore de nombreuses années.) Je veux simplement vous faire comprendre que les opinions que nous formons à propos de nous-mêmes sont acquises, et non pas innées.

Dans ce cas, d'où votre sentiment de honte peut-il bien provenir? Vous l'aurait-on transmis comme un vulgaire rhume? C'est un peu ça, en effet. Étant donné que nous vivons en société, nous avons tendance à nous imprégner des idées, des énergies et des attitudes émanant de notre entourage. Peut-être vos parents ont-ils laissé entendre que vous aviez un problème de poids lorsque vous étiez enfant, en vous demandant notamment devant des amis: «As-tu vraiment l'intention de manger tout ça?» Il se peut aussi qu'ils vous aient obligé à vous peser chaque semaine, vous donnant ainsi inconsciemment l'impression que vous n'étiez pas digne de leur amour si vous ne répondiez pas à leurs critères. La plupart du temps, les parents n'agissent pas pour mal faire. Souvent, ils font tout simplement de mauvais choix: leurs inquiétudes les incitent à intervenir, mais ils se sentent impuissants car ils ne savent pas quoi faire. Si vous souffriez d'embonpoint, ils ont sans doute aussi craint que les gens pensent qu'ils ne se souciaient pas de la santé de leurs enfants; par conséquent, ils ont pu, par un phénomène de surcompensation, vous tourmenter et vous accabler chaque fois que vous portiez quelque chose à votre bouche. Mais même lorsque les remarques désobligeantes de vos parents proviennent selon toute évidence de leur sentiment d'insécurité, il est certain que vous en garderez l'impression que quelque chose cloche chez vous. C'est ainsi que s'installe en vous l'impression d'avoir honte, de « ne pas être assez bien » ou d'être une déception pour vos parents.

Mais peut-être votre sentiment de honte n'a-t-il rien à voir avec vos parents. Peut-être avez-vous honte de votre poids parce que vos camarades vous tourmentaient dans la cour de l'école en poussant des beuglements derrière votre dos. (C'est exactement l'enfer que j'ai vécu lorsque j'étais au secondaire.) Or, les enfants qui intimident leurs camarades pendant les récréations souffrent d'anxiété et se sentent impuissants; ils s'en prennent aux autres dans l'espoir d'acquérir un pouvoir sur ces derniers et de retrouver une sensation de puissance. Bon, comme nous avons déjà abordé ce sujet, j'espère que vous commencez à comprendre comment ce mécanisme fonctionne.

À l'origine, vos sentiments de honte étaient ceux de quelqu'un d'autre : vous les avez simplement repris à votre compte et intériorisés. En réalité, plusieurs facteurs peuvent être à l'origine de l'obésité, dont le manque de connaissances, le manque de ressources et le manque de moyens financiers. Il peut aussi s'agir d'un mécanisme d'adaptation émotionnelle. Mais aucun de ces problèmes n'est bizarre ou anormal, voire inhabituel. Bien au contraire, ils sont affreusement humains et les personnes obèses ont besoin de tout l'amour, de tous les soins et de toute l'attention nécessaires pour s'améliorer. La honte est la pire émotion que l'on puisse ressentir en pareille situation, ou dans n'importe quelle autre situation.

L'anecdote suivante constitue un exemple encore plus flagrant de la façon dont un problème de société peut générer de la honte chez une personne. Un jour, j'ai fait la connaissance d'un jeune homme qui avait tellement honte d'être gay qu'il s'endormait tous les soirs en pleurant. Ses parents, ses amis et son entourage étaient foncièrement homophobes, et ce pauvre garçon était découragé, humilié et plein de mépris à l'égard de lui-même. S'il n'avait pas été élevé à penser que l'homosexualité est « l'œuvre du diable », il aurait probablement passé toute sa vie sans en faire de cas. Après tout, il était né ainsi. C'était sa nature profonde, mais la plupart des gens autour de lui avaient peur de l'homosexualité parce que c'était quelque chose d'inhabituel. On leur avait appris que c'était mal et que cela représentait une menace pour leur mode de vie. C'était leur problème, pas le sien, mais parce qu'il était encore trop jeune pour s'en rendre compte, il a pris leur fardeau sur ses épaules, de même que la honte, la peur et le chagrin qui l'accompagnaient.

Ce n'est qu'après que j'eus aidé ce jeune homme pendant des mois à améliorer l'estime qu'il avait de lui-même et que je lui eus donné des exemples de gays heureux et épanouis, qui exercent une influence positive et constituent une source d'inspiration dans le monde entier, qu'il a pu se défaire du sentiment de honte qui lui avait été transmis et envisager l'avenir avec optimisme.

La honte est un sentiment obscur. Je suis profondément persuadée que tout a une raison d'être, hormis la honte. Celle-ci n'engendre rien, absolument rien de bon. Même si vous avez fait quelque chose dont vous avez honte, la honte reste quelque chose de perfide et d'inutile et elle résulte toujours indirectement du fait qu'on a repris à son compte les problèmes de quelqu'un d'autre. Songez-y. Si vous racontez à un enfant qu'il ne vaut rien, il va finir par y croire et se comporter comme tel par la suite. Rappelez-vous ce que je vous ai dit à propos d'Hitler et de Saddam Hussein. Certes, ce sont des exemples extrêmes, mais ils constituent la preuve de ce que j'avance.

Même si vous vous sentez mal à l'aise ou coupable à la suite d'une mauvaise action, ce n'est pas en éprouvant de la honte que vous solutionnerez le problème. La culpabilité, comme la honte, est souvent une émotion que nous avons été programmés à ressentir. La prochaine fois que vous vous sentirez coupable, prenez le temps de vous demander si vous avez réellement fait preuve de mesquinerie ou de malveillance à l'égard des autres.

Lorsque j'étais gamine, mon père ne cessait de me répéter, jour après jour, que j'étais une enfant gâtée et ingrate. Pendant des années – et même parfois encore aujourd'hui –, j'ai été incapable d'accepter quoi que ce soit de personne. Même mes amis ne pouvaient m'offrir un café sans que j'en éprouve de la culpabilité et que j'aie le sentiment d'avoir « abusé » de leur générosité. Seule une personne cupide et n'ayant pas la capacité ou la volonté de s'assumer elle-même pouvait laisser les autres payer à sa place. Je me devais d'être aussi autonome que mon père l'était. Après des années de thérapie, j'ai toutefois compris que celui-ci me traitait de sale gosse en raison de son propre sentiment d'insécurité. Il est clair pour moi désormais qu'il avait une bien piètre opinion de lui-même et qu'il pensait n'avoir rien d'autre à offrir que de l'argent aux membres de son entourage. Cette idée a fini par se transformer en crainte de voir les gens le côtoyer uniquement parce qu'il était riche. Il a ensuite projeté ce sentiment d'insécurité sur moi, m'accusant de l'aimer uniquement lorsqu'il se montrait généreux envers moi.

Les enfants sont souvent incapables de se défendre contre ce genre d'accusations, de sorte que, pendant très longtemps, j'ai cru que la pire chose au monde consistait à désirer ou à accepter quelque chose de la part de quelqu'un. Mais, le temps et les prises de conscience (sans compter de nombreuses séances de thérapie, comme je l'ai mentionné) aidant, j'ai été en mesure de comprendre que la vie consiste en partie à prendre et à donner. Par moments, il convient d'accepter que les autres soient généreux à notre égard pour pouvoir ensuite être charitables à notre tour. Je sais maintenant faire la différence entre les problèmes de mon père et les miens. J'ai réussi à lui pardonner et à me tourner vers l'avenir, à devenir saine de corps et d'esprit de manière à pouvoir aider les autres à devenir également sains de corps et d'esprit.

Si vous avez une bonne raison de vous sentir coupable – vous avez fait du mal à quelqu'un, abîmé quelque chose d'important ou peu importe –, vos sentiments de culpabilité ne vous mèneront nulle part, encore une fois. Étant nuisibles par définition, ils ne peuvent qu'aggraver la situation. Les humains font des erreurs, parfois terribles, mais la seule façon de considérer le problème consiste à en tirer des leçons, à faire amende honorable et à corriger le tir. Point final.

> *« Quiconque a commis des actions préjudiciables mais les voile ensuite en faisant le bien devient comme la lune qui, libérée des nuages, éclaire le monde. »*
>
> *- Bouddha*

EXERCICE

Afin que vous puissiez mettre tous ces conseils en pratique, voici quelques exercices qui ont pour but de vous libérer *à jamais* de vos sentiments de honte et de culpabilité. Il se pourrait que vous en éprouviez un certain malaise, car il vous faudra revivre certains événements pénibles et éprouver de nouveau certains sentiments angoissants de gêne, d'incompétence et d'humiliation. Vous pourriez avoir envie de vous rouler en boule rien que d'y penser. Mais il est important de déterrer le passé. Une fois que vous parviendrez à arracher le mal à la racine, celui-ci cédera sa place à un sentiment nouveau, fort et tendre à la fois, d'estime de vous-même que personne ne sera en mesure de détruire. Il vous suffit de dire non à la honte et à la culpabilité.

1. Commencez à dresser une liste que vous intitulerez « Honte et reproches ». Non pas en vue de vous complaire dans votre passé et de vous sentir encore plus malheureux, mais afin de pouvoir découvrir à quels moments d'autres personnes se sont déchargées de leurs problèmes sur vous et à quels moments vous vous êtes déchargé de vos problèmes sur les autres. Pour chaque point de la liste, posez-vous les questions suivantes :

a) Était-ce de ma faute ? Si c'est le cas, de quelle manière puis-je assumer pleinement la responsabilité de mes actes, faire amende honorable et réparer les torts que j'ai causés ?
b) Si ce n'était pas de ma faute, de quel problème s'agit-il au juste ? Suis-je en train de reprendre à mon compte le problème de quelqu'un ou d'essayer d'éviter que quelqu'un se mette en colère, soit contrarié ou soit déçu ?
c) Dans quelle mesure est-ce que je contribue à empirer les choses ? Est-ce que je me culpabilise à ce sujet ? Est-ce que je parle en mal de moi-même ? Est-ce que je me prive d'amour et d'affection ?
d) Si je parvenais à me débarrasser de mes sentiments de honte ou de culpabilité, qu'adviendrait-il du problème et en quoi aurait-il une incidence sur ma vie ?

2. Faites amende honorable. Si vous avez réellement fait du mal à quelqu'un et que vous éprouvez de la honte et de la culpabilité à ce sujet, la solution consiste à faire amende honorable. La tâche ne sera pas facile, mais c'est le seul moyen pour vous de vous libérer de vos émotions destructrices. Vous devez avouer à l'autre personne que vous acceptez votre part de responsabilité dans ce qui s'est passé. Présentez-lui des excuses sincères. Promettez de modifier votre comportement et de ne jamais recommencer. (Il ne suffit toutefois pas de promettre des choses et de s'excuser. Seules les actions comptent

vraiment.) Par conséquent, voyez enfin si vous pouvez faire quelque chose pour réparer le tort que vous avez causé. Si vous ne le pouvez pas – il n'est pas toujours possible de réparer nos erreurs –, quelle leçon pouvez-vous tirer de cette expérience et comment pouvez-vous faire amende honorable de manière à ce que toutes les personnes impliquées puissent se tourner vers l'avenir ?

3. Faites en sorte de vous pardonner. Vous savez à présent qu'il est indispensable de savoir pardonner. C'est valable dans tous les cas de figure et en toutes circonstances, ce qui implique que vous devez aussi vous pardonner à vous-même. C'est impératif. À ce stade-ci, vous avez balayé devant votre porte. Peu importe ce qui se produira par la suite, il est parfaitement légitime – voire obligatoire – pour vous de vous libérer de tout sentiment de honte ou de culpabilité qui pourrait encore vous hanter. Il appartient désormais à l'autre d'accepter ou non votre offre de réparation et de trouver ou non la paix intérieure. Prenez quelques instants pour réfléchir à ce que vous êtes réellement et à ce qui vous a traversé l'esprit lorsque vous avez commis le geste que vous regrettez aujourd'hui. Vous n'êtes pas quelqu'un de foncièrement mauvais. Tous nous commettons des erreurs, nous nous mettons en colère, nous ratons des occasions, etc. : cela fait partie de la nature humaine. Faites preuve à votre égard de la même compassion et de la même tendresse que celle dont vous feriez preuve à l'égard de toute personne qui souffre, puis lâchez prise. Pour de bon, cette fois.

METTEZ L'ACCENT SUR LE CÔTÉ POSITIF DES CHOSES : L'ART DES AUTO-AFFIRMATIONS

Ce titre vous rappelle sans doute les vieux sketchs humoristiques de l'émission *Saturday Night Live* dans lesquels Al Franken ne cessait de répéter : « Je suis pas mal bon, je suis pas mal intelligent et, bon sang, les gens m'aiment[25] ! » Ces sketchs étaient absurdes et hilarants, mais il n'empêche que ce que nous pensons de nous-mêmes et ce que nous nous disons à nous-mêmes dans le cadre de notre incessant monologue intérieur a une réelle influence sur notre vie.

---

25. Traduction libre du slogan : *« I'm good enough, I'm smart enough, and doggone it, people like me »*. Humoriste et comédien bien connu aux États-Unis, Al Franken a été élu sénateur démocrate en 2009. Ses sketchs se voulaient surtout une parodie des émissions au cours desquelles des pseudo-thérapeutes donnent des conseils à leurs auditeurs. (Cf. http://fr.wikipedia.org/wiki/Al_Franken.) (*N.D.T.*)

N'oubliez pas que les pensées sont de la matière et que la matière est composée d'énergie. Combien de fois par jour vous traitez-vous d'imbécile, de paresseux, de gros ou de monstre? Attitudes négatives et monologue intérieur humiliant ne font que ruiner vos chances d'atteindre vos objectifs. Chacune de vos pensées est le reflet de votre vérité intérieure. Par conséquent, le présent exercice se veut avant tout un exercice de reprogrammation destiné à vous apprendre à remplacer ces commentaires désobligeants par des affirmations positives empreintes d'amour pour vous-même.

Et si le mot «affirmation» vous fait sourire, dites-vous simplement qu'il s'agit d'une courte formule visant à éliminer vos croyances négatives et à les remplacer par une attitude saine et optimiste face à la vie. En quoi cela est-il si amusant? Il est important de formuler vos affirmations de la bonne manière. Voici les deux grandes règles à respecter à cet égard:

- Utilisez uniquement des mots et des expressions à connotation positive. Comme nous l'avons vu au chapitre 2, faites en sorte d'engendrer dans votre esprit des sentiments d'abondance, comme lorsque vous priez en vue d'obtenir quelque chose ou que vous essayez de parvenir à un résultat différent. Formulez vos phrases de manière à ce qu'elles véhiculent un message positif. Si votre message est négatif, votre subconscient va l'enregistrer et mettre l'accent sur ce dernier.
- Veillez également à utiliser le présent et non le futur. Si vous dites: «Je serai» ou «Je ferai», cela ne fait que reporter la réalisation de vos rêves dans un avenir indéfini. Affirmez plutôt que vous êtes ou que vous faites déjà ce que vous souhaitez être ou faire. Certes, cela vous oblige à tricher un peu avec la réalité, mais c'est le but recherché. Votre objectif est d'amener votre subconscient à s'habituer à vos affirmations et à les accepter comme vraies, afin qu'elles puissent s'incarner dans la réalité.

En voici quelques exemples :

Ne dites pas

« Je ne serai pas fatigué et je ne vais pas tomber malade au cours de ma séance d'exercices d'aujourd'hui. » Tout ce votre cerveau entend est : « fatigué », « malade » et « séance d'exercices ». Résultat : c'est exactement ce qui va se produire : vous serez épuisé et indisposé au terme de votre séance d'entraînement.

« Je n'aurai pas peur de faire cet exposé au bureau. » Votre esprit entend le mot « peur » et se concentre sur celui-ci. Dès l'instant où vous commencerez votre exposé, la peur s'emparera de vous.

« Je vais gagner beaucoup d'argent et avoir la sécurité financière que je souhaite et que je mérite. » Cette affirmation renvoie le succès à un avenir hypothétique et incertain, sans que le vide actuel soit comblé pour autant.

Dites plutôt

« Je suis fort et en bonne santé, et je dispose de toute l'énergie nécessaire pour faire mes exercices. » Faite de manière convaincante et exprimée en termes positifs, cette déclaration respire la confiance dont vous aurez besoin pour obtenir le résultat souhaité : une séance d'entraînement efficace, au terme de laquelle vous vous sentirez en pleine forme.

« Je me sens prêt à faire un exposé du tonnerre et j'en ai la capacité. » Les mots « capacité », « prêt à » et « du tonnerre » engendrent dans votre esprit un sentiment de confiance en vous qui vous permet d'être détendu et efficace au moment de faire votre exposé.

« Je possède beaucoup d'argent et j'ai la sécurité financière que je souhaite et que je mérite. » Même si ce n'est pas encore le cas, le fait d'obliger votre esprit à se concentrer sur l'abondance plutôt que sur l'idée de pénurie vous familiarisera avec la sensation d'abondance. Et lorsque votre esprit s'habitue à quelque chose de positif, gare aux résultats !

RENVERSEZ LA VAPEUR

L'idée derrière cet exercice-ci, c'est de créer un antidote en remplaçant les affirmations négatives avec lesquelles vous vous faites du tort par des affirmations positives destinées à en inverser les effets. Dans un premier temps, dressez la liste de toutes les pensées négatives que vous avez à votre sujet et que vous vous répétez à intervalles réguliers. Ne vous retenez pas, mettez tout sur la table afin que nous puissions voir ce à quoi nous avons affaire. Voici maintenant la partie la plus difficile.

Prenez chacune de ces affirmations et transformez vos pensées négatives en quelque chose de positif. Mon exemple préféré à cet égard provient, comme il se doit, d'une publicité pour chaussures de sport dans laquelle une femme fait allusion à ses « cuisses fortes ». Mais, au lieu de voir le côté négatif de la chose, elle souligne le fait que ses cuisses sont musclées et lui permettent de courir sur de longues distances. Et elle termine en disant qu'elle attend avec impatience le jour où elle pourra faire sauter ses petits-enfants sur ses « cuisses fortes » lorsqu'elle sera plus âgée.

Vous pouvez en faire autant avec tout. Ce ne sera peut-être pas facile, mais efforcez-vous de le faire le plus souvent possible. Vous inciterez ainsi votre esprit à vous soutenir dans vos efforts plutôt que de vous décourager et de vous empêcher d'aller de l'avant.

Voici d'autres exemples : Ne vous traitez-vous pas de stupide chaque fois que vous commettez la moindre erreur ? Refrénez votre envie d'utiliser un langage aussi négatif et rappelez-vous que *tout le monde* se trompe un jour ou l'autre : c'est la preuve que vous êtes vivant et que vous êtes actif. Sans compter que vous ne pouvez jamais savoir où vos erreurs vous mèneront.

Dressez votre propre liste. N'ayez pas peur de faire preuve de créativité. Nos esprits ont tendance à être négatifs ; par conséquent, il est important de faire le plein de pensées et d'énergies positives, de manière à pouvoir garder la meute de nos pensées négatives à distance.

DE COMBIEN DE FAÇONS EST-IL POSSIBLE DE SE DIRE QUE L'ON S'AIME ?

Il est assez facile d'énumérer tout ce que nous détestons chez nous. (N'essayez pas de vérifier si cette assertion est vraie ou non : contentez-vous de me croire sur parole et de continuer à lire.) Mais combien de fois avez-vous pris le temps de réfléchir à tout ce qu'il y a de formidable chez vous ?

Nous vivons dans une société qui nous dit subtilement qu'il vaut mieux être modeste, voire se déprécier soi-même, que de mettre nos belles qualités de l'avant. Vous savez quoi ? Il n'y a pas de mal à se sentir bien dans sa peau ! Cela ne veut pas dire que vous vous croyez meilleur que les autres. Cela signifie simplement que vous vous appréciez à votre juste valeur.

Vous ne rendez service à personne en vous dévalorisant et en minimisant vos talents. Rappelez-vous : le fait pour vous de réussir n'implique pas nécessairement que les autres sont perdants pour autant. Le fait de vous croire unique ne signifie pas que votre voisin ne l'est pas lui aussi. Si vous pensez que vous êtes formidable et digne d'estime, cela ne signifie pas que vous pensez que les autres le sont moins. Il n'y a rien de malsain dans le fait de prendre conscience de ses points forts ; cela fait même partie intégrante du processus de renforcement de l'estime de soi. Par conséquent, si vous êtes réticent à l'idée de vous mettre en valeur, balayez vos scrupules et allez de l'avant.

Lorsque je fais faire cet exercice aux concurrents de *Qui perd gagne*, les choses démarrent en général assez lentement parce qu'ils ont terriblement peur de passer pour des personnes «vantardes» ou «arrogantes». Je me sers donc d'un petit jeu que j'appelle «C'est moi la première» et qui se déroule comme suit : Je commence par faire une affirmation positive à mon sujet. Puis vient leur tour de dire quelque chose qu'ils aiment les concernant. Une fois que les candidats m'ont entendue faire mon propre éloge, ils se sentent plus à l'aise à l'idée d'en faire autant. Par conséquent, je vais vous donner l'exemple ici aussi :

J'apprécie mon courage.
Je suis fière de mon corps.
J'apprécie mon sens de l'humour. (Je vous jure que je suis drôle.)
J'apprécie mon dynamisme et ma détermination.
J'apprécie le fait d'être une personne intelligente et intéressante.
J'apprécie le fait d'être généreuse et d'être digne de la générosité des autres.
J'aime mes yeux – ils sont magnifiques.
J'apprécie le fait d'être une excellente motocycliste.
J'aime à savoir que je contribue à changer le monde.
J'apprécie le fait que j'ai beaucoup de goût en matière de vernis à ongles.

Comme vous pouvez le constater, je pourrais continuer ainsi pendant un bon moment. Mais, comme vous voudrez probablement terminer ce livre un jour ou l'autre, je m'arrête ici. Par conséquent, c'est à votre tour maintenant. Notez *au moins* dix qualités que vous appréciez chez vous-même ou dont vous êtes fier. Chaque fois que vous vous sentez misérable, consultez cette liste et lisez-la à haute voix, histoire de vous rappeler que vous êtes quelqu'un de formidable. Faites-en autant lorsque vous vous sentez en pleine forme, histoire de vous rappeler que vous êtes *vraiment* quelqu'un de formidable.

Je ne vais pas vous raconter d'histoires en prétendant que cela va provoquer des changements immédiats dans votre vie. Il ne s'agit pas d'une formule magique.

Il vous faudra du temps et vous devrez mettre soigneusement en application tout ce que vous apprendrez dans ce livre pour espérer changer de façon radicale l'image que vous avez de vous-même et vivre au maximum de vos possibilités.

Sachez faire preuve de ténacité et d'audace. Plus vous mettrez ces techniques en pratique, plus vous en sentirez les effets. Tâchez d'enregistrer des affirmations positives et de les faire jouer pendant vos séances d'entraînement. Affichez-les sur le bureau de votre ordinateur de manière à les voir lorsque vous êtes au travail. Répétez-les en vous regardant dans le miroir chaque fois que cela est possible, notamment le matin au réveil et le soir avant de vous coucher.

Permettez-moi de demander à ceux d'entre vous qui s'imaginent que tout ça n'est que du charabia ou qui repensent en riant aux sketchs d'Al Franken : quels résultats obtenez-vous en parlant en mal de vous-même ? Je parie qu'ils ne doivent pas être fameux. Par conséquent, exercez-vous à vous dire des choses aimables, pour faire changement ! Même si vous n'y croyez pas. Comme je le dis toujours (tous ensemble maintenant), « il faut parfois faire semblant avant de pouvoir faire ».

APPRENEZ À ACCEPTER – ET À FAIRE – UN COMPLIMENT, BON SANG !

Les compliments constituent sans aucun doute l'un des moyens les plus simples et les plus rapides qui puissent exister de renforcer la confiance de quelqu'un. Et pourtant, pour une raison inconnue, la première chose que la plupart des gens font lorsqu'ils reçoivent un compliment, c'est de le faire dévier. « J'aime tes cheveux. – Oh, merci. Je n'arrivais pas à les coiffer ce matin. » « J'aime ton pull. – Oh, merci, mais je ne suis pas sûr qu'il va avec mon pantalon. » « J'aime ton pantalon. – Oh, merci. Je l'ai acheté en solde. »

Franchement, revenez-en et acceptez le foutu compliment. Même si vous n'y croyez pas ou si vous pensez qu'il a été fait avec une arrière-pensée, dites simplement merci et acceptez-le, il est à vous.

À l'inverse, faire des compliments constitue une excellente façon de projeter votre confiance en vous sur votre entourage. Lorsque vous n'êtes pas avare de compliments sincères, vous faites savoir aux autres que vous appréciez leurs qualités et que celles-ci ne représentent pas une menace à vos yeux. (Sans compter que cela incite habituellement les autres à vous retourner le compliment, ce qui ne fait jamais de tort.)

VENEZ EN AIDE AUX AUTRES

Aider quelqu'un constitue l'un des moyens les plus puissants qui soient pour raviver le sentiment de sa propre valeur et renforcer son ego. C'est une technique que j'ai beaucoup utilisée dans le cadre de *Qui perd gagne* et de *Losing It with Jillian*[26]. Au cours de la neuvième saison de *Qui perd gagne,* par exemple, nous avons accueilli un candidat prénommé Michael. Si vous avez regardé l'émission, vous vous souviendrez peut-être du fait qu'à 239 kilos (526 livres), il était le plus gros participant que nous ayons jamais eu. Je voyais bien qu'il avait de ce fait l'impression d'être le dernier des parias. Mais il était déterminé et résolu à faire tout ce qui était nécessaire pour perdre du poids. Il a écouté tout ce que Bob et moi avions d'informations à transmettre concernant la nutrition et il a scrupuleusement mis nos conseils en pratique. Il a travaillé sans relâche au gymnase et il a accepté sans rechigner tous les sévices que nous lui avons infligés. Il a battu tous les records de perte de poids jamais établis dans le cadre de l'émission, au point de devenir une vraie star. Mais il était incapable de voir ses qualités, parce qu'il s'agissait de quelque chose de trop nouveau et de trop inhabituel pour lui.

Un jour que nous étions tous au gymnase, j'ai remarqué qu'une autre participante, Ashley, avait de la difficulté à faire ses sprints. J'ai alors demandé à Michael de l'encourager. Il a été tout étonné de voir que je lui demandais à *lui* d'aider quelqu'un d'autre. Il était le plus lourd de tous – en quoi aurait-il bien pu être utile à qui que ce soit? Au début il a protesté, mais j'ai insisté. Alors Michael s'est mis en frais d'«entraîner Ashley» pendant que je m'occupais des autres candidats. Il est parvenu à l'aider et, à la fin de la journée, il marchait sur un nuage.

En confiant à Michael la responsabilité d'aider quelqu'un d'autre, je lui ai indirectement fait savoir qu'il avait de l'expérience, des compétences et des aptitudes qui étaient précieuses. Le fait d'aider Ashley lui a donné une raison d'être et une importance considérable, et, pour la première fois, il a pu se rendre compte qu'il possédait des qualités. Il a compris qu'Ashley avait réussi en partie grâce à lui, à sa force, à ses connaissances et à son enthousiasme. Lorsqu'il a quitté le gymnase ce jour-là, il n'était plus le même homme: il avait pu mesurer toute l'étendue de son potentiel. Est-il encore besoin pour moi d'ajouter – à moins que vous ne l'ayez déjà deviné ou vu à la télé – que Michael

---

[26]. Traduction libre: «Perdez du poids avec l'aide de Jillian». Il s'agit d'une nouvelle série d'émissions de télé-réalité au cours desquelles l'auteur vient en aide à des familles dont les membres souffrent d'obésité. (*N.D.T.*)

a été le grand gagnant de cette saison-là et qu'il a perdu plus de poids que tout autre dans toute l'histoire de *Qui perd gagne*?

Lorsque vous venez en aide à quelqu'un, vous reconnaissez – et laissez entendre aux autres – implicitement que vous êtes doué pour quelque chose, que vous avez des connaissances et de l'expérience à transmettre et que vous êtes en mesure, à votre manière et à votre propre niveau, d'apporter votre contribution au monde.

Cela dit, pour ceux d'entre vous qui auraient une bien piètre opinion d'eux-mêmes, je dois être très claire sur un point : il ne faut pas confondre le fait de venir en aide aux autres avec de la codépendance, pas plus qu'il ne convient d'aider les autres à votre propre détriment. Il s'agit d'être à l'aise de transmettre quelque chose, en sachant que vous pouvez redonner une partie de ce que vous avez reçu. Après avoir quitté l'émission, plusieurs de nos candidats deviennent entraîneurs à leur tour, que ce soit de manière officielle ou non. Lorsqu'ils rentrent chez eux, ils sont en pleine forme et vigoureux, et ils ne peuvent s'empêcher de sensibiliser leur famille, leurs amis et, dans certains cas, tout leur voisinage aux bienfaits qui découlent du fait d'avoir de saines habitudes de vie.

Koli, de la neuvième saison, était un excellent footballeur ; il a donc décidé d'entraîner de jeunes enfants. Pete, de la deuxième saison, est devenu spécialiste en conditionnement physique. Michelle, de la sixième saison, est devenue conférencière ; elle parcourt le pays afin d'inciter les femmes à s'émanciper. Je pourrais continuer ainsi pendant longtemps. Le fait est que ce genre de travail aide les gens à rester dans le droit chemin, en plus de leur rappeler quotidiennement quelles sont leurs compétences et leur valeur.

J'aimerais que vous songiez aux choses pour lesquelles vous êtes doué et aux moyens simples grâce auxquels vous pourriez aider les gens au jour le jour. Il existe très peu de façons aussi stimulantes et aussi enivrantes pour bâtir la confiance en soi. Je vous assure que le fait de venir en aide aux autres constitue en définitive l'une des meilleures façons que vous puissiez trouver pour vous aider vous-même.

CONSEILS, TRUCS ET ASTUCES DESTINÉS À RENFORCER L'ESTIME DE SOI

- **Faites quelque chose que vous avez laissé en suspens depuis un certain temps.** En matière d'estime de soi, même le simple fait de prendre soin de vous peut vous faire beaucoup de bien. Même lorsqu'il s'agit de quelque chose d'aussi banal que de faire la lessive, de faire le ménage dans votre garde-robe ou de vous préparer un repas savoureux au lieu de vous faire livrer un plat à domicile, vous envoyez comme message à tout votre être que vous méritez de vous accorder du bon temps et que vous êtes capable d'être indulgent envers vous-même.

- **Faites de l'exercice!** Évidemment, pour moi cela va de soi, puisque j'ai écrit des bouquins complets sur ce sujet. Les exercices renforcent énormément la confiance en soi, et ce de plusieurs façons. Ils vous permettent de vous réjouir de votre nouvelle apparence; ils libèrent dans le cerveau des substances qui améliorent l'humeur et vous aident à vous sentir mieux en général; et ils font savoir, à vous-même et au reste du monde, que vous valez la peine de prendre soin de vous. Enfin, lorsque vous vous sentez fort physiquement, vous vous sentez également solide dans d'autres domaines de votre vie.

- **Prenez régulièrement rendez-vous chez le médecin et le dentiste, et n'oubliez pas qu'il est très important d'avoir une bonne hygiène de vie.** Il suffit de choses simples, comme de tailler vos ongles, de prendre soin de vos dents, de tailler vos cheveux et de les garder en bonne santé, pour vous sentir plus séduisant. Prenez soin de votre santé en passant un examen médical annuel ou en faisant nettoyer vos dents deux fois par an. Cela vous donnera le sentiment de votre importance et renforcera l'idée que vous comptez vraiment. Lorsque vous ne prenez pas soin de vous, cela équivaut à de la négligence. Or, peu importe que vous vous négligiez vous-même ou que quelqu'un d'autre vous néglige (l'un conduit généralement à l'autre), le résultat sera le même: vous vous sentirez inadapté. Refusez qu'il en soit ainsi. Vous êtes quelqu'un d'important, alors traitez-vous en conséquence.

- **Exprimez-vous!** Cela peut paraître insensé, mais s'il y a bien une chose qui donne encore et toujours des résultats, c'est le fait de suivre un cours d'art oratoire. Peut-être redoutez-vous de vous adresser à une foule de gens, mais il n'y a pas de meilleure façon de doper votre confiance en vos propres capacités que de communiquer aisément vos idées aux autres. En suivant un tel cours, vous aurez l'assurance de pouvoir apprendre dans un environnement sûr où chacun s'initie comme vous à l'art de parler en public. Même si l'occasion ne se présente jamais de mettre vos connaissances en pratique, ce que vous apprendrez là pourra vous aider à mieux communiquer avec les autres dans tous les domaines.

- **Sachez apprécier vos amis.** Organisez une séance au cours de laquelle vous et vos amis ou vos proches vous complimentez mutuellement. Prenez le temps de parler à tour de rôle de ce que vous appréciez chez les uns et les autres. Cela peut paraître un peu ridicule, mais ça fonctionne réellement et chacun finit par en éprouver un sentiment de bien-être.
- **Souriez!** Sourire est l'un des actes de gentillesse les plus simples et les plus puissants qui soient. Il existe même une théorie qui confirme ce que j'affirme: la théorie de la réaction faciale. Les expressions du visage envoient d'importants messages à notre cerveau, ce qui n'a rien d'étonnant. Lorsque les gens nous sourient – des amis, des étrangers, des collègues ou peu importe –, cela contribue, de manière certes négligeable mais néanmoins significative, à renforcer notre estime de nous-mêmes. Si vous souriez à quelqu'un, il va probablement vous sourire en retour. Le fait de faire un effort conscient pour sourire davantage jour après jour vous rendra plus heureux et plus confiant à long terme.

Vous venez tout juste de passer à travers la partie la plus intensive de ce livre, la plus exigeante pour votre cœur et votre esprit. La première étape en constituait la partie magique, qui vous a permis de vous libérer et de laisser aller votre imagination. Mais la deuxième étape vous a demandé un véritable effort. C'est là que le gros de votre travail a commencé et va se poursuivre longtemps après que vous aurez mis ce livre de côté. (Juste à titre d'information, la troisième étape est aussi simple à suivre qu'un manuel d'instructions, mais nous n'en avons pas encore fini avec le présent chapitre.)

Je vous ai dit dès le départ que la lecture de cet ouvrage exigerait beaucoup de courage de votre part. Mais qui ne risque rien n'a rien. Si vous ne faites pas les exercices proposés, vous suffoquerez sous le poids de l'image négative que vous avez de vous-même. Vous devez affronter vos démons ou votre vie ne vous apportera aucune satisfaction.

Ne soyez pas comme un aveugle qui avance en s'appuyant contre un mur. Avez-vous jamais entendu cette expression: «Craindre la mort, c'est craindre la vie»? Le fait de fuir, de nier, de refuser ou de négliger la réalité à cause de la peur équivaut à une mort spirituelle. C'est la raison pour laquelle ce que vous faites ici constitue l'œuvre la plus utile que vous puissiez jamais accomplir.

Par conséquent, maintenant que vous avez entrepris ce travail, il est temps pour vous de prendre quelques risques, de sortir de votre zone de confort et de saisir la vie à bras le corps. Permettez-moi de vous rappeler que, lorsque je parle de prendre des risques, je ne vous demande pas de commettre quelque acte stupide ou d'agir par bravade. Je parle d'agir intelligemment, en prenant des risques calculés et en vous assurant d'être aussi préparé à réussir qu'il est humainement possible de l'être. Encore une fois, cela ne veut pas dire que vous n'échouerez pas. Croyez-moi, vous connaîtrez immanquablement des déboires. Dieu sait que cela m'est arrivé, comme cela arrive à tout le monde. Mais ce qui vous attend en bout de ligne, ce sont des résultats tangibles et un changement en mieux.

Voyez la chose comme suit : imaginons que vous ayez peur des hauteurs et que vous décidiez de surmonter cette peur en allant faire du parachutisme. Allez-vous trouver un beau jour le courage de sauter comme ça d'un avion à une altitude maximale ? Certainement pas ! Ou du moins j'espère sincèrement que non. Dans un premier temps, vous allez prendre des renseignements sur cette activité sportive, dénicher la meilleure entreprise qui la propose, trouver le meilleur équipement à utiliser et déterminer les endroits les plus sûrs où la pratiquer. Vous allez ensuite chercher un instructeur en qui vous avez confiance et qui vous enseignera comment emballer votre parachute. Vous vous assurerez d'avoir un parachute de secours au cas où. Vous étudierez la topographie des lieux, de manière à ne pas sauter en pleine forêt, en pleine montagne ou au milieu de l'océan. Ce n'est que lorsque vous aurez analysé la situation, minimisé les facteurs de risque et pris toutes les mesures destinées à garantir le succès de l'opération, et uniquement à ce moment-là, que vous sauterez dans le vide.

Cela semble plein de bon sens, mais, lorsqu'il s'agit de nos vies, nous nous contentons bien souvent d'apparaître dans le décor, de sauter dans le vide et d'en payer le prix par la suite à cause de notre manque de préparation. Mais ce temps-là est fini. Pour le saut que vous vous apprêtez à faire dans la vie, vous devez faire preuve de la même concentration et employer les mêmes techniques de planification que si vous alliez faire du parachutisme. Dans la partie suivante, nous allons justement voir comment faire en sorte que vos meilleures intentions fassent l'objet d'une réflexion attentive et bénéficient d'un plan d'action stratégique, de manière à améliorer ainsi vos chances de réussite. Préparez-vous par conséquent à sauter !

TROISIÈME ÉTAPE
ACTION

....

Avant d'aller plus loin, prenez quelques instants pour reconnaître que vous avez accompli d'énormes progrès jusqu'à présent. Vous avez appris non seulement à entrevoir la vie à laquelle vous aspirez, mais aussi à effectuer le travail d'introspection nécessaire pour vous lancer résolument à la poursuite de vos rêves.

C'est fantastique !

Et maintenant ?

Comme vous le savez sans doute, il ne suffit pas d'avoir des pensées positives et de se sentir bien dans sa peau pour voir ses désirs s'accomplir. Pour réussir dans la vie, il faut savoir passer à l'action. Oui, mais comment ? Par où commencer ? Sans objectif et sans plan d'action précis, on court tout droit à la catastrophe. Heureusement, vous n'avez pas à vous inquiéter à ce sujet. Cette troisième étape porte exclusivement sur les démarches concrètes que vous pourrez entreprendre pour parvenir à vos fins. Certaines ont trait au plan professionnel, d'autres à la vie privée ; mais, quel que soit le domaine sur lequel vous souhaitez concentrer vos efforts, je vais vous fournir tous les outils dont vous aurez besoin pour réaliser tous vos rêves... et bien plus encore.

Mais auparavant, nous allons reprendre le chemin de l'école...

Chapitre 9

RENSEIGNEZ-VOUS, PUIS METTEZ-VOUS À L'OUVRAGE !

Pour peu que nous estimions que le jeu en vaut la chandelle et que nous ayons les capacités voulues, tous les changements possibles et imaginables sont à notre portée. Nous allons donc mettre à présent l'accent sur l'acquisition des aptitudes qui vont nous permettre d'atteindre nos objectifs. En effet, dans quatre-vingt-dix-neuf virgule neuf pour cent des cas, nous échouons faute d'avoir été préparés à affronter les difficultés. Vous n'êtes pas paresseux, vous n'êtes pas né sous une mauvaise étoile et vous n'êtes pas voué à une vie d'échec à cause de votre bagage génétique. Il est plus que probable que vous ignoriez tout bonnement *comment* procéder ou que vous ne disposiez pas de suffisamment d'informations pour pouvoir aller de l'avant avec vos projets.

La solution consiste à ne jamais cesser d'apprendre. Qu'il s'agisse de tirer des leçons de vos erreurs ou d'acquérir de nouvelles connaissances, chaque parcelle de savoir supplémentaire constitue un outil de croissance de plus qui vous aidera à résoudre les problèmes que vous aurez à surmonter.

Il ne fait aucun doute que savoir c'est pouvoir. Si vous disposez de renseignements pertinents, vous pourrez faire des choix éclairés qui vous permettront de mener vos projets à terme. Une formation adéquate contribuera à rendre vos démarches plus cohérentes, en plus de vous procurer un net avantage sur vos concurrents en milieu professionnel. Sans cet outil, vos efforts risquent de ressembler à une boule de démolition qui échapperait à tout contrôle et de se révéler contre-productifs. Assurez-vous par conséquent d'apprendre un maximum de choses au sujet de l'objectif que vous espérez atteindre. N'attendez pas que ces renseignements vous arrivent tout cuits dans le bec – prenez l'initiative de vous informer par vous-même. Voici quelques façons de démarrer.

FAITES VOS DEVOIRS !

Faites des recherches avant d'entreprendre quelque projet que ce soit. Un peu comme dans le cas de l'analogie avec le parachutisme que nous avons établie au chapitre 8, vous serez en mesure, grâce aux informations que vous aurez obtenues, d'élaborer un plan d'action efficace qui vous évitera de courir des risques inutiles et vous aidera à obtenir des résultats intéressants. Il n'est ni difficile ni onéreux de planifier vos démarches. Il suffit de faire preuve d'un peu de patience et de persévérance. Prenez le temps de vous renseigner sur votre projet. Lisez des livres, regardez des documentaires, écoutez des podcasts et faites des recherches sur Internet à ce sujet. L'informatique permet d'avoir accès à une infinité de sources de renseignements sur presque tous les domaines. Peut-être n'entrerez-vous pas directement en contact avec un expert en procédant ainsi, mais le grand avantage avec la technologie d'aujourd'hui, c'est que vous ne dépendez de personne pour obtenir les informations dont vous avez besoin.

Vous ne pouvez pas vous imaginer le nombre de personnes anxieuses ou découragées qui viennent me trouver quotidiennement en me disant qu'elles « n'arrivent pas à maigrir ». Elles sont tout simplement mal informées, car chaque être humain est en mesure de perdre du poids – ça fait partie de notre bagage génétique. La clé du problème se trouve dans la façon de s'y prendre. Lorsque je les interroge, il devient évident pour moi qu'elles ignorent tout des données scientifiques qui existent à ce sujet et qu'elles sont par conséquent dans l'incapacité de prendre les mesures appropriées pour maigrir.

Elles ignorent quelle quantité de calories elles ont le droit d'absorber, quelle quantité de calories leur organisme brûle, dans quelle mesure certains aliments influencent leur métabolisme naturel, et ainsi de suite. Une fois que je leur ai enseigné les règles de base en la matière, elles sont en mesure de faire des choix judicieux, tant en termes d'aliments que d'exercices, avec comme résultat qu'elles arrivent enfin à maigrir. Pourtant, toute l'information nécessaire était déjà là ; elles auraient pu s'épargner des années de soucis et de déceptions si elles s'étaient donné la peine de chercher.

J'en entends certains rouspéter parmi vous en ce moment : « J'ai acheté une série de livres et suivi une série de régimes à la mode les uns après les autres, et je n'ai toujours pas obtenu de résultats ou de "bonnes" informations ! » Si telle est votre opinion, vous soulevez un bon point. On trouve tellement d'informations contradictoires ici et là, comment savoir à quelles sources se fier?

Renseignez-vous auprès de sources fiables, qui peuvent démontrer qu'elles ont obtenu de bons résultats par le passé. Efforcez-vous toujours de recueillir des éléments de preuve, des données et des témoignages qui attestent de la crédibilité des renseignements qui vous sont fournis.

Par exemple, si je veux en savoir plus long sur la planche à neige, je vais d'abord vérifier si Shaun White[27] a sorti un livre, un jeu vidéo, un DVD ou un podcast sur le sujet. Compte tenu du fait qu'il a remporté une médaille d'or aux Jeux olympiques d'hiver dans cette discipline, j'estime que cela suffit à faire de lui un expert de premier plan à ce chapitre. Il en est de même avec Roger Federer en ce qui a trait au tennis, Meryl Streep en ce qui concerne l'art de l'interprétation dramatique ou Suze Orman en matière de conseils financiers. En d'autres termes, ne demandez pas des conseils sur l'alimentation à votre beau-frère, pour l'amour du ciel! À moins, bien sûr, que ce dernier soit diététicien professionnel ou entraîneur agréé. Si vous prenez vos informations auprès de personnes qui font autorité sur une question et qui obtiennent régulièrement des résultats fiables, vous pouvez avoir l'esprit tranquille.

Étant donné que «tous les chemins mènent à Rome», il arrive parfois que plusieurs spécialistes proposent diverses solutions visant à aboutir à un même résultat. Voilà une autre raison pour laquelle il est essentiel de se renseigner adéquatement sur un sujet donné. Assurez-vous par conséquent de recueillir un maximum d'informations, de les adapter à votre personnalité, puis d'adopter la ligne de conduite qui vous semble la mieux appropriée.

Dans la plupart des cas, le chemin de la connaissance est relativement bien balisé et assez droit, qu'il s'agisse de médecine, de droit ou de planche, mais, dans certains cas, comme lorsqu'il s'agit de perdre du poids, vous risquez de tomber sur des charlatans. L'appât du gain va toujours de pair avec demi-vérités et mensonges. Par conséquent, si quelque chose vous semble trop beau pour être vrai, c'est assurément le cas. Faites appel à votre gros bon sens et faites confiance à votre intuition pour éviter les escroqueries. Nous savons tous qu'il est impossible de perdre du poids tout en mangeant n'importe quoi,

---

27. Planchiste américain professionnel, Shaun White est connu pour avoir remporté de nombreuses compétitions de planche à neige et de planche à roulettes, et pour participer à des sports extrêmes. (Cf. http://fr.wikipedia.org/wiki/Shaun_White.) (*N.D.T.*)

qu'il n'existe pas de pilule miracle qui remplace les exercices physiques et qu'il ne suffit pas de monter et descendre les escaliers pour maigrir. N'essayez pas de prendre de raccourcis. Apprêtez-vous plutôt à consacrer le temps et les efforts nécessaires à la réussite de vos projets. Quatre-vingt-dix-neuf pour cent du temps, nous nous laissons induire en erreur par des personnes qui misent sur notre nonchalance, mais elles ne peuvent vous vendre leur salade que si vous êtes disposé à l'acheter.

Se renseigner adéquatement avant de passer à l'action constitue le facteur clé qui permet de faire la différence entre la réussite et l'échec. La manière dont vous obtenez cette information importe peu, que ce soit par l'intermédiaire d'une personne, d'un livre, d'Internet, d'un DVD, d'une émission de radio ou d'un podcast. Les réponses que vous cherchez existent quelque part. Trouvez-les, puis utilisez-les comme autant d'outils qui vont vous aider à faire des choix judicieux visant à améliorer votre qualité de vie.

UN BRIN D'HISTOIRE NE VOUS FERA PAS DE TORT

Nous commettons parfois l'erreur de sous-estimer l'importance de connaître l'histoire entourant une activité, un métier ou tout autre domaine dont nous souhaitons acquérir la maîtrise. Existe-t-il des experts en la matière dont vous pourriez étudier les faits et gestes ? Existe-t-il des données statistiques et des tendances dont vous pourriez analyser l'évolution ? Des changements dont vous devriez connaître l'existence se sont-ils produits au fil du temps ? Chaque génération s'appuie sur les connaissances de celles qui l'ont précédée ; par conséquent, plus vous saurez de choses sur ce qui est survenu dans le passé, plus vous serez en mesure de révolutionner les méthodes qui ont cours actuellement... et de passer pour un innovateur dans l'avenir.

Le monde de l'astronomie nous en fournit un exemple flagrant. (Je doute que vous vouliez devenir physicien ou astronome, mais continuez à lire et vous verrez où je veux en venir.) Pendant des millénaires, les populations de la Terre ont cru que celle-ci était le centre de l'Univers. Mais, au XVIe siècle, Copernic a élaboré la théorie de l'héliocentrisme selon laquelle la Terre tournait autour du Soleil et non l'inverse. Vers 1610, Galilée a construit le premier télescope, un exploit insignifiant en soi mais qui lui a néanmoins permis de corroborer l'hypothèse de Copernic, tout en la modifiant légèrement : selon lui, le Soleil se trouvait bel et bien au centre de notre système planétaire, mais pas de l'Univers. En se basant sur les observations faites par ses prédécesseurs, Kepler a pu ensuite énoncer les lois concernant le mouvement des planètes autour du Soleil. Un siècle plus tard, Sir Isaac Newton s'est appuyé sur les calculs de Kepler pour échafauder sa théorie de l'attraction universelle. Einstein a par la suite ébranlé cette théorie grâce à ses travaux sur la relativité. Enfin, Stephen Hawking est entré en scène avec ses travaux révolutionnaires sur le big-bang et les trous noirs. De nos jours, les réflexions des chercheurs en physique théorique portent sur une « théorie du tout » qui constituerait une explication ultime de la nature ou de la réalité ; il en découle que de nouveaux domaines passionnants, dont la théorie des cordes et la théorie des membranes, font actuellement l'objet de leurs études.

Loin de moi l'idée de vous donner des maux de tête avec ce rappel historique : j'essaie simplement de vous expliquer de quelle façon un domaine évolue au fil du temps et dans quelle mesure l'étude des découvertes antérieures permet de nouveaux développements. Certes, le fait de se lancer à son compte dans l'industrie du vêtement (pour prendre cet exemple) n'a pas grand-chose à voir avec la découverte des secrets de l'Univers. Mais les mêmes principes s'appliquent quelle que soit la sphère d'activité. Si je n'avais pas étudié ce que les experts en nutrition et en diététique ont découvert avant moi, jamais je n'aurais pu écrire *Maîtrisez votre métabolisme*. (Mais le fait d'avoir une endocrinologue de renommée mondiale et une chercheuse en sciences de la santé comme partenaires d'écriture ne m'a pas nui non plus !) Alors prenez bonne note : si vous espérez progresser dans votre domaine, étudiez-le à fond de manière à pouvoir améliorer et corriger ce qui existe, pour ensuite innover à partir de là !

QUELQU'UN POUR VEILLER SUR MOI

Un mentor peut vous faire gagner un temps fou en vous permettant d'aboutir à des résultats plus rapidement. Dans presque tout ce que nous voulons entreprendre, il n'existe pour ainsi dire aucun guide pratique qui nous indique quelles notions il convient d'apprendre et de perfectionner, et dans quel ordre il convient de le faire. Par conséquent, il peut être difficile pour un novice de déterminer quelles compétences il devrait acquérir et quelles dispositions il devrait prendre. Lorsque vous débutez, il n'y a rien de mal à demander de l'aide et des conseils à quelqu'un de mieux avisé que vous. Je vous assure que beaucoup, parmi les personnes les plus puissantes et les plus couronnées de succès auxquelles vous pourriez songer, ont procédé de cette façon.

Permettez-moi de vous raconter une histoire personnelle. Mon associé, Giancarlo Chersich (que j'appelle affectueusement G. C.), et moi-même avons pu rencontrer Suze Orman dans le cadre d'une manifestation au cours de laquelle elle et moi devions prendre la parole en 2008. Même si l'événement en question n'a pas eu lieu, G. C. et moi avons eu de la chance, puisque Suze et son partenaire, K. T., nous ont pris sous leur aile. Suze nous a donné de précieux conseils, nous suggérant notamment de travailler avec QVC[28] et de nous protéger sur le plan juridique. Elle nous a prévenus que des individus procéduriers allaient « immanquablement » chercher à se faire de l'argent rapidement en intentant des poursuites contre notre entreprise à mesure que j'acquerrais de la notoriété. Elle nous a conseillé de prendre ce qu'on appelle une police d'assurance « erreurs et omissions » pour couvrir les frais de nature juridique en cas de poursuite, et de nous assurer d'être tenus indemnes de toute réclamation de la part de nos partenaires commerciaux (en d'autres termes, ce sont eux qui couvriraient nos frais de justice).

Effectivement, dix-huit mois plus tard, nous avons dû faire face à un procès non fondé, et le conseil de Suze s'est révélé être extrêmement utile et prophétique. Dieu merci, elle continue toujours de nous conseiller ; elle m'a même indiqué quelle est la meilleure période de l'année pour publier le livre que vous lisez présentement. Trouver un bon mentor n'est pas facile, alors examinons quelques stratégies susceptibles de vous aider à dénicher la bonne personne.

Quels sont vos besoins ? Que recherchez-vous au juste ? Des conseils, des contacts et un réseau d'entraide ? Une tierce partie neutre et efficace qui puisse être à l'écoute lorsque vous traversez une période difficile ? Plus vous serez précis, plus il vous sera facile de trouver quelqu'un susceptible de vous aider en fonction de vos besoins.

Dressez une liste de candidats potentiels. Tout en ayant ce qui précède à l'esprit, notez quels sont les experts qui possèdent les qualités que vous recherchez. Il est important, à cette étape-ci, de garder l'esprit ouvert et de prendre en compte un maximum de personnes. Quelqu'un à qui vous n'aurez pas

---

28. QVC est une multinationale américaine qui propose des services de télé-achat. (Cf. http://en.wikipedia.org/wiki/QVC.) (*N.D.T.*)

songé de prime abord pourrait très bien se révéler être le mentor dont vous avez besoin. Il ou elle pourrait vous aider d'une manière imprévue ou insoupçonnée. Il existe plusieurs types de mentors. Commencez à prospecter parmi les membres de votre entourage immédiat (parents et amis), puis étendez vos recherches à vos enseignants et à vos collègues de travail. Si vous êtes membre d'un groupe, pourquoi ne pas vous adresser à la personne qui en est responsable? Avez-vous un guide spirituel? Songez à une personne de votre connaissance, car il est toujours plus facile de s'adresser à quelqu'un que l'on connaît qu'à un inconnu, bien qu'il ne faille pas exclure cette dernière possibilité. Ce qui m'amène au point suivant.

Déterminez de quelle façon vous entendez procéder. Établissez un plan d'attaque et préparez un scénario avant de demander à quelqu'un de devenir votre mentor. Si vous ne connaissez pas déjà cette personne, commencez par en apprendre davantage sur elle; vous aurez ainsi une meilleure idée de la manière de mettre vos atouts en valeur afin d'être pris au sérieux. Réfléchissez à la façon dont vous allez communiquer avec elle: par téléphone, par courriel, par courrier, dans le cadre d'un déjeuner, d'une réunion… Expliquez-lui pourquoi vous l'avez choisie et quel type de conseils vous aimeriez recevoir. Si cette personne n'est pas en mesure de vous aider, ne vous découragez pas. Demandez-lui de vous suggérer le nom d'autres personnes susceptibles de vous rendre ce service, ou remerciez-la tout simplement de vous avoir accordé un peu de son temps et poursuivez vos démarches. Surtout, ayez une attitude positive et gardez l'esprit ouvert. Le moment venu, vous rencontrerez la bonne personne.

Aspirez à devenir la personne que vous admirez. Les personnes que vous admirez énormément peuvent être inaccessibles pour une raison ou pour une autre. J'ai compris très tôt dans ma carrière qu'Oprah Winfrey était probablement trop occupée pour prendre sous son aile une entraîneuse sportive œuvrant dans le cadre d'une émission de télé-réalité. Je ne pouvais peut-être pas prendre le café avec elle, mais je pouvais à tout le moins me renseigner sur elle et tirer des enseignements de sa vie en faisant en sorte d'en apprendre davantage sur elle. L'étude de la vie et du parcours des personnes qui ont accompli des choses que vous aimeriez réaliser constitue un excellent moyen d'apprentissage et un outil à ne pas sous-estimer. Il est difficile d'aspirer à quelque chose lorsqu'on n'a aucun modèle à suivre. Les grands maîtres des échecs sont reconnus pour analyser jusqu'à en loucher les parties historiques entre anciens maîtres, comparant les coups de ces derniers avec ceux qu'eux-mêmes auraient pu jouer et s'efforçant de détecter les erreurs commises par leurs prédécesseurs.

Ne vous contentez pas d'un seul exemple. Les temps changent et il faut savoir prendre en compte les événements particuliers et les circonstances fortuites. J'ai étudié la carrière de gourous de la forme physique, de spécialistes de la motivation, de concepteurs de marque, de journalistes et de représentants de la culture pop – de Jane Fonda et Richard Simmons à Martha Stewart, en passant par Oprah Winfrey, Anthony Robbins, Eleanor Roosevelt, Barbara Walters, etc. Toutes ces personnes ont atteint des objectifs auxquels j'aspire et je ne cesse de me laisser guider et inspirer par elles chaque fois que je prends connaissance ce qu'elles ont accompli. Comment ont-elles débuté ? Comment s'y sont-elles prises pour réussir ? Quel a été leur parcours ? Cela m'a aidée à décider par où commencer et à éliminer ce qui ne m'était pas indispensable.

Soit dit en passant, ce principe s'applique à tout ce que vous décidez d'entreprendre, que ce soit sur le plan professionnel ou personnel. Supposons que vous vouliez perdre du poids. Tournez-vous vers les gens qui ont réussi à maigrir dans votre entourage. Peut-être connaissez-vous un collègue qui a récemment perdu vingt kilos, par exemple. Demandez-lui comment il s'y est pris, qu'est-ce qui a bien fonctionné dans son cas, comment il est parvenu à franchir les inévitables paliers, à quelle fréquence il a fait de l'exercice, quels types d'exercices ont été les plus efficaces, quels sont les aliments qu'il évitait de consommer, et ainsi de suite.

NE MISEZ PAS TOUT SUR LE MÊME CHEVAL

Tout en acquérant des connaissances dans un domaine particulier, n'oubliez pas que votre intention n'est pas uniquement d'accumuler des informations en provenance de diverses sources, mais d'en faire une synthèse destinée à vous permettre de progresser vers votre objectif. Lorsque vous étudiez la vie des personnes qui ont réussi, soyez particulièrement attentif à l'ordre dans lequel les événements se sont succédé. Martha Stewart a travaillé pendant cinq ans pour la revue *Family Circle*, l'un des magazines les plus prospères de sa catégorie, avant de lancer son propre magazine, *Martha Stewart Living*. Il ne fait aucun doute qu'au cours de ces cinq années elle a appris énormément de choses qui l'ont aidée à connaître un franc succès avec *Martha Stewart Living*. J'envisageais de suivre son exemple dans mon domaine. Il y a quelques années, l'occasion de lancer mon propre magazine s'est présentée à moi, mais, après avoir repensé au parcours qu'avait suivi Martha Stewart, j'ai décidé d'y renoncer. J'ai plutôt accepté de travailler comme collaboratrice au magazine *Self*, la revue portant sur la santé des femmes la plus populaire sur le marché à l'heure actuelle. J'ai jugé qu'à long terme il serait sans doute préférable pour moi de m'associer à une maison d'édition qui connaît du succès et d'apprendre ainsi auprès d'un chef de file dans ce secteur *avant* de voler de mes propres ailes le moment venu.

Mise en garde importante : évitez, pour plusieurs raisons, de prendre une seule et même personne pour modèle. Soyez à l'affût des changements qui se produisent dans notre monde en constante mutation. Notre univers est en mouvement ; par conséquent, vous devez toujours être prêt à réviser vos connaissances et à adapter votre plan de match en fonction des événements. Pour en revenir à mon exemple de magazine, je me rends compte maintenant que, vu le climat qui règne de nos jours sur les plans environnemental, économique et technologique, de plus en plus de gens cherchent à se divertir et à s'informer en ligne, de sorte que le magazine papier est en passe de subir le même sort que les dinosaures. La baisse des revenus publicitaires contraint en effet de nombreux magazines à cesser leurs activités. Mon avenir pourrait donc fort bien se trouver ailleurs que dans ce domaine, après tout. Les temps ont changé depuis l'époque de Martha Stewart ; je tiens compte de cette évolution et je m'adapte en conséquence en mettant actuellement l'accent sur le contenu de mon site Internet JillianMichaels.com.

Si vous voulez atteindre vos objectifs, il est absolument indispensable, dans un premier temps, que vous appreniez un maximum de choses sur le domaine qui vous intéresse. Ce n'est que lorsque vous serez bien renseigné que vous aurez la possibilité d'agir efficacement et d'opérer des changements concrets et durables dans votre vie. Faute de connaissances, vous échouerez à tout coup parce que vos actions seront dénuées de fondement. Par conséquent, la prochaine étape est très simple : vous devez vous entraîner, c'est-à-dire mettre en pratique ce que vous avez appris. Si vous désirez perdre du poids, vous devez adapter vos comportements en conséquence. Vous devez vous habituer à préparer des repas sains et à faire de l'exercice afin de devenir de plus en plus efficace. Si vous espérez gravir les échelons dans votre sphère d'activité professionnelle, vous devez mettre en pratique les compétences que vous aurez acquises dans ce domaine. C'est en forgeant qu'on devient forgeron, mais à condition de vous entraîner à faire les bonnes choses de la bonne manière.

ENTRAÎNEZ-VOUS SANS RELÂCHE

Je parie que vous vous dites : « S'entraîner, c'est facile. Je peux survoler cette partie. » Détrompez-vous. Si ce chapitre est long, c'est qu'il y a une bonne raison à cela. Le concept que nous allons étudier maintenant comporte de nombreux éléments fondamentaux, alors soyez courageux et demeurez attentif. On prétend souvent que nous héritons – ou que nous sommes dépourvus – de certains talents à la naissance et que nous sommes de ce fait marqués pour la vie. C'est absolument faux. Aucune caractéristique intellectuelle ou physique ne nous empêche de réussir quoi que ce soit ou presque. C'est la raison pour laquelle il est si important de s'entraîner.

Imaginons que vous vouliez retourner aux études ; dans ce cas, vous devrez vous entraîner à passer des tests et à faire des exercices de rédaction. Imaginons que vous vouliez vous affirmer davantage sur votre lieu de travail ; dans ce cas, vous devrez vous entraîner à communiquer et à collaborer avec les autres. Cela semble évident, mais il y a un hic : même si vous y consacrez des heures de travail intensif, comme votre grand-mère vous exhortait à le faire, cela ne suffira pas. En procédant de la sorte, vous pourriez devenir passable, peut-être même bon, mais jamais vous n'excellerez.

Pour atteindre l'excellence, vous devrez effectuer un genre de travail beaucoup plus précis, que j'appelle « entraînement ciblé »[29].

Procéder à un entraînement ciblé, cela signifie prendre des mesures en vue de travailler plus fort et surtout de façon plus INTELLIGENTE à la pour-

---

29. L'expression *target practice* (littéralement : « exercice de tir à la cible »), utilisée par l'auteur dans le texte original, fait explicitement référence aux sports qui demandent de s'exercer à atteindre une cible (tir au fusil, tir à l'arc, football...). Prise au sens large, comme c'est le cas ici, cette expression désigne tout type d'exercice ou d'entraînement qui demande de répéter à plusieurs reprises les mêmes petits gestes ou mouvements s'inscrivant dans un cadre plus général. Comme on le verra plus loin, l'entraînement ciblé (ou spécifique) peut s'appliquer aussi bien à la pratique du golf ou du violon qu'à des démarches en vue de perdre du poids, de trouver un nouvel emploi, de rencontrer l'âme sœur, etc. (*N.D.T.*)

suite de ses objectifs. On peut également parler dans ce contexte d'entraînement *spécifique*. Mais avant d'aborder cette question plus en détail, nous allons déterminer clairement ce sur quoi vont porter vos efforts. Autrement dit, vous allez vous entraîner à faire quoi exactement?

Vous vous demandez sans doute de quoi je veux parler au juste et vous vous dites peut-être: «C'est facile. Je veux pratiquer mon tennis afin d'améliorer mon jeu.» D'accord, mais sur quels aspects de votre jeu allez-vous concentrer vos efforts? Plus précisément, quels volets de votre jeu avez-vous le *pouvoir* de renforcer? Il est inutile de vous inquiéter au sujet votre prochain adversaire ou de vous demander s'il sera meilleur, plus fort ou plus rapide que vous. Par contre, rien ne vous empêche de mobiliser vos énergies en vue d'améliorer votre service, votre revers et votre jeu au filet. En étant ainsi proactif, vous serez plus fort quel que soit votre adversaire.

Par conséquent, vous devez concentrer vos efforts sur ce que vous êtes en mesure de changer et d'améliorer. Souvent, nous sommes d'avis que c'est le monde extérieur qui doit changer avant que nous puissions le faire à notre tour. «Si seulement j'avais un meilleur patron… si seulement j'avais un diplôme… si seulement il y avait plus d'offres d'emplois, j'aurais de meilleures possibilités de carrière. Si seulement j'étais plus mince, je rencontrerais l'amour de ma vie. Si seulement il y avait un gymnase près de chez moi, je pourrais aller m'entraîner. Ah! si seulement…»

Pareille approche réactive ne vous mènera nulle part. Les personnes réactives concentrent leur attention sur les autres et sur les circonstances extérieures, c'est-à-dire sur les choses sur lesquelles elles n'ont aucun pouvoir. Une telle démarche est inutile, car elle ne sert qu'à drainer vos précieuses énergies et à engendrer en vous des sentiments de désespoir et d'infériorité, en plus d'entretenir en vous l'idée que vous êtes victime des circonstances. Sans une approche proactive, vous resterez pris dans une spirale infernale et vous continuerez sans cesse de commettre les mêmes erreurs. Si quelque chose échappe à votre contrôle, peu importent vos efforts ou votre degré d'intelligence, vous ne pourrez vraisemblablement rien y changer.

Si vous souhaitez vous engager sur la voie de la réussite, vous devez apprendre à vous changer de l'intérieur. Que pouvez-vous faire dès à présent pour améliorer votre situation? Pouvez-vous être plus patient, plus déterminé, plus

QUIZ
Êtes-vous proactif ou réactif?

créatif, plus positif, plus compétent ou plus souple ? En adoptant une approche proactive, vous canalisez vos énergies en vue d'agir sur ce que vous avez le pouvoir changer ; une telle attitude vous aidera à maîtriser la plupart des situations et, en fin de compte, à prendre votre vie en main.

Supposons que vous souhaitiez perdre du poids, mais que les membres de votre famille continuent de manger des aliments sans valeur nutritive. Que faire en pareil cas ? Vous pouvez toujours essayer de les inciter à changer leurs habitudes alimentaires. Mais si vous n'arriviez pas à les convaincre ? Et même si vous y parveniez, comment feriez-vous pour persuader vos collègues – ou les inconnus assis à côté de vous au restaurant – d'arrêter de mal s'alimenter ? C'est tout simplement impossible. La solution consiste donc à mettre l'accent sur vous-même. Organisez-vous pour vivre des moments de qualité en famille en dehors des repas, en faisant tous les soirs une partie de tennis sur Wii Sports plutôt que de regarder la télé, par exemple. Au bureau, essayez d'offrir des collations saines à vos collègues ; au lieu d'aller au traditionnel cinq à sept, mettez sur pied un groupe de marche et voyez qui voudra se joindre à vous. Et si les gens refusent de prendre le train en marche, sachez imposer des limites à votre entourage et continuez d'améliorer les choses sur lesquelles vous avez prise, car ce sont elles qui vont contribuer à votre succès.

Ce n'est pas ce qui vous arrive, mais votre façon de réagir à ce qui vous arrive qui est déterminant. Le résultat final dépend de vos réactions. Ne passez pas votre vie à être le jouet des émotions et du comportement des autres, et à laisser leurs défauts vous dicter votre conduite. Accordez plutôt de l'importance à vos propres actions et à vos propres valeurs, car c'est là que résident la vraie liberté et la vraie réussite.

VOUS ÊTES LE MAÎTRE DE VOTRE UNIVERS

L'excellence n'est pas réservée qu'à quelques élus. En dépit des idées reçues selon lesquelles certains naissent doués tandis que d'autres sont condamnés à croupir dans la médiocrité, des études récentes démontrent tout à fait le contraire. Au cours de recherches menées auprès de « petits prodiges », psychologues et autres chercheurs ont découvert très peu d'indices de réalisations extraordinaires de la part des sujets examinés avant que ces derniers aient suivi un entraînement intensif. En bref, cela signifie que n'importe qui peut maîtriser n'importe quelle discipline s'il est disposé à y consacrer du temps et des énergies. Certes, le prix est élevé, mais chacun de nous a la capacité d'atteindre l'excellence.

Je devine à quoi vous pensez, parce que moi aussi j'ai pensé la même chose : « Tout ça c'est des foutaises. Certains naissent avec des caractéristiques physiques ou intellectuelles qui leur permettent d'exceller dans certains domaines. » C'est vrai dans certains cas particuliers – si vous mesurez 1,57 mètre (5 pi 2), il y a peu de chances que vous puissiez devenir joueur de basket professionnel –, mais, dans la plupart des cas, c'est faux.

Nous possédons tous à la naissance des qualités que nous pouvons mettre en valeur, qu'elles soient physiques ou intellectuelles. La plupart du temps, notre mode de vie et le genre de travail que nous effectuons conditionnent notre nature et notre développement. Ainsi, plusieurs ont longtemps cru que Lance Armstrong était un excellent cycliste en partie parce que son cœur était hypertrophié. Mais maintenant on prétend que c'est l'inverse : les sports d'endurance amènent le cœur des athlètes à augmenter de volume (ce qui est une bonne chose pour eux), celui-ci s'adaptant aux exigences considérables qui lui sont imposées. Lorsque ces sportifs cessent de s'entraîner, toutefois, leur cœur retrouve sa taille normale.

Au fil des ans, les joueurs de baseball acquièrent la capacité d'étendre plus loin que la moyenne des gens le bras qu'ils utilisent pour lancer la balle. Selon le sport qu'ils pratiquent, les athlètes sont en mesure non seulement de changer la taille de leurs muscles, mais également de transformer la constitution de ces derniers. Ainsi, nous pouvons développer les fibres musculaires de force explosive à contraction rapide lors de la pratique de sports comme le sprint et l'haltérophilie, ou nous pouvons développer les fibres de l'endurance à contraction lente lors de la pratique de sports comme le marathon.

Il en est de même pour notre cerveau. Les zones de notre cerveau que nous stimulons régulièrement produisent en plus grande quantité une couche spéciale appelée « myéline », laquelle permet de transmettre rapidement et régulièrement des messages électrochimiques entre les composantes du système nerveux central et le reste du corps. Ainsi, à force de répétition, les choses deviennent pour nous une « seconde nature ».

Même les régions cérébrales peuvent être réaffectées. Ainsi, le cerveau des enfants qui font régulièrement de la musique se développe différemment. L'aire cérébrale associée aux doigts et à la perception des tonalités musicales est plus étendue chez eux que chez les autres enfants. Tout ça est fascinant, non ?

ENTRAÎNEMENT CIBLÉ

Le fait que nous pouvons ainsi nous adapter physiquement et mentalement signifie que presque rien n'est hors de notre portée. La clé du succès consiste par conséquent à travailler plus fort et plus intelligemment. Bref, à nous entraîner de manière spécifique.

L'entraînement ciblé ou spécifique ne se limite toutefois pas à de simples adaptations censées nous aider à atteindre le succès. Il est aussi question ici d'acquérir les compétences et de mettre en place les méthodes et les stratégies qui vous aideront à renforcer et à compléter vos attributs personnels.

Décomposition d'un objectif global en sous-objectifs, auto-observation et autocontrôle permanents, de même que rétroaction immédiate de votre part et de la part d'autres personnes, constituent les principes clés du processus d'entraînement ciblé. Des heures de travail acharné vous attendent de nouveau, mais cette fois, vous allez vous concentrer sur vos points faibles, dans l'intention de les éliminer afin de pouvoir surmonter tous les obstacles.

Hélas! la plupart des gens se contentent de faire le même travail routinier. Même s'il leur arrive de devenir bons, ils n'excelleront jamais dans leur domaine. Des études démontrent d'ailleurs qu'on ne devient pas nécessairement meilleur en faisant toute sa vie le même métier; dans certains cas, on peut même régresser. Je connais des médecins, des avocats, des entraîneurs, etc. qui ont exercé leur profession pendant des années sans pour autant atteindre le sommet de leur art. Ils y consacrent peut-être des heures, mais souvent, ils ne font que passer beaucoup de temps à répéter les mêmes erreurs, avant de finir par se décourager et devenir apathiques.

Voilà pourquoi il est si important de savoir *comment* s'entraîner. Cela peut faire toute la différence entre réussir et végéter. Peu importe que vous pratiquiez votre tir en suspension, que vous soyez à la recherche de l'âme sœur ou que vous concentriez vos efforts sur autre chose. Vous n'auriez peut-être pas cru qu'on puisse s'entraîner à établir des rapports harmonieux avec un être cher ou à contrôler son impulsivité, mais vous avez tort. Tout entraînement ciblé implique d'adopter des mesures efficaces, d'analyser ses progrès ou les résultats obtenus et de tirer des leçons de ses erreurs. C'est en cela que l'entraînement spécifique vous aidera à atteindre l'excellence, quel que soit le domaine.

Il s'agit d'un processus qui peut être exténuant et qui ne laisse *aucune* place à l'ego, mais qui donne des résultats. Si vous espérez que votre vie atteigne de nouveaux sommets, vous devez apprendre à utiliser cette technique dans toutes vos entreprises. Jetons un coup d'œil à la première étape, qui consiste à décomposer un objectif global.

DÉCOMPOSITION D'UN OBJECTIF GLOBAL EN SOUS-OBJECTIFS

Nous avons tous entendu ce conseil des milliers de fois : « Procédez par étape ». La raison pour laquelle on ne cesse de nous le répéter, c'est qu'il est rigoureusement exact.

Les virtuoses dans leur domaine savent que la clé du succès réside dans leur capacité à décomposer un objectif global en plus petits objectifs et à perfectionner chaque détail plutôt qu'à chercher à améliorer le résultat final. Focalisez par conséquent votre attention sur le processus plutôt que sur le but à atteindre. Prenons un exemple simple : les musiciens n'ont de cesse de répéter chaque fragment d'une œuvre musicale jusqu'à ce qu'ils l'aient maîtrisé avant de passer au fragment suivant, puis au suivant, et ainsi de suite. Ce n'est qu'une fois qu'ils ont maîtrisé tous les fragments individuels qu'ils sont en mesure de les combiner en vue de jouer l'œuvre en entier. La virtuosité résulte de la maîtrise de chaque fragment individuel, la fusion harmonieuse de tous les fragments permettant ensuite de les exécuter à la perfection. Voilà comment on donne naissance à l'excellence !

Prenons maintenant un exemple moins conventionnel. Supposons que vous ayez comme objectif de vivre une relation qui soit harmonieuse et vous rende heureux. Les facteurs susceptibles d'influencer l'évolution d'une telle relation sont pour le moins nombreux : vous devez apprendre à écouter, à communiquer, à faire des compromis, à pardonner, etc. Disons que vous avez une belle capacité d'écoute mais que vous êtes un mauvais communicateur – voilà par où vous devez commencer à vous entraîner.

Examinez vos faiblesses. Est-ce que vous gardez tout à l'intérieur en espérant que les autres vont deviner comme par magie quels sont vos besoins ? Est-ce que vous adoptez une attitude défensive et commencez à vociférer au lieu de discuter calmement ? Est-ce que vous mettez les autres sur la défensive sans le vouloir en émettant des énoncés à la deuxième personne plutôt qu'à la première personne ? (Exemple : « Tu me manques totalement de respect quand tu n'appelles pas pour me dire que tu seras en retard» plutôt que : «Quand tu ne m'avertis pas que tu as pris du retard, je suis inquiète à ton sujet et j'ai aussi l'impression que je ne compte pas pour toi.»)

Le fait de décomposer votre objectif vous permet de concentrer votre énergie sur les points à améliorer et qui vous freinent dans votre évolution. Une fois que vous maîtrisez un point faible, passez au suivant. Le célèbre golfeur Tiger Woods utilise intelligemment ce stratagème dans le but de perfectionner son jeu. Il ne se contente pas de jouer une partie de golf après l'autre. Il choisit un coup qui lui donne des difficultés – disons sortir des bunkers de sable d'un angle extrêmement difficile – et il s'entraîne tant et aussi longtemps qu'il n'a pas réussi à améliorer ce coup particulier. Cette stratégie, qui consiste à décomposer ce que nous avons besoin d'améliorer en éléments individuels, rend l'objectif global moins intimidant et plus digeste, en plus de nous aider à mieux tirer parti de notre temps. En accomplissant une tâche simple à la fois, nous éliminons systématiquement les obstacles qui nous freinent au lieu de nous sentir submergés par l'ensemble de ce que nous devons perfectionner.

À présent, vous vous dites sans doute : «Parfait, Jillian. Il suffit de décomposer nos points faibles et de renforcer ce que nous avons besoin d'améliorer. Oui, mais comment?» Poursuivez votre lecture : la solution réside dans la rétroaction immédiate et la répétition.

JOIGNEZ-VOUS À UN RÉSEAU

J'ai abordé ce point précédemment lorsque j'ai parlé des avantages d'avoir un mentor. Mais j'y reviens parce qu'un des principes clés du processus d'entraînement ciblé consiste à apprendre de nos actions. Or, le moyen le plus rapide d'y parvenir consiste à recueillir rapidement les commentaires de quelqu'un dont les compétences sont avérées. De cette façon, vous savez immédiatement si vous vous écartez de votre objectif, vous apprenez de vos erreurs et, du coup, l'efficacité de votre stratégie s'en trouve améliorée.

Vous vous dites peut-être : «Je n'ai pas besoin que quelqu'un de l'extérieur me fasse de remarques. Je sais quand je suis sur la bonne voie et quand je me trompe.» Si touchais un dollar de la part de chaque personne dont la vie est un fiasco qui m'a dit un jour : «Je n'ai pas besoin de thérapie, je sais très bien quels sont mes problèmes», je m'éclaterais en compagnie de mon voisin Bill Gates à l'heure actuelle.

La vérité, c'est que nous avons très souvent le nez trop collé sur une situation pour la voir telle qu'elle est réellement. Combien de fois avez-vous pensé que vous aviez réussi une entrevue d'emploi pour constater par la suite que quelqu'un d'autre avait obtenu le poste à votre place? Ou combien de fois avez-vous été larguée par votre petit ami alors que vous étiez persuadée que tout allait à merveille entre vous? Il est parfois utile d'obtenir l'avis d'un ami, d'un entraîneur ou d'un mentor qui nous aide à comprendre quelles sont nos lacunes et comment nous pouvons y remédier.

Prenons quelques exemples hypothétiques. Si Tiger Woods a du mal à sortir la balle d'un bunker de sable, un entraîneur pourrait lui signaler qu'il n'utilise pas un fer approprié pour ce coup, ou encore qu'il devrait modifier l'angle de son corps. Si vous avez des difficultés à avancer dans votre travail, un collègue ou un responsable pourrait vous faire prendre conscience d'une erreur qui vous empêche de progresser. Votre conjoint pourrait vous signaler un problème qui nuit à votre relation. Ce genre de rétroaction permet de nous épargner des heures de frustration et de nous prémunir contre la douleur de l'échec.

Pensez-y sérieusement : on n'essaie pas d'apprendre un sport par soi-même. Lorsqu'ils ont un problème à résoudre, la plupart des PDG font appel à des conseillers. Les médecins font des années d'internat sous la direction de professionnels de la santé expérimentés, et ainsi de suite. Si vous prenez la peine d'obtenir de la rétroaction en temps réel de la part d'un expert, vous pourriez vous épargner beaucoup de temps et d'efforts, en plus d'accroître vos chances de succès de manière exponentielle. En à peine quelques minutes, simplement en analysant leur façon de procéder, en soulignant leurs erreurs et en leur donnant des informations pertinentes à mettre en pratique pour pouvoir maigrir, j'ai pu aider des tas de gens qui faisaient fausse route depuis des années avec leur régime alimentaire.

Encore une fois, vous devrez trouver à qui demander conseil en fonction du domaine dans lequel vous cherchez à vous améliorer. Le bon sens nous dit habituellement à qui nous adresser en pareilles circonstances. Parfois, la réponse est évidente. Si vous souhaitez apprendre comment retrouver la forme, adressez-vous à un entraîneur. Si vous désirez gravir les échelons de l'entreprise pour laquelle vous travaillez dans l'espoir d'obtenir un meilleur poste et un meilleur salaire, demandez à votre patron comment vous pourriez accroître votre rendement. Si vous voulez améliorer votre relation avec votre conjoint, demandez-lui ce que vous pourriez changer dans votre comportement ou discutez du problème avec un thérapeute ou un ami en qui vous avez confiance.

Dans presque tous les domaines, il y a moyen d'obtenir de quelqu'un qui en sait davantage que vous qu'il vous fasse part de ses commentaires. Il vous suffit de vous fortifier et d'avoir le courage d'écouter. Personne n'apprécie qu'on lui fasse des remarques, même lorsqu'elles sont constructives. Mais, en définitive, il s'agit là d'une simple piqûre passagère comparativement à l'angoisse et à la confusion engendrées par le fait de répéter constamment les mêmes erreurs. Agissez en adulte. Soyez reconnaissant pour les explications qu'on vous fournit. Prenez-les au sérieux et déployez vos ailes.

Cela dit, ne vous contentez pas de miser uniquement sur les commentaires des autres. L'autoévaluation constitue un facteur qui joue aussi un rôle important dans votre évolution. Ce qui nous amène à notre prochain volet, qui possède même un nom bizarre : la métacognition.

QU'ENTEND-ON PAR « MÉTACOGNITION » ?

Le mot « métacognition » est un terme en vogue actuellement dans le secteur de la psychopédagogie ; on définit souvent la métacognition comme un « processus de réflexion sur ses propres activités cognitives ». Je suis sûre qu'en ce moment vous vous dites : « Pardon ? » Rassurez-vous : pour les besoins du présent ouvrage, ce terme veut tout simplement dire que vous devez avoir le courage de prendre du recul par rapport à vos actions et à vos comportements, afin de pouvoir les évaluer en toute honnêteté et y apporter les améliorations nécessaires. Je n'ai cessé de vous rappeler, tout au long de la deuxième étape, que vous devez apprendre de vos échecs afin de vous améliorer. Or, la métacognition constitue un outil essentiel à cette fin.

Les aptitudes métacognitives comprennent la capacité de planifier et de choisir les stratégies qui nous semblent les plus appropriées, d'en analyser l'efficacité, de corriger nos erreurs et de changer de tactique au besoin. Ceux qui possèdent de meilleures compétences métacognitives connaissent plus de succès dans leurs entreprises. Point final. La bonne nouvelle, c'est que nous pouvons tous cultiver ces compétences, et je vais vous indiquer comment.

Il s'agit d'un processus en deux temps. Le premier consiste à se responsabiliser. J'ai abordé cette question précédemment, mais ce principe reste valable ici aussi. Un des traits qui caractérisent les personnes qui connaissent énormément de succès, c'est qu'elles estiment qu'il est de leur devoir d'assumer la responsabilité de leurs erreurs. Elles ne rejettent pas la responsabilité de leurs échecs sur le fait que les autres ont eu de la chance, sur une quelconque infériorité génétique ou sur un caprice du hasard. Elles s'efforcent plutôt de faire la lumière sur leurs déboires afin de voir quels enseignements en tirer et comment adapter leur comportement de manière à éviter de subir de semblables échecs à l'avenir. Pour réussir à en faire autant, vous devez vous entraîner à prendre conscience de vos faits et gestes d'une manière à laquelle vous n'avez probablement pas été habitué jusqu'à présent. Pendant toute la durée de votre entraînement, vous devez rester conscient et honnête avec vous-même afin de découvrir ce qui vous cause des difficultés et ce que vous devez améliorer. Vous pouvez vous autoévaluer en répondant à quelques questions simples après chaque séance d'entraînement:

Qu'est-ce que j'ai bien réussi à faire?
Qu'est-ce que j'aurais pu faire mieux?
Y a-t-il eu un moment décisif au cours duquel les événements ont évolué dans un sens ou dans l'autre? Dans l'affirmative, quelles ont été les causes directes de ce revirement ou quelles ont été les circonstances qui l'ont entouré?
En quoi mes pensées, mes émotions et mes réactions ont-elles contribué à ma réussite ou à mon échec?

Sachez faire preuve de sagesse et d'impartialité au moment d'examiner vos réponses. Sortez votre journal ou visitez mon site Web, puis notez par écrit ce que vous avez fait. Quels sont les problèmes, de même que les ambiguïtés et les incohérences, qui vous empêchent de progresser? Notez ensuite de quelle façon vous comptez surmonter ces difficultés. Une fois que vous commencerez à disséquer vos faits et gestes de manière objective, vous serez étonné de constater avec quelle rapidité votre esprit saura relever le défi consistant à déterminer où et comment améliorer vos points faibles. En l'absence d'entraîneur ou de mentor, cette forme d'autocontrôle vous aidera à concentrer vos efforts sur les éléments à renforcer.

La deuxième clé du succès, en termes de métacognition, consiste à rester présent et concentré. Comme la vie nous joue parfois des tours, il est important de demeurer conscient et de surveiller nos pensées et nos actions afin de pouvoir nous adapter rapidement aux circonstances. Si quelque chose qui échappe à votre contrôle tourne mal, comment allez-vous modifier votre plan de match de manière à éviter que vos efforts ne soient anéantis? Lorsque les circonstances sont défavorables, la dernière chose à faire c'est d'agir sous le coup de l'impulsion ou de l'émotion, ou, pis encore, de ne pas réagir du tout. En calmant votre esprit, en acceptant la situation telle qu'elle est et en réfléchissant aux choix qui s'offrent à vous, vous augmentez vos chances que les choses tournent en votre faveur.

Vous pouvez voir ce principe à l'œuvre dans le cadre de *Qui perd gagne*. Les concurrents qui connaissent le plus de succès sont toujours ceux qui réfléchissent, qui analysent et qui mettent en pratique les informations que Bob et moi leur fournissons. Pendant que les autres se découragent, décrochent ou se plaignent d'avoir mal partout, eux restent présents en pensant à leur respiration, canalisent leurs efforts en vue de garder la forme, visualisent leurs objectifs et se remémorent quelles sont les raisons de leur participation à cette émission et quelle est leur véritable raison d'être. C'est ce genre d'attitude qui sépare les bons candidats de ceux qui excellent.

Plus vous serez en mesure d'utiliser efficacement les stratégies métacognitives, plus vous acquerrez de confiance en vous et d'autonomie au cours du processus d'apprentissage et plus vos efforts seront couronnés de succès.

Comme s'il n'était pas déjà suffisamment difficile de supporter les remarques des autres et les critiques que l'on s'adresse à soi-même, une fois que vous avez déterminé quels sont les domaines de votre vie qui ont besoin d'être renforcés et les exercices que vous devez faire, vous devez recommencer inlassablement. N'oubliez pas que je n'ai jamais prétendu que ce serait facile. Possible, oui; facile, non. C'est sans doute la raison pour laquelle si peu de gens parviennent à exceller dans leur sphère d'activité respective. La tâche est ardue. Quand je rencontre des couples qui sont ensemble depuis des années, l'une des premières questions que je leur pose toujours est: «Comment faites-vous?» Tous sans exception me répondent: «C'est difficile! Nous y travaillons sans relâche!»

Le succès est à votre portée. Mais jusqu'à quel point le voulez-vous? Si votre réponse est: «À tout prix!», alors préparez-vous pour la prochaine étape, qui porte sur la répétition systématique et soutenue.

RÉPÉTEZ APRÈS MOI

La répétition constitue le quatrième principe clé du processus d'entraînement ciblé. Vous auriez beau savoir quels changements vous devez effectuer et en quoi consistent vos points faibles, à moins de vous entraîner sans arrêt, vous ne constaterez aucune amélioration notable. Il faut énormément de temps et d'efforts pour devenir maître dans une spécialité. Certains théoriciens ont même émis l'hypothèse dite de la « règle des dix ans », qui, comme son nom l'indique, stipule qu'il faut une décennie de travail dans n'importe quel domaine avant de pouvoir vraiment maîtriser un sujet. Même de jeunes prodiges comme Carl Friedrich Gauss en mathématiques, Mozart en musique et Bobby Fischer aux échecs ont dû déployer un effort comparable, peut-être en commençant plus tôt et en travaillant plus fort et plus intelligemment que les autres. Des études démontrent que les experts de renommée internationale, qu'il s'agisse de prodiges aux échecs ou de musiciens virtuoses, s'entraînent au moins trois à cinq heures par jour. OUF[30] !

Une bonne partie du succès à cet égard est due à la myéline, cette substance qui est produite à l'intérieur du cerveau. Chaque fois que vous vous entraînez, des voies neurologiques sont littéralement tracées dans votre cerveau, de sorte que, plus vous répétez, plus vous développez des automatismes.

Ce processus agit en votre faveur lorsque vous vous entraînez correctement, mais il peut aussi travailler contre vous si vous vous entraînez de manière inadéquate. C'est la raison pour laquelle l'entraînement ciblé est si important. Celui-ci vous permet de corriger vos erreurs au lieu de les enraciner profondément en vous. Par ailleurs, le fait de vous entraîner de façon spécifique vous oblige constamment à sortir de votre zone de confort (à focaliser votre attention sur ce qui vous freine dans votre progression, notamment) et à améliorer vos compétences. En d'autres termes, une fois que vous maîtrisez une tâche, il est temps pour vous de vous lancer un nouveau défi et de vous entraîner à améliorer un autre aspect qui vous pose problème.

Voyez la chose comme suit : si un enfant a pour objectif de se mouvoir, il devra d'abord maîtriser la capacité de ramper avant de songer à faire de la marche, du jogging, de la course ou un sprint, voire à s'exercer à courir dans les collines. Personne n'est condamné à ramper toute sa vie. Nous avons tous besoin

---

30. Philip E. Ross, « *The Expert Mind* » (traduction libre : « Le cerveau des experts »), revue *Scientific American*, 24 juillet 2006.

de continuer à nous entraîner et à répéter les mêmes mouvements, mais uniquement lorsque nous sommes en période d'apprentissage et que nous nous efforçons d'acquérir des compétences qui sont encore hors de notre portée.

Un dernier mot à ce sujet: soyez patient avec vous-même et n'ayez pas peur. Vous n'avez pas besoin de vous départir de votre personnalité dans la poursuite de vos rêves, que ce soit pour trouver une compagne ou un compagnon de vie, pour gagner de l'argent en faisant ce que vous aimez ou pour quoi que ce soit d'autre. Je souligne ici simplement le fait qu'il importe de fournir la quantité et le type d'énergie nécessaires à la réalisation de tout ce qui vous tient à cœur. Bien sûr, c'est intimidant, mais c'est aussi très stimulant. Vous en serez littéralement transformé de l'intérieur. Voyons d'un peu plus près les effets physiologiques qui résulteront de cette métamorphose en examinant brièvement le concept de cartographie cognitive.

DRESSEZ UNE CARTE ROUTIÈRE DANS VOTRE CERVEAU

Des études ont démontré que nos comportements sont profondément ancrés dans notre cerveau au moyen de circuits physiologiques bien tangibles. L'ensemble de vos croyances et de vos habitudes, c'est-à dire tout ce qui constitue votre réalité mentale, est contenu dans ces connexions neuronales. Chaque fois que vous agissez ou que vous pensez, une information est communiquée à vos neurones au moyen de mini messages électrochimiques.

Lorsque vous vivez une expérience inédite ou que vous apprenez quelque chose de nouveau, une nouvelle route est construite dans votre cerveau. La fois suivante, votre cerveau va chercher à savoir si vous avez vécu cette expérience auparavant. Si c'est le cas, l'information relative à cette expérience empruntera le même chemin. C'est là qu'entre en jeu la myélinisation des neurones dont je vous ai déjà parlé. Plus vous adoptez un même comportement ou entretenez une même pensée dans votre esprit, plus le circuit neuronal qui véhicule l'information rattachée à cette pensée ou à ce comportement va se renforcer. C'est ainsi qu'une pensée ou une action devient une habitude, une habitude ressemblant dès lors davantage à une autoroute qu'à un simple chemin. C'est pourquoi la notion de répétition revêt une telle importance lorsqu'il est question d'entraînement spécifique. La répétition contribue à créer de larges autoroutes dont votre cerveau est en mesure de dresser la carte, transformant du coup les diverses compétences nécessaires à la poursuite de vos objectifs en pratique machinale et en automatismes.

La rétroaction immédiate est importante, car elle vous empêche de renforcer des habitudes, des actions ou des comportements nuisibles qui vous maintiennent littéralement enlisé dans une ornière. En vertu du dernier principe clé du processus d'entraînement ciblé, il vous reste en effet à vous défaire de vos mauvaises habitudes en modifiant ces circuits neuronaux. Un nouveau comportement ou schéma de pensée pourra alors remplacer vos anciennes habitudes. Voilà une autre raison pour laquelle il est si essentiel de ne jamais cesser d'apprendre. Lorsque vous créez de nouveaux circuits positifs, les anciens circuits négatifs s'atrophient. Ils disparaissent, tout simplement! En refusant de vous livrer à des pensées négatives ou à des comportements autodestructeurs, vous affaiblissez leur emprise sur vous au fil du temps.

Il est impossible de parler de cartographie cognitive sans aborder la question de nos émotions. Nous sommes des êtres conscients et sensibles, et nos émotions exercent énormément d'influence sur nous. Si nous voulons reconfigurer notre paysage intérieur en remplaçant nos mauvaises habitudes nuisibles par de bonnes habitudes utiles, nous devons faire en sorte que nos émotions travaillent pour nous et non pas contre nous.

Si quelque chose vous fait du bien, vous êtes susceptible de vouloir répéter l'expérience. Si quelque chose ne vous fait pas de bien, il y a au contraire peu de chances pour que vous ayez envie de recommencer. Par conséquent, comment s'y prend-on pour adopter sur une base régulière des comportements qui ne sont pas immédiatement gratifiants? Tout simplement en créant un lien affectif entre vous et le résultat final.

Prenons un exemple simple. Supposons que vous n'aimez pas courir. C'est mon cas: je déteste ça! Je n'apprécie pas particulièrement les légumes cuits à la vapeur non plus. Pourtant, je cours sur le tapis roulant presque tous les jours de la semaine et je mange mes légumes verts tout aussi souvent. Pourquoi? Parce que l'idée que la course et le brocoli m'aident à entrer dans mon jean moulant et à me sentir sexy me plaît. Grâce à eux, j'ai davantage confiance en moi et j'adore cette sensation. J'aime me sentir pleine d'énergie et de bonne humeur après avoir fait ces activités bénéfiques.

En focalisant mon attention sur ces résultats extrêmement positifs et sur mon lien affectif avec eux, je suis en mesure de modifier les associations que fait mon esprit avec ces objets. Au lieu d'être synonyme d'ennui, de fatigue et de souffrance, la course sur tapis roulant devient synonyme de force, de santé et de séduction! En créant de nouvelles associations positives avec certains comportements, on forme ainsi des schémas cognitifs puissants, qui transforment ces comportements en habitudes profondément enracinées.

En créant des liens affectifs stimulants avec les objets qui vous entourent, vous augmentez vos chances de réussite. Les objets familiers ayant le pouvoir d'influencer grandement nos pensées et nos actions, comme nous le verrons au chapitre 10, il est indispensable que votre environnement contribue à votre succès. Le fait de vous inciter à voir sous un jour favorable des objets bénéfiques pour la santé qui devraient normalement vous faire grincer des dents constitue la parfaite illustration de ce principe.

Dans l'exemple précédent, cela donne:

Tapis roulant = look d'enfer dans mon jean moulant, davantage d'énergie, vie sexuelle plus épanouissante
Brocoli = prévention des maladies, longévité et meilleure qualité de vie

De telles associations fonctionnent également en sens inverse. Commencez à associer des choses nuisibles – comme la malbouffe, l'alcool, les cigarettes et peut-être même les cartes de crédit (si vous avez tendance à faire des achats compulsifs) – aux émotions obscures et négatives qu'elles engendrent à long terme, même si elles peuvent vous procurer temporairement du plaisir:

Hamburger et frites = bourrelets, léthargie, dégoût de soi, robe longue et ample
Carte de crédit et achats sur Internet au milieu de la nuit = peur, endettement, angoisse
Alcool = manque de productivité, gueule de bois, remords
Cigarettes = mort prématurée dans d'atroces souffrances

Vous voyez où je veux en venir? Si vous jouez à ce petit jeu, les nouvelles connexions ainsi produites dans votre cerveau vous aideront à renoncer à vos mauvaises habitudes et à créer de bonnes habitudes.

Mais il y a toujours des objets qui vous conditionnent d'une manière que vous ne pourriez même pas imaginer. Certaines choses dans votre environnement ont pour effet de déclencher certains comportements ou une certaine dynamique, favorables ou défavorables.

Supposons que vous aimez manger tard le soir, confortablement assis dans un coin particulier de votre canapé à regarder la télé, mais que vous avez décidé de mettre un terme à ce type de comportement. Le problème, c'est que vous ne pouvez pas vous empêcher de grignoter chaque fois que vous êtes assis à cet endroit. Contre toute attente, vous ne parvenez pas à vous défaire de cette habitude bien ancrée en vous, car elle est associée dans votre esprit à des choses bien concrètes. Mais rien ne vous empêche de remplacer d'anciens objets qui engendrent des comportements destructeurs par de nouveaux objets qui suscitent en vous des réactions positives. Dans ce cas précis, vous pourriez par exemple vendre votre vieux canapé ou le donner à une association caritative et réaménager votre séjour de manière à « tourner la page » en faisant disparaître toute trace de lien avec vos soirées passées à manger des Doritos. Ou, si vous n'êtes pas en mesure de vous offrir un nouveau canapé, recouvrez-le d'une housse et servez-vous-en pour méditer ou pour lire votre auteur préféré. Vous me suivez ? Le but est de créer une nouvelle association positive en relation avec le fait d'être assis sur le canapé en question.

Voici un autre exemple à ce sujet. Nombreuses sont les personnes qui achètent de nouveaux draps après avoir rompu avec leur compagnon ou leur compagne. Elles associent les anciens draps à leur ancien partenaire. Or, elles veulent « repartir à zéro » et en finir avec tout ce qui leur rappelle leur ancienne vie. C'est la même idée au fond.

Vous pouvez également créer des associations positives avec des objets en apparence insignifiants qui vous procurent néanmoins un soutien psychologique. Combien d'entre vous ont un porte-bonheur ? Chaque matin, je me fais du thé et je choisis une tasse parmi la grande collection de tasses que je possède. Si j'utilise un beau matin ma tasse sur laquelle figurent des dinosaures qui se transforment en fossiles et que je connais du succès dans mon travail ce jour-là, je vais réutiliser cette satanée tasse jusqu'à ce qu'elle tombe en miettes ou jusqu'à ce que ma série de succès s'interrompe.

Un ami dont je tairai le nom (histoire de ne pas lui causer d'embêtements inutiles) joue dans la Ligue majeure de baseball. Après avoir connu une série de défaites, son équipe a finalement réussi à remporter un match. Mon ami a jugé que leur victoire était due au fait que son fils lui avait offert une paire de « chaussettes porte-bonheur » juste avant le match. Il a continué de porter lesdites chaussettes à chacun des matchs qui ont suivi et, curieusement, son équipe a assez bien réussi cette saison-là. On ne peut toutefois en dire autant des chaussettes en question. J'ose croire malgré tout qu'il les lavait entre deux matchs !

Comme vous pouvez le constater, il est possible, et même parfois payant, de créer une certaine dynamique en rapport avec un objet familier. Mon ami associait victoire à chaussettes porte-bonheur. Manifestement, ses chaussettes ne possédaient aucun pouvoir magique, mais lui était d'avis qu'elles contribuaient aux succès de son équipe. De façon indirecte, lesdites chaussettes l'ont aidé à s'habituer à l'idée de remporter des victoires en l'incitant à avoir une attitude gagnante et à agir en conséquence.

Cela dit, ne perdez pas la tête en créant une espèce de lien affectif avec une tasse à thé ou des chaussettes, ou en vous débarrassant de tous vos meubles si jamais votre partenaire devait vous quitter. Il existe néanmoins de nombreuses façons d'utiliser ce phénomène physiologique en vue de modifier votre comportement.

En voici un exemple supplémentaire. C'est le dernier de ce chapitre, je vous le promets.

Si vous voulez perdre du poids et que vous achetez depuis des années des aliments de mauvaise qualité au même supermarché, changez d'endroit ! Dénichez un marché de producteurs locaux où vous découvrirez de nouveaux épiciers, de nouvelles denrées alimentaires et un nouvel environnement. Amenez-y un bon ami qui partage vos valeurs, qui vous soutient dans vos démarches et qui vous fait rire, de manière à ce que faire votre marché soit synonyme d'activité agréable dans votre esprit. Adoptez ainsi une nouvelle façon d'acheter des aliments sains et nourrissants. Puis répétez l'expérience !

Le pouvoir de l'association peut vous être utile de bien des façons sur le chemin qui vous mène au succès. Mais votre environnement a une influence encore plus grande sur vos pensées, vos choix et les résultats que vous obtenez. C'est pourquoi j'y ai consacré un chapitre tout entier. Toutefois, avant d'aborder cette question, il y a un sujet dont je dois traiter plus en profondeur, et c'est celui de l'organisation. Car si vous voulez être en mesure de saisir les occasions qui se présentent à vous, vous devez absolument mettre de l'ordre dans votre vie.

Chapitre 10

ORGANISEZ-VOUS !

S'imaginer que tout est rose en espérant que tout nous tombe du ciel ne nous avancera à rien. La plupart de vos rêves ne deviendront réalité que si vous vous organisez pour qu'ils se réalisent. Il s'agit d'un processus qui se déroule en deux étapes : la première consiste à mettre de l'ordre dans vos objectifs et la deuxième, à mettre de l'ordre dans votre environnement immédiat. (Nous parlerons d'environnement extérieur au chapitre 11.) Rien n'est plus simple que de mettre de l'ordre dans ses objectifs, mais c'est drôlement efficace : tout ce que vous avez à faire est de sortir un stylo et du papier ou de vous installer devant votre clavier d'ordinateur. Nous sommes en effet plus susceptibles d'atteindre nos objectifs si nous les mettons par écrit.

METTEZ VOS OBJECTIFS PAR ÉCRIT

« La plupart des hommes » errent dans la vie sans but, plongés qu'ils sont dans un état permanent de douce torpeur. L'individu moyen se fixe des objectifs vagues, axés sur le résultat espéré, du genre : « Je veux être en bonne santé » ou « Je veux être riche ».

Mais les êtres exceptionnels, eux, savent exactement ce qu'ils veulent et se fixent des objectifs très précis qui ont trait non seulement au résultat final mais également au processus permettant de l'atteindre. Voilà pourquoi je vous ai signalé dès le départ qu'il est important de visualiser concrètement ce que vous désirez, pour pouvoir ainsi définir tous vos objectifs dans les moindres détails. La présente étape met en lumière ce que nous avons déjà vu concernant la fixation des objectifs, mais dans une perspective nouvelle qui met davantage l'accent sur l'action que sur la réflexion. Nous allons donc tracer littéralement une feuille de route qui vous indiquera les étapes à suivre pour que vos rêves se réalisent.

La première chose à faire consiste à mettre vos objectifs par écrit. Selon des statistiques alarmantes qui circulent sur Internet, quatre-vingt-quinze pour cent des gens n'ont pas d'objectifs écrits et c'est la raison pour laquelle ils échouent, tandis que cinq pour cent seulement notent leurs objectifs par écrit et réussissent par conséquent à les atteindre. J'ignore d'où ces statistiques proviennent, mais, d'après mon expérience, elles ne sont pas loin de la vérité. Il existe de nombreuses raisons pour lesquelles il est essentiel de mettre ses objectifs par écrit. Heureusement pour vous, je vais vous les énumérer une par une.

Premièrement, il est utile, d'un point de vue psychologique, que vous puissiez voir vos objectifs noir sur blanc : en plus de les rendre plus concrets à vos yeux, cela vous incite à créer un lien affectif avec eux. Ils s'incarnent de ce fait dans la réalité au lieu de demeurer de vagues espoirs que vous caressez en rêve.

D'un point de vue pratique, le fait de noter vos objectifs contribue à orienter votre journée, qui s'inscrit alors dans une perspective plus globale. Cela vous aidera à éviter de gaspiller vos énergies ou de croupir sur place. Beaucoup de personnes se laissent prendre aux pièges de la vie quotidienne ; elles perdent ainsi un temps fou, deviennent improductives et finissent par se décourager petit à petit. La clé du succès ne consiste pas à mettre l'accent sur votre liste de priorités, mais à mettre de l'ordre dans vos priorités. Un cliché de plus, me direz-vous, mais qu'importe !?

Par ailleurs, les objectifs à long terme peuvent être intimidants et beaucoup de gens doivent lutter pour ne pas perdre de vue la perspective d'ensemble. Il est facile de se laisser impressionner par les détails et de se faire du souci à cause de tout ce qu'il faut faire pour arriver à bon port. Si cela vous arrive, vous allez abandonner avant même d'avoir commencé. Il ne suffit donc pas de mettre ses objectifs par écrit : encore convient-il de le faire de façon spécifique. Par conséquent, décomposez chaque objectif en sous-objectifs, de manière à vous rendre compte que chacun d'eux est facilement réalisable et que tout devient possible si vous vous y prenez de la bonne façon.

Il vaut mieux commencer par la fin. Le but ultime que vous avez à l'esprit doit servir de cadre de référence pour tout ce que vous allez entreprendre. Soyez précis. Trouvez le moyen d'évaluer le chemin parcouru. Fixez-vous des objectifs qui demeurent accessibles, mais qui sont suffisamment ambitieux pour que vous mettiez au moins six mois à un an avant de pouvoir les atteindre. Tâchez d'éviter certains écueils courants :

Et pourquoi pas ? À moins de mesurer 1 mètre 80 (6 pieds) et d'être excessivement maigre, vous ne deviendrez sans doute jamais mannequin. Mais, si vous soignez votre apparence, vous pouvez toujours espérer devenir journaliste de mode pour la télévision ou travailler comme rédactrice à un magazine de mode, devenir styliste, etc. Il existe toujours un moyen de trouver du travail dans un domaine qui nous plaît, même si ce n'est pas ce que nous avions imaginé au départ.

Soyez précis. Ne vous fixez pas comme objectif d'« être heureux ». Avant de vous mettre en quête du bonheur, vous devez définir ce que ce mot représente pour vous. Est-ce que cela signifie pour vous être mariée à l'homme de vos rêves et vivre sur un ranch ? Ou vivre à New York et travailler en tant que PDG d'une société classée par le magazine *Fortune* parmi les 500 premières entreprises américaines ?

Quels sont vos critères ? Ne vous fixez pas comme objectif d'« être mince et en bonne santé ». Tous les participants à *Qui perd gagne* et à *Losing It* ne cessent de répéter la même chose. Mais quand je leur demande ce que cela représente concrètement pour eux, ils sont incapables de me répondre. Si vous n'avez pas une idée claire de ce à quoi correspond votre objectif, comment saurez-vous que vous l'avez atteint ? Dites plutôt : « Je veux que ma tension artérielle soit de 120/80 » ou : « Je veux être en mesure de courir le marathon », ou encore : « Je veux perdre 25 kilos (environ 60 livres) ».

Après avoir déterminé quel est votre but ultime, dressez un plan d'action qui vous permettra de l'atteindre au moyen d'objectifs à court terme. C'est le moment de le décomposer en courtes étapes facilement accessibles, comme je l'ai mentionné ci-dessus.

Un des meilleurs moyens de décomposer votre but à long terme consiste à dessiner une pyramide à l'intérieur de laquelle vous intégrerez vos objectifs à court terme. Cela vous permettra de dresser un plan d'action précis qui établira un lien direct entre vos démarches actuelles et les résultats escomptés. Placez votre but ultime au sommet de la pyramide, puis faites-le suivre dans l'ordre par vos objectifs mensuels, vos objectifs hebdomadaires, vos objectifs quotidiens et même vos objectifs immédiats.

EXERCICE

Copiez le tableau vierge qui se trouve à la page 199 et mettez-vous au travail. Une fois que vous l'aurez rempli, faites-en une copie que vous garderez sur vous en tout temps, de manière à vous remémorer les démarches que vous devez effectuer pour demeurer sur la bonne voie. Vous trouverez plus loin un exemple qui vous donnera une idée de la façon de procéder.

Le fait de noter par écrit les tâches à accomplir et de les ordonner dans le temps et dans l'espace constitue un outil précieux pour qui espère voir ses rêves se réaliser. Vous devez prendre l'habitude de passer vos objectifs en revue régulièrement : c'est là un facteur de réussite capital. Affichez des copies de votre pyramide au bureau, sur le frigo, sur le miroir de votre salle de bains, près de votre lit et partout où vous êtes susceptible de la voir fréquemment. Jetez un coup d'œil à vos objectifs régulièrement afin de garder votre attention concentrée sur ces derniers et de faire en sorte que chacune de vos journées contribue de façon significative à la matérialisation de votre objectif ultime. Chaque matin au réveil, examinez votre pyramide, de manière à bien imprégner votre esprit de vos objectifs immédiats et de vos objectifs quotidiens. Le soir avant de vous coucher, faites le point sur ce que vous avez accompli durant la journée et sur ce qu'il vous reste à accomplir. Ce processus va inciter votre subconscient et votre mental à continuer d'œuvrer activement à la concrétisation de vos projets.

Cette pyramide aura pour effet d'accroître votre motivation et votre assurance en vous-même. Au moment où vous atteindrez certains objectifs intermédiaires, ces petites victoires augmenteront également votre confiance en votre capacité d'entreprendre davantage de choses. N'oubliez pas : le succès engendre le succès !

Une autre façon de rester motivé consiste à vous récompenser chaque fois que vous atteignez un objectif secondaire. Mais entendons-nous bien : ces récompenses doivent rester constructives et non devenir autodestructrices. Autrement dit, si votre objectif est de perdre du poids, il est hors de question de vous octroyer une gratification hebdomadaire composée de pizza accompagnée de cola et de crème glacée. Optez plutôt pour une manucure et une pédicure. Au moment où vous atteignez un objectif mensuel, vous pourriez vous payer un massage. Et au moment où vous atteignez votre objectif à long terme, vous pourriez vous offrir des vacances à la plage ou une nouvelle garde-robe.

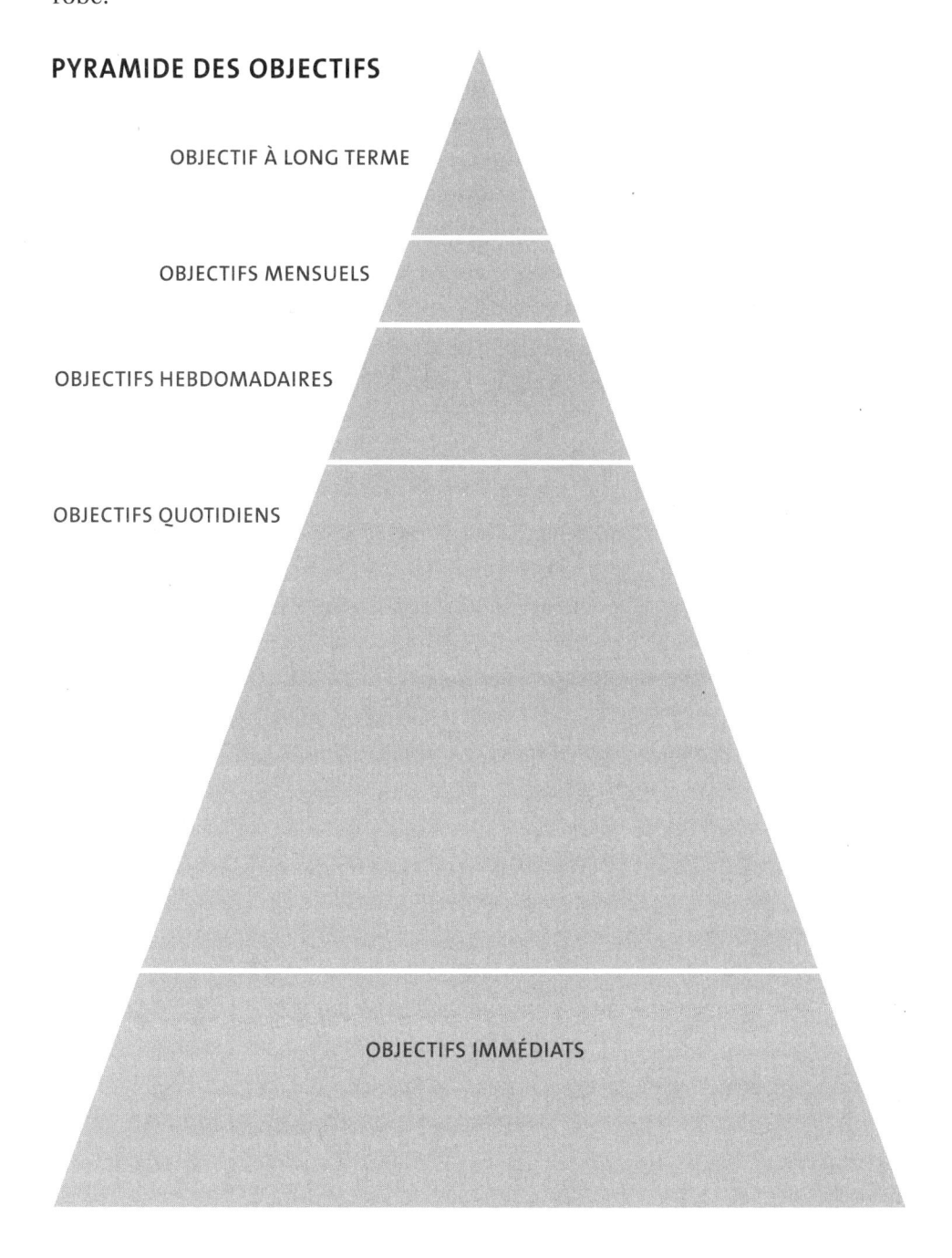

PYRAMIDE DES OBJECTIFS

OBJECTIF À LONG TERME

OBJECTIFS MENSUELS

OBJECTIFS HEBDOMADAIRES

OBJECTIFS QUOTIDIENS

OBJECTIFS IMMÉDIATS

EXEMPLE DE PYRAMIDE DES OBJECTIFS

OBJECTIF À LONG TERME — Perdre 45 kilos (100 livres).

OBJECTIF MENSUEL — Perdre 5 kilos (12 livres).

OBJECTIFS HEBDOMADAIRES — Perdre 1,5 kilo (3 livres). Aller 5 fois au gymnase à raison de 45 minutes par séance. Maintenir mon apport calorique hebdomadaire à environ 8500 calories.

(Votre objectif mensuel doit être réaliste et équivaloir au poids que vous devrez perdre chaque mois pour atteindre votre objectif à long terme en moins d'un an. De même, vous devez décomposer votre objectif mensuel en objectifs hebdomadaires, quotidiens et immédiats.)

OBJECTIFS QUOTIDIENS

LUNDI : Aller au gymnase. Mettre de l'ordre dans mon journal alimentaire à la fin de la journée pour m'assurer que je respecte mon apport calorique de 1200 calories par jour.
MARDI : Aller au gymnase. Écrire dans mon journal alimentaire pour m'assurer que je respecte mon apport calorique quotidien.
MERCREDI : Aller acheter les aliments sains qui sont destinés à être cuisinés. Consulter mon journal pour m'assurer que je respecte mon apport calorique quotidien.
JEUDI : Aller au gymnase. Mettre de l'ordre dans mon journal alimentaire à la fin de la journée. Cuisiner pour la semaine afin de disposer à tout moment de repas sains prêts à servir.
VENDREDI : Acheter de nouveaux vêtements de sport. Aller au gymnase. Mettre mon journal alimentaire à jour.
SAMEDI : Aller au gymnase et écrire dans mon journal alimentaire.
DIMANCHE : Planifier mon emploi du temps pour la semaine afin de me réserver chaque jour du temps pour mes séances d'entraînement et du temps pour acheter des provisions et cuisiner des repas sains. Laver et nettoyer mes vêtements et mon sac de sport.

(Notez ensuite vos objectifs immédiats ou ce que vous devez faire à chaque instant en vue d'atteindre vos objectifs quotidiens.)

OBJECTIFS IMMÉDIATS

Acheter un compteur de calories que je peux emporter avec moi. Appeler les autres mamans de l'école pour voir si elles peuvent faire du covoiturage pour moi pour que je puisse inscrire une séance d'entraînement plusieurs matinées par semaine dans mon horaire. Rechercher quelques recettes diététiques en ligne, afin de savoir quels aliments acheter pour préparer des repas sains pour cette semaine. Imprimer l'horaire du gymnase pour dimanche afin de planifier mes séances d'entraînement hebdomadaires.

Se gâter ainsi de manière saine constitue aussi un excellent moyen de s'habituer à être plus tendre envers soi-même. Il y a si peu de gens qui prennent le temps de prendre soin d'eux-mêmes intelligemment. Si vous parvenez à inscrire à votre horaire des activités bienfaisantes qui vont dans le sens de la réalisation de vos objectifs, elles auront un effet bénéfique sur votre estime de vous-même et vous aideront à prendre la vie du bon côté.

J'ai longtemps été aux prises avec ce problème. J'avais le sentiment que c'était une forme de complaisance, d'égoïsme et d'excès que de se dorloter de la sorte. Vous vous souvenez peut-être des difficultés que j'ai éprouvées à cause de mes blessures d'enfance ? Quoi qu'il en soit, un jour que j'étais en thérapie, j'ai raconté que j'éprouvais un sentiment de grande solitude et de vide profond. Je me plaignais du fait que je faisais tout pour les autres et que personne ne faisait rien pour moi. C'est alors que mon psy, dans toute sa sagesse, m'a ouvert les yeux – en portant un sérieux coup à mon ego – et de nouveau ma vie en a été transformée. « Ce n'est pas contre les autres que tu es en colère. C'est contre toi-même. Tu donnes aux autres tout ce que tu aimerais recevoir de leur part. Tu leur offres des fleurs et des cadeaux. Tu leur fais des massages. Tu les sors en ville le soir, mais tu ne fais rien de tout ça pour toi-même et tu te demandes ensuite pourquoi tu n'es pas satisfaite. Si tu en faisais autant pour toi-même et si tu prenais autant soin de toi-même que des autres, tu ne ressentirais pas ce manque dans ta vie et ce que les autres t'offriraient représenterait à tes yeux un petit extra agréable. » Il a également ajouté que je m'attendais à ce que les gens lisent dans mes pensées parce que j'étais trop peu sûre de moi pour leur faire part de mes désirs. Il me fallait donc apprendre à exprimer clairement mes besoins. Nous y reviendrons au chapitre 12.

En conclusion à cette petite digression, retenez ceci : le fait de vous dorloter et de vous récompenser au moyen de petites attentions contribue énormément non seulement à vous permettre d'atteindre vos objectifs, mais aussi à vous procurer un sentiment général de satisfaction.

Une fois que vous avez mis de l'ordre dans vos objectifs, la prochaine étape consiste à mettre, littéralement, de l'ordre dans votre vie. Le meilleur moyen de faciliter la mise en œuvre des objectifs inscrits à l'intérieur de votre pyramide, c'est encore de vous assurer que votre espace mental et physique est bien organisé.

C'EST L'HEURE DU GRAND MÉNAGE

Difficile d'être plus clair et plus direct. Il ne s'agit pas nécessairement d'être plus soigné, plus propre ou plus ponctuel, bien que ces choses ne doivent certainement pas nuire. Vous devez plutôt organiser votre vie de manière à être prêt à saisir à pleine main toutes les occasions qui passent à votre portée.

Le fait d'être mal organisé représente une véritable nuisance, car cela engendre le chaos dans nos vies, en plus de dresser sur notre route des obstacles qui nous empêchent de sauter sur les occasions qui passent. Si vous parvenez à mettre de l'ordre dans votre environnement, tant chez vous qu'au travail, c'est votre santé mentale et physique qui en bénéficiera d'une multitude de façons.

Une bonne organisation est indispensable à une bonne gestion du temps, parce qu'elle permet d'accomplir davantage de choses au cours d'une même journée. Songez au nombre de fois où vous vous êtes mis en retard parce que vous ne pouviez pas trouver vos clés, votre porte-monnaie ou une chemise appropriée. Le désordre qui règne autour de vous vous coûte du temps que vous ne pouvez pas vous permettre de perdre. Si votre vie est sens dessus dessous, accomplir des tâches simples comme payer vos factures ou nettoyer la maison vous prendra au moins deux fois plus de temps que nécessaire. Si vous êtes incapable de procéder de façon systématique, vous ne serez probablement pas en mesure de réunir les outils dont vous aurez besoin pour accomplir les tâches qui vous attendent.

Honnêtement, combien de temps perdez-vous à cause de votre manque d'organisation? Pensez à tout ce que vous pourriez faire avec ce temps perdu! Vous pourriez aller au gymnase, dormir plus longtemps, passer d'agréables moments en compagnie de vos enfants, aller au boulot plus tôt et faire des heures supplémentaires en vue de vous offrir des vacances, et ainsi de suite.

Des études ont démontré que les personnes qui vivent dans un environnement encombré présentent des signes de distraction mentale et sont plus rapidement débordées et stressées que la moyenne des gens. En vous simplifiant la vie, vous rationalisez vos pensées et vous devenez capable de concentrer vos énergies de manière plus efficace.

Une bonne organisation contribue également à améliorer l'estime de soi. Votre environnement est le reflet direct des rapports que vous entretenez avec vous-même. Ainsi, l'état de votre cuisine indique si vous faites attention à votre alimentation. Lors du tournage de *Losing It,* le frigo de chaque famille dont j'envahissais la maison était immanquablement crasseux et rempli de nourriture au point où une bonne partie de celle-ci s'était gâtée sans que personne ne s'en inquiète. Les boissons gazeuses avaient débordé et rendu les étagères collantes. Des végétaux couverts de moisissure s'entassaient dans le bac à légumes. Le plan de travail était encombré de restes de nourriture provenant de bocaux qu'on avait renversés et qu'on n'avait pas jugé utile de refermer après les avoir ouverts. Dans certains cas, on apercevait même des nids de souris dans les placards.

L'état de santé de ces gens était déplorable; il suffisait de voir de quelle manière ils entretenaient – ou n'entretenaient pas – leur cuisine pour s'en rendre compte. Le même principe s'applique à toutes les autres pièces de votre foyer, à votre espace de travail et à tous les endroits où vous passez du temps, car vous exercez un pouvoir sur votre environnement.

L'inverse est aussi vrai : votre environnement exerce son pouvoir sur vous. Lorsque votre bureau est sens dessus dessous, vous êtes souvent distrait et improductif. Lorsque tout est à l'envers dans votre salle de bain, il y a de fortes chances pour que vous vous négligiez. Et ainsi de suite. En mettant de l'ordre dans votre cadre de vie et en prenant soin de vous, vous laissez entendre que vous êtes conscient de votre propre valeur et vous réaffirmez cette conviction chaque fois que votre regard porte sur votre environnement.

Sans oublier qu'en faisant le ménage dans vos affaires, vous confirmez que vous êtes prêt à abandonner toutes les choses superflues auxquelles vous vous êtes inutilement attaché et à vous montrer ouvert à de nouvelles possibilités. Chaque fois que vous recyclez un vieux journal ou un vieux magazine, chaque fois que vous donnez un vieux livre à la bibliothèque et chaque fois que vous remettez un vieux bibelot et un vieux vêtement à un nouveau propriétaire, vous faites de la place pour des idées, des énergies, des satisfactions et des expériences nouvelles ! Il est impressionnant de voir jusqu'à quel point on peut transformer son existence et acquérir une plus grande liberté lorsqu'on commence à mettre de l'ordre dans sa vie.

Si vous avez particulièrement de la difficulté à vous organiser, penchez-vous en toute sincérité sur votre vie et demandez-vous ce que le fait d'être désorganisé vous coûte en termes de réussite, de productivité, de santé, de relations personnelles et d'estime de vous-même. Vos réponses pourraient vous inciter à effectuer des changements notables dans votre vie. Arrêtez de penser que le fait de vous débarrasser de votre barda représente une énorme corvée et voyez plutôt là un moyen efficace de vous améliorer.

Voici quelques astuces et quelques exercices destinés à vous mettre sur la bonne voie :

Prévoyez du temps pour mettre de l'ordre dans vos affaires. Consacrez quinze minutes par jour à faire du rangement. Faites la vaisselle, faites votre lit, mettez vos vêtements sales au lavage, etc. En décomposant ce genre de corvées en petites tâches quotidiennes, vous ne serez pas aux prises avec un vrai fouillis à la fin de la semaine.

Donnez l'exemple. Si vous avez une famille, prêchez par l'exemple et adoptez des mesures incitatives afin d'encourager vos enfants. Beaucoup de parents (les mères en particulier) se laissent submerger en essayant d'obliger leur progéniture à respecter et à promouvoir l'ordre et la propreté. Même si votre seule option semble être d'adopter des mesures draconiennes, celles-ci sont rarement efficaces et ne feraient qu'ajouter à votre sensation d'épuisement et à votre sentiment d'échec. La meilleure chose à faire consiste à donner le ton en étant vous-même mieux organisé. Vous pourrez par la suite mettre en place des mesures d'encouragement, en offrant à vos enfants une petite allocation ou en leur accordant le privilège de participer à une activité parascolaire, comme le cheerleading ou le hockey, par exemple, s'ils gardent leur chambre propre, sortent les poubelles ou lavent la vaisselle. Les enfants ne demandent qu'à être encadrés ; le fait de leur imposer des limites raisonnables leur procure un sentiment de sécurité et les prépare à faire face à la réalité. Une fois que vous avez établi ces règles de base, veillez à rester ferme et déterminé. Si vous faites marche arrière, vous mettrez votre autorité en péril et vous compromettrez votre capacité à maintenir les règles en vigueur sous votre toit.

Archivez vos documents. Créez des dossiers pour les différents documents liés à vos diverses activités. Prenez chaque jour le temps de trier votre courrier et de classer les papiers importants dans des fichiers correctement étiquetés correspondant aux différents aspects de votre vie : comptes à payer, rendez-vous, courses à faire et toutes les choses se rapportant à votre travail ou à votre foyer que vous souhaitez garder sous contrôle. Prenez ensuite dix minutes chaque week-end pour trier et classer les documents que vous avez reçus au cours de la semaine écoulée, afin de pouvoir démarrer la nouvelle semaine du bon pied, sans avoir à vous tracasser à cause de problèmes restés en suspens.

N'oubliez pas votre pyramide. Reportez-vous à votre pyramide d'objectifs pour établir chaque jour une liste de tâches à accomplir. Cela vous aidera à organiser votre temps par ordre de priorités. Au début de la journée ou avant d'aller au lit le soir, prenez un moment pour réfléchir à ce que vous devez accomplir dans l'immédiat afin de vous rapprocher de votre objectif à long terme. Les petites actions que vous entreprenez aujourd'hui sont susceptibles de déboucher sur des résultats tangibles demain.

Agissez intelligemment. Faites preuve d'intelligence en gérant votre temps convenablement. N'ayez pas peur de demander de l'aide ou de déléguer des tâches à vos proches ou à vos collègues de travail. Une personne intelligente sait qu'elle ne peut pas tout faire et possède la force intérieure nécessaire pour communiquer avec les autres au besoin. Lorsque vous voulez inscrire une séance d'entraînement à votre horaire, n'hésitez pas à demander à des amis ou à des proches de surveiller vos enfants. Au lieu de recourir au service au volant d'un restaurant rapide, entendez-vous avec votre conjoint pour qu'à tour de rôle l'un de vous deux surveille les enfants tandis que l'autre prépare un repas nourrissant.

Vous aurez beau avoir tout organisé et planifié minutieusement, certains gestes inconscients sont susceptibles de venir tout gâcher. C'est pourquoi il est crucial de créer autour de vous un environnement qui contribue autant que possible à votre réussite. Nous allons voir comment au prochain chapitre.

Chapitre 11

CONTRÔLEZ VOTRE ENVIRONNEMENT

Il est indispensable à votre succès que vous puissiez exercer une certaine emprise sur votre environnement immédiat. Avez-vous déjà entendu l'expression « Vous êtes le produit de votre environnement » ? Il s'agit peut-être d'un cliché, mais il n'en contient pas moins un fond de vérité.

Par conséquent, il vous appartient de créer les conditions destinées à vous encourager à avoir des comportements salutaires plutôt que des comportements autodestructeurs. Certes, personne n'est en mesure de refaire le monde, mais, dans votre cadre de vie personnel, il en va tout autrement. En effet, nous exerçons beaucoup d'influence sur notre environnement immédiat. Seul, vous n'avez pas le pouvoir de faire cesser la pollution ou de sauver la planète, par exemple, mais, chez vous, vous pouvez installer un purificateur d'air, utiliser des produits d'entretien naturels, installer des ampoules basse consommation, rendre votre résidence plus écologique et adopter un style de vie plus respectueux de l'environnement.

Rien ne vous empêche de mener des actions ciblées visant à modifier les aspects de votre environnement que vous avez le pouvoir de contrôler, de manière à ce que celui-ci contribue le plus possible à soutenir plutôt qu'à entraver vos efforts.

Dans votre environnement cohabitent des êtres et des objets. De toute évidence, vous pouvez manipuler les objets à votre guise, mais il en est autrement des gens qui vous entourent. Les relations interpersonnelles relèvent en grande partie du domaine de la communication, que nous allons examiner au chapitre 12. Commençons donc par les objets, qui constituent de loin l'aspect de votre environnement le plus facile à contrôler : non seulement ils ne répliquent pas, mais, une fois que vous leur avez apporté des modifications, ils ne bougent généralement plus. Mais de quel type de changements est-il ici question ?

Qu'il s'agisse d'objets, d'espace, de paysages, de sons ou d'odeurs, tout autour de vous vous envoie des messages et influence vos pensées et vos comportements. Les objets qui vous entourent, les conditions environnementales et les signaux en provenance de votre environnement peuvent vous aider ou vous nuire, selon le cas. Par conséquent, comment s'y prend-on pour créer un environnement favorable ? Il suffit pour cela de faire en sorte de subir de bonnes influences et de rejeter les mauvaises influences.

SOYEZ SUR VOS GARDES !

Plus souvent qu'autrement, les nombreuses influences que nous subissons de la part de notre environnement sont difficilement perceptibles. Même lorsque nous sommes animés des meilleures intentions du monde, notre manque de connaissances à ce sujet est susceptible d'anéantir tous nos efforts. Mais même si nous ignorons leur existence, ces signaux environnementaux ont le pouvoir d'influencer nos pensées et nos comportements. Méthodes de travail, agencement de notre poste de travail, caisses enregistreuses des supermarchés, machines distributrices dans les écoles, plats de portions gigantesques, publicités télévisées, mannequins figurant sur toutes les couvertures des magazines et dans toutes les annonces publicitaires, etc. sont autant d'éléments qui ont des répercussions sur nos pensées et nos actions, même lorsque nous sous-estimons leur pouvoir de nous influencer.

Votre première tâche consiste donc à regarder autour de vous et à trouver ce qui, dans votre environnement, contribue à ébranler votre détermination. Procédez de façon systématique : si vous voulez perdre du poids, soyez à l'affût de tout ce qui vous incite à manger. Si vous avez des problèmes d'argent, soyez à l'affût de tout ce qui vous incite à dépenser. Vous voyez ce que je veux dire. Lorsque vous vous mettez en quête de ces éléments perturbateurs, assurez-vous de les traquer à votre domicile, lors de vos déplacements habituels, sur votre lieu de travail et partout où vous passez du temps sur une base régulière ou semi-régulière. Voici la liste des choses qui nuisent à mon régime alimentaire sur mon lieu de travail :

- le service de traiteur réservé à l'équipe de production ;
- la cantine mobile chargée de beignets, de biscuits et autres pâtisseries ;
- les réclames alimentaires diffusées à la télé pendant que je me coiffe et me maquille.

EXERCICE

À votre tour à présent. Prenez le temps de dresser la liste de tout ce qui, au quotidien, a le potentiel de vous freiner dans vos projets ou de vous nuire d'une façon ou d'une autre. N'oubliez pas de procéder avec minutie !

Ce qui me nuit chez moi : _____

_____

Ce qui me nuit à mon travail : _____

_____

Ce qui me nuit en général : _____

_____

PROCÉDEZ À DES SUBSTITUTIONS

Une fois que vous avez noté un maximum de sources potentielles de nuisance, la prochaine étape consiste à chercher un moyen de les éliminer, de les remplacer ou de les éviter. Votre objectif est de les enlever carrément de votre chemin, de façon à ne pas être obligé de compter sur votre seule volonté pour rester sur la bonne voie. Comme n'importe quel muscle, la volonté finit par s'épuiser et peut parfois nous faire défaut au moment où nous en aurions le plus besoin. J'aborderai au chapitre 13 la question des stratégies destinées à raffermir et à renforcer votre volonté, mais, en général, vous devriez toujours éviter le plus possible de la mettre à l'épreuve. Tout ce dont vous avez besoin pour diminuer vos risques d'avoir des ennuis, c'est d'un minimum de planification, de prévoyance et de créativité.

Certes, il existe certains éléments nuisibles que vous ne pouvez tout simplement pas éliminer, telle la distributrice du bureau où vous travaillez. Mais il y a moyen de lutter contre ce genre de problème de manière proactive. Étouffez toute tentation dans l'œuf en achetant un petit réfrigérateur que vous installerez à côté de votre bureau et que vous remplirez de collations saines, de manière à ne pas être tenté de vous procurer des produits transformés. Si vous pouvez éviter de passer devant cette satanée distributrice en empruntant un itinéraire qui vous permet de la contourner, n'hésitez pas à le faire!

Si vous vous sentez mal dans votre peau chaque fois que vous consultez les magazines et sites Web consacrés à la mode, cessez de les regarder et faites-les disparaître de votre vie! Lisez plutôt quelque chose qui va vous inspirer et vous motiver, comme ce livre, par exemple. Si vous êtes criblé de dettes et que vous vous débattez pour vous en sortir, abstenez-vous d'aller au centre commercial et achetez plutôt sur Internet ce dont vous avez besoin afin d'éviter toute tentation supplémentaire. Un peu comme lorsque vous sécurisez votre demeure pour éviter que vos enfants se blessent, vous devez vous efforcer de relever les points sensibles et d'éliminer ou de circonscrire le danger qu'ils représentent pour vous et vos objectifs.

Voici les solutions que j'ai trouvées en ce qui concerne les éléments préjudiciables à mon régime alimentaire auxquels je suis exposée à mon travail:

Problème: Le service de traiteur réservé à l'équipe de production.
Solution: Bien que ce soit le chemin le plus court, je ne suis pas obligée de passer devant la zone où se trouve le service de traiteur pour me rendre au gymnase ou à la résidence où sont logés les candidats de *Qui perd gagne*. Même s'il me faut cinq minutes de plus lorsque j'emprunte le chemin le plus long, j'élimine ainsi complètement toute forme de tentation.

Problème: La cantine mobile chargée de beignets, de biscuits et autres pâtisseries.
Solution: Ce n'est pas simple, parce que je ne suis pas encore prête à me passer de café. Mais j'ai la possibilité d'éviter entièrement la cantine mobile et son buffet rempli de pâtisseries en installant une machine à café dans ma loge.

Problème: Les réclames alimentaires diffusées à la télé pendant que je me coiffe et me maquille.
Solution: Je peux tout simplement éteindre la télévision et écouter de la musique à la place, ce qui a pour effet de me donner envie de faire de l'exercice au lieu de manger. Chez moi, je peux enregistrer toutes les émissions qui m'intéressent et faire jouer en accéléré toutes les pubs d'aliments qui pourraient me donner des envies.

De telles techniques contribuent à modifier votre environnement et à vous éviter d'avoir à faire des choix, laissant ainsi moins de place à l'erreur et aux dérapages toujours possibles. Elles n'exigent pas de gros efforts non plus : un peu d'organisation et de légers changements de comportement suffisent à les instaurer.

Déterminez quelles sont les zones à risque dans votre vie et trouvez des moyens ingénieux de les contourner. Cela vous permettra de ménager votre force de volonté pour les moments où vous ne parviendrez pas à vous mettre à l'abri du danger. Rappelez-vous que la volonté est comme un muscle : on peut la renforcer, mais, plus on l'utilise sans arrêt, plus elle se fatigue. Pour la plupart d'entre nous, la volonté se manifeste généralement par un élan soudain de courage. C'est le moment où je choisis de ne pas sortir par la porte de service qui se trouve non loin du comptoir du traiteur et d'utiliser la porte d'entrée à la place. C'est le moment où vous demandez au serveur de ne pas mettre de pain sur la table. C'est le moment où votre jugement prend le relais avant que vous ne manquiez de volonté. Mais si nous sommes constamment exposés à la tentation, la force de volonté finit par faiblir, même chez les plus déterminés.

La restauration rapide : le meilleur moyen d'éviter d'avoir des ennuis, c'est d'éliminer les problèmes à la source ! Plus vous écartez les éventuels points chauds de vous ou plus vous mettez de barrières entre eux et vous en anticipant le pire, moins vous êtes susceptible de vous laisser abattre ou de vous laisser détourner de votre objectif.

Vous pouvez et vous devez aller plus loin non seulement en éliminant les sources d'ennuis, mais aussi en les remplaçant par des influences positives. Plus vous vous entourez de stimuli qui vous motivent et renforcent votre détermination, plus vous serez motivé et fort. C'est simple, non ? Cela vaut pour tout ce qui vous entoure. Procédez à une réorganisation complète de votre cadre de vie, sans oublier les médias qui envahissent votre espace : livres et magazines que vous lisez, émissions de télé que vous regardez, musique que vous écoutez, sites Internet que vous consultez, itinéraire que vous empruntez pour aller au travail, aliments que vous conservez dans vos placards, œuvres d'art qui ornent vos murs, etc.

Si vous avez tendance à trop dépenser, éteignez la télé plutôt que de regarder les chaînes qui proposent des services de télé-achat et enregistrez plutôt certaines des émissions de Suze Orman afin qu'elle puisse vous prodiguer quelques mots d'encouragement qui vous aideront à faire des économies. Déplacez l'exerciseur elliptique qui accumule de la poussière dans votre sous-sol jusqu'à votre salle de séjour, de manière à pouvoir l'utiliser tout en passant du temps avec votre famille ou en regardant la télé. Histoire que vous soyez dégoûté à l'idée d'associer chewing-gum et aliments riches en matières grasses, assurez-vous de toujours prendre un petit-déjeuner nourrissant et de mâcher de la gomme avant de vous rendre au travail, de manière à éviter de vous laisser tenter par les marchands ambulants de votre quartier.

EXERCICE

C'est de nouveau à votre tour.

Trouvez un moyen de remplacer chaque objet situé dans votre environnement qui est susceptible de saboter vos efforts ou adoptez un comportement vous permettant de contrecarrer ses effets pervers. Les choses ne répliquent pas, n'opposent pas de résistance au changement et n'ont pas d'ordre du jour qui leur est propre : une fois que vous les avez modifiées, elles ne vont plus bouger. Malheureusement, il en va tout autrement avec les gens.

« DIS-MOI QUI TU FRÉQUENTES... »

Les sociologues ont mené de nombreuses études sur l'importance du rôle que jouent l'espace et la proximité physiques dans nos comportements et nos rapports avec les autres. Maintenant que nous avons vu à quel point les objets situés dans notre environnement immédiat ont des répercussions importantes sur nous, voyons quel type de dynamique existe entre nous et les gens qui nous entourent. Il vous est loisible de vous rapprocher physiquement des autres afin de favoriser vos rapports avec eux, d'étendre votre sphère d'influence, de vous faire des alliés, d'acquérir de nouvelles connaissances, de renforcer votre réseau de soutien, etc. Laissez-moi vous donner un exemple à ce sujet.

Dans le cadre de *Qui perd gagne,* il y a toujours au moins un candidat qui est très concentré et très déterminé et un autre qui ne l'est pas vraiment. Je fais en sorte de les entraîner ensemble et de les mettre côte à côte sur les tapis roulants, et je m'arrange pour que leurs chambres soient contiguës. Dans presque tous les cas, le concurrent le moins motivé saute sur l'occasion et adopte les caractéristiques du plus déterminé des deux. J'ai également fait en sorte d'entraîner ensemble des concurrents qui se détestaient au départ et je les ai vus devenir rapidement amis. J'ai réussi à mettre en place pour eux un système d'entraide tout en éliminant l'excès d'animosité et de tension qui régnait dans la résidence où ils logeaient. Cela a fonctionné parce que la fréquence et la qualité des échanges entre êtres humains reposent essentiellement sur la proximité physique. L'inverse est également vrai : si vous créez une distance entre les gens, ils ont tendance à se perdre de vue.

Voici l'un de mes adages préférés : « Dis-moi qui tu fréquentes et je te dirai qui tu es ». Il est devenu un cliché pour une bonne raison : son message correspond à la réalité. Des études démontrent en effet que nos semblables nous transmettent bon nombre de leurs attitudes. Cela fait partie de la nature humaine. Comme nous voulons que les gens que nous fréquentons nous apprécient, nous adoptons inconsciemment leurs comportements, leurs habitudes et leurs manières. Vous voyez où je veux en venir ?

Si vous fréquentez des gens positifs, ils auront une influence positive sur vous. Si vous fréquentez des gens déprimés, ils auront une influence négative sur vous. J'ai lu quantité d'articles sur la façon dont nos amis et les membres de notre famille influencent tous les aspects de notre vie, depuis notre poids jusqu'à nos finances. L'émission *Losing It* en était la preuve vivante : les membres d'une même famille avaient tous adopté un comportement à ce point malsain qu'ils mettaient leurs vies en danger. Notre entourage fixe les normes de conduite à adopter et nous nous alignons sur ces critères. Même si on vous a appris, lorsque vous étiez jeune, à valoriser l'autonomie et l'indépendance, l'instinct qui nous pousse à nous intégrer et à nous adapter à notre environnement correspond à un besoin humain fondamental.

Voici une anecdote personnelle qui illustre ce point. Lorsque j'étais gamine, pendant toute la durée du divorce de mes parents, j'ai fréquenté d'autres jeunes en difficulté qui faisaient l'école buissonnière, qui faisaient des expériences avec les drogues et l'alcool et qui s'attiraient des ennuis chaque fois que c'était possible. Évidemment, je leur emboîtais le pas. Mes notes ont connu une chute dramatique, j'ai commencé à faire du vol à l'étalage et, à l'âge vénérable de treize ans, j'ai atteint mon poids le plus élevé : 80 kilos (175 livres). Je n'étais pas belle à voir.

Heureusement, ma mère est intervenue et a pris les moyens nécessaires pour me remettre sur le droit chemin. C'est elle qui m'a inscrite au cours d'arts martiaux qui, comme vous ne l'ignorez pas, a transformé ma vie. Mon professeur et les autres élèves du dojo étaient des personnes en bonne santé, déterminées et motivées, qui désiraient exceller sur les plans personnel, professionnel et physique. Pour eux, il n'était pas du tout question de boire de l'alcool, de s'empiffrer de cochonneries et de ne pas aller en classe. Je les admirais et je voulais être comme eux. En conséquence, mon comportement, mes habitudes et mon apparence ont changé en mieux. Vous savez comment cela s'est terminé : je suis devenue mince et en bonne santé, j'ai entrepris une carrière couronnée de succès et je suis heureuse depuis.

Ce mimétisme social intervient le plus souvent sans même que nous nous en rendions compte. Bien qu'étant une femme de caractère au franc-parler aujourd'hui âgée de trente-six ans, je trouve toujours le moyen de tomber dans ce travers. Mon acolyte Bob Harper et moi-même étions diamétralement opposés lorsque nous avons fait connaissance sur le plateau de *Qui perd gagne*. Lui, c'était Monsieur Mode, tandis que moi, j'étais Miss Blue-jeans et T-shirt. J'adorais les motos et les voitures rapides, lui les avait en horreur. Aujourd'hui, nous sommes comme des jumeaux ! Il m'a initiée à la mode et nous portons même beaucoup de vêtements conçus par le même designer. Je l'ai initié à la moto et depuis, il se déplace fièrement dans Los Angeles en Ducati 1198S. Il nous arrive d'utiliser les mêmes expressions et d'avoir les mêmes gestes. Je me suis même réveillée un matin en riant comme lui. (Et, au cas où vous vous poseriez la question, je n'ai pas encore réussi à me débarrasser de son rire sinistre. Quelqu'un veut-il bien m'achever, par pitié ?) Nous nous sommes influencés l'un l'autre tout simplement parce que nous passons beaucoup de temps ensemble.

L'INFLUENCE DU MILIEU

Prenons un exemple d'une tout autre ampleur. La Silicon Valley, en Californie, a produit plus d'entreprises innovantes que toute autre ville américaine au cours des dernières décennies. L'eau potable y est-elle différente ? Non, bien sûr ! C'est parce que des individus qui avaient des rapports étroits avec leurs collègues ou leurs patrons et qui ont appris de ces derniers ont ensuite décidé de lancer leur propre entreprise, créant ainsi un effet boule de neige, et que d'autres encore leur ont emboîté le pas. Tels des singes, les gens apprennent souvent en imitant ceux qui sont autour d'eux. Dans ce cas précis, l'influence a été bénéfique, mais ce processus peut aussi fonctionner en sens inverse.

Cette interaction dynamique se produit à tous les échelons des relations humaines, que ce soit entre membres d'une même famille, entre collègues, entre amis ou entre croyants, bref partout où deux personnes ou plus partagent un même espace. Il s'agit là d'un outil extrêmement précieux qui contribue à faciliter les rapports entre humains. Par conséquent, comment pouvons-nous l'utiliser à notre avantage ?

La réponse est très simple. Si une personne présente un intérêt pour vous parce que vous pensez qu'elle peut vous apprendre quelque chose ou vous aider d'une manière ou d'une autre, pénétrez dans son orbite. Fréquentez le même gymnase qu'elle. Asseyez-vous à côté d'elle à la cantine. Fréquentez les mêmes amis. Adhérez aux mêmes clubs. Bref, rapprochez-vous le plus possible de cette personne.

Inversement, si quelqu'un dans votre entourage a sur vous une influence préjudiciable, mettez autant de distance que possible entre vous deux. Vous pourriez avoir peur de chasser ouvertement certains imbéciles de votre vie, mais la solution est toute simple : en vous éloignant d'eux physiquement, vous leur enlevez toute possibilité de vous nuire.

Cessez de fréquenter les mêmes endroits qu'eux. S'ils utilisent le même train de banlieue que vous, prenez le bus. Évitez les restaurants ou les bars où ils ont coutume de se rendre. Si votre poste de travail se trouve à côté du leur, changez de place avec un autre collègue de manière à accroître la distance qui vous sépare ou envisagez carrément de changer d'emploi. J'ai connu des gens qui ont déménagé dans une autre ville pour échapper à une relation malsaine. Avec un peu de chance, vous n'aurez pas à recourir à des mesures aussi extrêmes. Mais, si vous voulez vous lancer à la poursuite du bonheur, il est impératif que vous éliminiez de votre vie toute interaction dynamique néfaste, déplorable ou destructrice.

Bien que les conseils qui précèdent s'appliquent habituellement à l'espace physique, le cyberespace ayant un impact tout aussi concret, vous devez également empêcher les personnes indésirables d'entrer en contact avec vous par ce moyen. Enlevez-les par conséquent de la liste de vos amis sur Facebook. Changez votre adresse électronique. Protégez vos messages sur Twitter. Empêchez les personnes désagréables de communiquer avec vous via AOL Messenger. Changez de numéro de téléphone.

En résumé, les gens avisés et ambitieux savent comment utiliser à leur avantage l'espace physique et les rapports de proximité. Ils les utilisent pour renforcer leur interaction avec des personnes influentes et établir des liens de collaboration avec elles, tout en prenant à tout prix leurs distances par rapport aux influences négatives. (Enfin, peut-être pas tout à fait à tout prix. Admettons que je n'irais pas jusqu'au meurtre, quand même, bien que je sois parfois tentée…)

RAPPROCHEZ-VOUS DAVANTAGE

Vous vous demandez sans doute comment faire pour entrer dans l'orbite des gens que vous admirez ou de qui vous souhaitez apprendre des choses. Soyons clairs, la frontière entre établir une relation d'apprentissage avec quelqu'un et le harceler est très mince. La clé pour que votre initiative porte fruit (et reste légale) réside dans vos intentions et dans votre manière d'agir au moment où vous rencontrez cette personne. Votre objectif est de vous introduire auprès d'elle, de faire bonne impression sur elle et de mettre en place le système d'apprentissage et de soutien qui vous tient à cœur. Il existe diverses façons d'entrer en contact avec les gens dont vous souhaitez faire la connaissance. Peut-être sont-ils membres de certains clubs, peut-être prennent-ils part à certaines activités, peut-être se réunissent-ils avec certaines personnes à certains endroits, peut-être pouvez-vous devenir amis sur Facebook. À notre époque, les possibilités sont infinies.

C'est de cette façon que j'ai fait la connaissance de Suze Orman. Je l'ai toujours admirée et j'en étais arrivée à un point dans ma carrière où je tenais absolument à la rencontrer, à lui poser des questions, à obtenir d'elle qu'elle me fasse part de ses observations et me donne des conseils. S'étant construit une solide réputation d'intégrité et de détermination, elle avait accompli dans le domaine de l'argent et de la finance ce que je désirais faire dans le domaine du bien-être et de la santé. Giancarlo et moi avons donc consulté son site Internet et noté les renseignements concernant toutes les allocutions qu'elle devait prononcer au cours de cette année-là. Il a ensuite entrepris d'appeler à chacun des endroits où elle devait se produire et il a proposé que je prenne la parole gratuitement. Je ne voulais pas être payée pour prononcer un discours, je voulais simplement me rapprocher suffisamment de Suze Orman pour pouvoir la rencontrer et entamer une conversation avec elle. Et ça a fonctionné… si l'on peut dire.

Comme je l'ai mentionné précédemment, la conférence au cours de laquelle nous devions toutes deux prendre la parole a été annulée, mais nous sommes entrées en contact grâce à ces circonstances et le reste fait partie de l'histoire, comme on dit. Elle m'a prise sous son aile et m'a été d'une aide précieuse pour l'avancement de ma carrière en permettant à mon message sur la santé et l'autonomie personnelle de toucher un public beaucoup plus large.

Vous voyez, il n'est pas si difficile d'approcher les personnes que vous souhaitez rencontrer et de développer votre réseau social. Est-ce que c'est angoissant? Terriblement! Je suis bien consciente que ça peut faire peur. Comme nous craignons tous d'être rejetés et que nous avons tous notre amour-propre, cette étape peut être très difficile. Cela dit, il est temps d'apprendre à souffrir en silence. (Je regrette, mais il faut vous y habituer.) Si quelqu'un vous rejette, vous n'en mourrez pas. Votre ego en sera peut-être quelque peu meurtri, mais personne ne peut heurter vos sentiments sans votre permission. Si quelqu'un vous rejette, rien ne vous empêche de considérer qu'il vous rend service après tout. Rappelez-vous de « considérer le rejet comme la protection de Dieu » (cliché numéro 1578). Ceux qui vous rejettent vous montrent qui ils sont ; par conséquent, poursuivez votre route jusqu'à ce que vous ayez trouvé la bonne personne.

Après avoir pris contact avec quelqu'un, la victoire est encore loin d'être acquise. Qu'allez-vous faire une fois que vous aurez réussi à l'approcher ? Vous n'ignorez pas avec quelle rapidité on se fait une opinion de quelqu'un. Soyez honnête : vous savez (ou vous pensez savoir) en quelques minutes si les vibrations d'une personne vous plaisent ou non, si elle est polie ou non et si elle doit être prise au sérieux ou non.

Je peux parler à titre personnel des deux côtés de la médaille. Non seulement j'ai cherché à rencontrer des gens susceptibles de m'aider à progresser et à me développer, mais, maintenant que je connais du succès dans mon domaine, de jeunes entraîneurs cherchent à communiquer avec moi dans l'espoir d'obtenir des conseils sur la manière de développer leur activité ou d'améliorer leurs compétences. On ne peut pas dire que je sois particulièrement difficile à joindre. Il suffit de m'écrire par mon site Internet, de me suivre sur Twitter, d'assister à une des allocutions que je donne ici et là, etc. Il est donc assez facile de me rencontrer, mais je ne peux pas non plus aider tous les entraîneurs du pays. Par conséquent, les personnes qui font bonne impression sur moi sont celles qui se sont bien préparées avant de me rencontrer. Elles se sont renseignées sur moi et ma philosophie et sont donc en mesure d'entamer avec moi un dialogue qui me stimule et qui m'incite tout naturellement à approfondir la relation.

C'est ainsi que Brett Hoebel est devenu notre nouvel entraîneur masculin lors de la onzième saison de *Qui perd gagne*. Il est entré dans mon univers et m'a vraiment impressionnée. Il était passionné, talentueux et il s'exprimait avec éloquence, sans compter qu'il avait fait ses devoirs. J'ai commencé par prendre des cours de capoeira[31] avec lui et, lorsque le temps est venu d'apporter un peu de sang neuf à l'émission, j'ai exercé énormément de pressions pour qu'il obtienne le poste.

Avant d'entrer en contact avec toute personne susceptible de vous aider, vous devrez apprendre à maîtriser les bases de la communication de haut niveau. Un moyen de communication puissant et efficace constitue en effet l'une des meilleures armes dont vous puissiez disposer dans votre arsenal. Devinez par conséquent de quoi il sera question au prochain chapitre!

QUIZ
Êtes-vous prêt à vivre une vie hors du commun?

---

31. La capoeira est un art martial originaire du Brésil qui puise ses racines dans les méthodes de combat et les danses africaines. (*N.D.T.*)

Chapitre 12

APPRENEZ À MAÎTRISER L'ART DE LA COMMUNICATION

PREMIÈRE RÈGLE :
ÉTABLISSEZ DE BONNES RELATIONS AVEC LES AUTRES

La plupart d'entre nous passons une grande partie de nos journées à interagir avec les autres, à leur parler ou à les écouter, à travailler avec eux ou à leurs côtés, si vous voyez ce que je veux dire. Il y a donc de fortes chances pour que les autres jouent un rôle dans la réussite ou l'échec de vos projets. Savoir bien parler et bien écouter, savoir non seulement communiquer mais aussi coopérer et collaborer avec les autres : ces aptitudes sont tout aussi importantes que tout ce que nous avons vu à la première et à la deuxième étapes au sujet de la croissance personnelle et du développement psychologique.

Eleanor Roosevelt, une de mes idoles (au cas vous ne l'auriez pas encore remarqué), a su exprimer admirablement cette idée en ces termes : « Personne n'a jamais réellement accompli quoi que ce soit par lui-même. Dans tout ce que nous voulons réaliser dans la vie, il est essentiel d'interagir avec les autres. » En d'autres termes, aucun homme et aucune femme ne saurait vivre isolé : comme le dit le proverbe, « nul être humain n'est une île ». D'ailleurs, qui diable voudrait être une île ? C'est par l'entremise de nos interactions avec les autres que nous grandissons et que nous nous développons, à la fois sur le plan personnel et sur le plan professionnel.

Dans le cadre de notre travail, il est vital de savoir communiquer. On ne peut pas réussir dans le vide. Les gens qui réussissent sont ceux qui comprennent l'importance du « capital social », qui n'est qu'un terme compliqué pour désigner la notion de réseau. Vous ne pouvez rien accomplir si vous ne prenez aucun risque et, lorsque vous le faites, il est utile de pouvoir compter sur un réseau d'appuis permettant de minimiser ce risque. La constitution d'un capital social représente la clé de voûte de presque n'importe quel scénario professionnel que vous puissiez imaginer. Ce que vous connaissez et les gens que vous connaissez peuvent faire la différence entre le succès ou l'échec. Mais comment construire un capital aussi considérable ? Et pourquoi est-ce si important ? Voyons voir.

Avoir un bon capital social vous permet :

D'apprendre les ficelles du métier. Que vous soyez débutant, que vous veniez de recevoir une promotion ou que vous occupiez un nouveau poste, vous allez vouloir prendre le train en marche et être immédiatement opérationnel. Par conséquent, vous allez devoir demander à des collègues plus expérimentés de vous aider à comprendre comment les choses fonctionnent.

De prendre de l'expansion. En affaires, il est indispensable d'avoir des relations, quel que soit le type d'entreprise concerné. Pour pouvoir étendre vos activités, vous devez être en mesure d'attirer les gens et de retenir leur attention. De solides compétences en communication vous permettront de courtiser d'éventuels partenaires commerciaux avec élégance et habileté.

De gravir les échelons. Si vous souhaitez vous retrouver au premier rang en vue d'une promotion, vous devez impressionner votre patron et mériter son respect. S'il est essentiel d'accomplir du bon boulot et d'avoir de bonnes idées, cela ne suffira pas pour autant à vous propulser vers le sommet. L'impression que vous donnez aux autres représente la clé de votre réussite. Vous devez pouvoir défendre vos idées avec conviction en les communiquant de manière à ce qu'elles soient reçues. Faites les recherches que vous jugez nécessaires pour pouvoir vous exprimer de façon intelligente lors des réunions. Prenez note des observations qui vous sont faites afin de pouvoir les intégrer à vos propres réflexions et améliorer ainsi la qualité de vos interventions. Si vous savez communiquer – c'est-à-dire parler *et* écouter –, cela vous aidera à mettre vos atouts en valeur chaque fois que l'occasion se présentera.

D'améliorer le service à la clientèle. Si vous possédez votre propre entreprise, vous n'ignorez pas que la vigueur des sociétés est fonction de la qualité de leur service à la clientèle. Qu'il s'agisse de commerces de détail ou autres, la règle d'or de la plupart des entreprises se résume à être à l'écoute des désirs, des besoins, des doléances et des exigences de leurs clients. De même, vous devez pouvoir vendre votre produit, c'est-à-dire communiquer de façon convaincante et qui soit digne de confiance. Ce n'est qu'en vous rapprochant ainsi de vos clients que vous pourrez vous démarquer de la concurrence et faire de votre entreprise une réussite.

D'éviter les «angles morts». En affaires, les connaissances que vous possédez vous donnent un avantage considérable, mais, souvent, les choses que vous ignorez peuvent couler votre bateau avant même qu'il ait quitté le port. Comme il est de toute évidence impossible de *tout* savoir, il peut être utile pour vous de suivre les conseils de personnes qui ont davantage d'expérience que vous ou qui possèdent des compétence différentes des vôtres. Une des clés de mon succès a été jusqu'ici de m'entourer de gens plus avisés que moi. Sans blague. C'est ce que j'ai fait en choisissant mon associé, Giancarlo. Il comble toutes mes lacunes et m'aide à éviter les écueils. Je ne serais rien aujourd'hui si je ne m'étais pas entourée de gens intelligents, créatifs et talentueux. Ils ont tous amélioré la qualité et l'intégrité de l'entreprise que Giancarlo et moi avons créée. Il y a toutefois un hic : pour bénéficier de ce genre d'appui, il importe de laisser son ego au vestiaire et de cultiver un véritable esprit d'équipe en se montrant disposé à écouter les autres et à collaborer avec eux.

Dois-je continuer ? Si vous avez l'intention de réussir, vous devrez disposer d'un réseau de personnes vers qui vous tourner lorsque vous aurez besoin d'expertise, ainsi que d'un réseau de soutien. Point final. Et pour créer de tels réseaux, vous devrez maîtriser l'art de la communication, qui ne se limite d'ailleurs pas au monde de l'entreprise.

Dans la vie privée, les mêmes principes relatifs à l'art de collaborer et de communiquer efficacement sont indispensables au maintien de liens harmonieux et solides avec vos amis, votre famille et votre conjoint, soit, en gros, avec tous ceux qui partagent votre vie à quelque titre que ce soit. Voici quelques exemples de la manière dont la maîtrise des compétences de base en matière de communication peut nous aider à éviter les écueils et à améliorer notre qualité de vie en général. Ces compétences nous aident à :

De faire échec aux personnes qui cherchent à nous ébranler. Souvent, en y regardant de plus près, nous pouvons constater que certains membres de notre entourage ont une incidence sur nos problèmes, soit parce qu'ils sont vecteurs d'ennuis, soit parce qu'ils entravent nos efforts.

Lors du tournage de *Losing It*, cette dynamique particulière était constamment à l'œuvre au sein des familles auxquelles je rendais visite. Lorsqu'un des membres d'une même famille commençait à perdre du poids, un autre se sentait menacé et tentait alors de saboter les efforts du premier. Ce genre de comportement n'est pas forcément conscient ou malveillant, mais il n'en produit pas moins des effets pervers. Il est donc indispensable à l'établissement de relations saines et harmonieuses de savoir faire part aux autres de vos préoccupations, de vos besoins et de vos rêves, en vue de trouver ensemble des solutions permettant de résoudre les conflits.

De dissiper les malentendus. Les malentendus ont un effet préjudiciable, notamment sur vos relations personnelles. La clé pour maintenir des relations harmonieuses et des rapports d'égalité consiste à faire passer votre message aux autres de manière claire, sans porter de jugement, tout en réservant un accueil favorable aux informations qui vous sont communiquées. Je ne saurais vous dire le nombre de fois où des personnes ont mal interprété mes propos, mes messages ou mes gestes, pensant que j'étais en colère ou contrariée alors qu'en réalité je plaisantais en toute bonne foi.

Nous sommes tous différents! Nous ne pensons pas et nous ne nous comportons pas tous de la même manière. Et c'est très bien ainsi. Cela signifie toutefois que vous devez faire en sorte qu'il y ait le moins d'ambiguïtés possibles dans les messages que vous voulez faire passer. Exprimez clairement ce que vous ressentez: ne laissez pas les choses s'envenimer ou la rancune s'installer. Lorsque vous parlez aux autres de vos émotions et de vos besoins, vous les aidez à réagir adéquatement. À l'inverse, si quelqu'un vous fait part de ce qu'il ressent, écoutez-le en gardant l'esprit ouvert et essayez de ne pas porter de jugement et de ne pas vous mettre sur la défensive. Cela vous aidera à mieux comprendre les autres et à établir de meilleures relations avec eux.

D'apprendre à faire des compromis. Les gens sont tout le temps en désaccord les uns avec les autres. Cela fait partie de la vie, de même que les négociations en vue de parvenir à un compromis honnête. Que nos divergences soient importantes ou non, au fil du temps elles peuvent ébranler n'importe quelle relation, à moins que nous cherchions à les résoudre en faisant preuve de patience, de diplomatie et de l'esprit de compromis nécessaire. Vous savez très bien de quoi je veux parler. Il veut des mets mexicains et vous voulez des sushis. Il veut aller passer un week-end en amoureux à Las Vegas tandis que vous voulez aller à Cabo[32]. Il pense que vos enfants devraient fréquenter l'école publique alors que vous voulez les envoyer à l'école privée. Il est impossible de résoudre ce genre de conflits sans de bonnes capacités de communication. Dans la vie, il ne s'agit pas de gagner ou de perdre, mais plutôt d'améliorer notre aptitude à trouver des solutions. Or, c'est en apprenant à bien communiquer que vous y arriverez.

SIGNE DE FORCE

Ce ne sont là que quelques exemples qui montrent à quel point il est important de savoir communiquer dans la vie. Bravo à ceux d'entre vous qui ont tout pigé! Si c'est votre cas, passez directement à la section suivante. Quant à ceux d'entre vous qui considèrent que c'est faire preuve de faiblesse que d'exprimer ses besoins et ses sentiments, ou qui pensent qu'ils n'ont absolument pas besoin d'aide, faites-vous une raison et cessez de faire l'imbécile.

Savoir exprimer ses sentiments et se montrer vulnérable sont des signes de force, comme le dit si bien une autre de mes citations préférées: «Vous ne pouvez connaître le bonheur et la joie que si vous connaissez la vulnérabilité.» Il s'agit de nouveau d'un extrait du *Prophète,* de Khalil Gibran. Avez-vous remarqué à quel point j'adore ce livre?

Pensez-y sérieusement. Si vous ne demandez pas de promotion, quelqu'un d'autre le fera et l'obtiendra probablement à votre place parce qu'il aura exprimé ouvertement et honnêtement son ambition. Si vous ne dites rien à votre conjoint lorsqu'il heurte vos sentiments, votre silence fera en sorte que votre relation va s'effriter avec le temps; votre ressentiment va répandre son venin jusqu'à ce que ce qui fut autrefois un simple grief se transforme en quelque chose de beaucoup plus grave. Si vous ne demandez rien, vous n'obtiendrez

---

32. Située à l'extrémité sud de la péninsule de la Basse-Californie du Sud, au Mexique, la plage de Cabo est très connue dans le milieu des sports de glisse. (Cf. http://fr.wikipedia.org/wiki/Cabo_San_Lucas.) (*N.D.T.*)

rien. Et si vous ne parlez pas de vos problèmes, ils ne vont pas se résoudre tout seuls. Qui ne risque rien n'a rien. Par conséquent, exprimez-vous !

Nous avons tous besoin d'aide de temps en temps ; ceux qui se sentent suffisamment dignes et sûrs d'eux pour demander de l'aide sont aussi ceux qui en obtiennent. Les gens qui n'osent pas demander de l'aide ou qui craignent de laisser les autres collaborer avec eux peuvent avoir diverses raisons d'agir ainsi : soit ils ont trop orgueil, soit ils ont un problème d'estime de soi. Mais ce qui compte finalement, c'est que vos projets sont voués à l'échec si vous ne parvenez pas à communiquer avec les autres. Pardon d'être aussi directe, mais, si c'est votre cas, vous aviez besoin d'entendre la vérité et vous avez maintenant besoin de retourner à la deuxième étape et d'écarter les obstacles qui vous empêchent encore d'aller de l'avant.

Assez de digression. Il est temps pour vous à présent d'apprendre à communiquer efficacement. Les outils qui suivent vous aideront à perfectionner l'art de la communication, de manière à ce que votre vie soit désormais plus harmonieuse, plus sereine et plus satisfaisante. Nous allons examiner en quoi consistent l'écoute, la prise de parole et la négociation, de même que d'autres principes de bases ayant trait aux relations humaines.

La communication étant incontestablement un processus bidirectionnel, j'ai divisé ce thème en deux éléments distincts portant respectivement sur l'écoute et la prise de parole.

OUVREZ GRAND VOS OREILLES !
L'écoute forme la base de toute conversation efficace. Un peu comme une danse, une conversation est nécessairement fondée sur une interaction permanente, un rythme formé de concessions mutuelles, un équilibre entre affirmation de soi et prévenance envers l'autre. Souvent, nous sommes tellement occupés à faire valoir notre point de vue que nous en oublions d'écouter ce que l'autre a à dire. Et je ne parle pas simplement de se taire pendant quelques secondes. Je parle d'écouter non seulement dans l'intention de répondre, mais surtout dans le but de comprendre.

Il est facile d'adopter une démarche visant à projeter nos propres problèmes et nos propres antécédents sur les autres. Nous interprétons leurs propos à partir de notre monologue intérieur et nous essayons de les comprendre d'après ce que nous savons de nos propres motivations. Nous leur répondons et leur donnons des conseils en nous basant sur notre propre cadre de référence, mais ce n'est pas nécessairement ce qui est approprié dans chaque cas. Faute d'être à l'écoute, nous transformons nos conversations en monologues parallèles plutôt qu'en dialogues.

J'ai été invitée une fois à participer à l'émission *Dr. Phil*[33]. La discussion portait ce jour-là sur l'embonpoint. La National Association to Advance Fat Acceptance (NAAFA[34]), un groupe de personnes obèses dont l'objectif est de mettre un terme à la discrimination à l'encontre des gens corpulents, luttait pour que la société fasse certaines concessions par égard pour ces derniers. D'un côté se trouvait l'équipe des « tailles fortes », formée de trois femmes obèses. De l'autre se trouvait l'équipe des « tailles minces », dont je faisais partie en compagnie d'un autre entraîneur portant un T-shirt sur lequel était écrit : « *No Chubbies*[35] ». (Je ne plaisante absolument pas.) Sa mère souffrait d'embonpoint et l'avait accusé toute sa vie de lui avoir fait prendre du poids au cours de sa grossesse. Le troisième membre de notre groupe était un nutritionniste dont toute la famille était morte de maladies liées à l'obésité. Les choses ont vite dérapé. À peine les femmes obèses avaient-elles fini de s'exprimer que l'autre entraîneur et le nutritionniste bondissaient sur elles, les accusant d'être paresseuses, de se chercher des excuses, etc.

Ce qui a conduit l'équipe des « tailles fortes » à adopter une attitude défensive et à se méfier des motifs réels de ceux qui voulaient leur donner des conseils ; elles ne pouvaient tout simplement pas accepter qu'on les traite avec condescendance. Ce qu'elles voulaient et ce dont elles avaient besoin, c'était d'être traitées avec respect. Elles ne disaient pas qu'elles étaient en bonne santé, mais tentaient plutôt d'expliquer qu'elles devaient faire face à des défis permanents, le regard que la société posait sur elles et la discrimination dont elles étaient victimes ne faisant qu'aggraver leur cas.

Trop occupés qu'ils étaient à projeter inconsciemment leur propre colère et leurs propres blessures sur ces femmes, les deux autres membres de mon groupe n'étaient pas en mesure d'entendre leur message. Il en est malheureu-

---

33. Il s'agit d'un talk-show américain. (*N.D.T.*)
34. Traduction libre : « Association nationale de promotion des droits des personnes obèses ». (*N.D.T.*)
35. Traduction libre : « Interdit aux gros ». (*N.D.T.*)

sement résulté qu'il n'y a pas eu d'entente entre les deux équipes et que personne n'a trouvé son compte dans cette histoire. Ces femmes avaient besoin d'aide et elles étaient ouvertes au changement, mais les experts de mon équipe n'ont pas vraiment su les écouter, encore moins comprendre la nature de leurs difficultés. Après l'émission, j'ai toutefois eu la chance d'établir un lien avec ces dames et de pouvoir par la suite aider l'une d'elles à retrouver la forme.

Une des raisons pour lesquelles il est si important d'avoir une bonne écoute, c'est que chacun voit les choses à sa façon. Nos origines culturelles et nos expériences respectives ont façonné nos modes de pensée et nos perceptions du monde. Certains pensent en termes de pénurie, ce qui les pousse à agir d'une certaine manière. D'autres pensent en termes d'abondance, ce qui les incite à agir d'une autre manière. Certains croient en Dieu, d'autres non. Certains sont républicains, d'autres sont démocrates, etc. On pourrait écrire un livre rien qu'à partir des exemples de la manière dont nous sommes tous différents les uns des autres. Il est par conséquent essentiel de transcender les limites de nos perceptions respectives pour pouvoir mieux communiquer et jouir ainsi d'une qualité de vie qui soit nettement meilleure.

Notre objectif est d'arriver à faire ce que beaucoup d'experts en développement personnel appellent de l'« écoute empathique ». C'est le genre d'écoute qui vous permet de vous mettre à la place des autres et d'adopter *leur* cadre de référence, de manière à éprouver ce qu'ils ressentent et à comprendre ce qu'ils veulent dire. Ce type d'écoute comporte deux avantages importants. Dans un premier temps, cela vous permet de gagner la confiance de votre interlocuteur et de l'amener à s'ouvrir davantage, ce qui contribue toujours à engendrer de nouvelles possibilités de créer des liens, de résoudre les conflits et de faire preuve de créativité. Deuxièmement, cela vous permet de découvrir exactement ce qui se passe plutôt que de simplement projeter vos problèmes sur ceux qui vous entourent et de faire des suppositions. Chacun sait en effet qu'« il n'y a rien de plus stupide que de juger sans preuve[36] ». (Je n'ai pas pu m'en empêcher, il fallait que ça sorte !) L'essentiel, c'est que l'écoute empathique nous permet d'établir la communication et de résoudre les conflits sur une base véritable et durable.

---

36. Traduction libre d'un jeu de mots intraduisible bien connu des anglophones : « *When you assume something, it makes an ass out of you and me* » (ASSUME = ASS + U + ME). (Cf. http://uncyclopedia.wikia.com/wiki/Assume.) (*N.D.T.*)

Tout cela est très intéressant, mais comment s'y prend-on exactement pour écouter de manière empathique ? Ce n'est pas quelque chose qui va de soi. Il ne suffit pas de décider de mieux écouter pour réussir immédiatement à le faire. Puisque nous sommes fortement programmés à penser avec notre ego, une bonne prise de conscience – ainsi que de la force, du courage et de la volonté – est indispensable pour le tenir en échec. Comme pour presque tout, on peut apprendre à écouter efficacement et s'améliorer à force de s'entraîner. Voici donc l'occasion pour vous de mettre en pratique les techniques que nous avons vues au chapitre 9 et qui consistent à vous renseigner et à améliorer vos compétences grâce aux vertus de l'entraînement ciblé. Par conséquent, mettons-nous à l'ouvrage !

Soyez présent et attentif

Ce doit être la dixième fois que je vous répète de rester conscient et présent. Commencez-vous à voir pourquoi il est si important de demeurer attentif à ce qui se passe autour de vous ? Lorsque vous écoutez quelqu'un, faites en sorte qu'il sache que vous êtes vraiment à l'écoute. Arrêtez ce que vous êtes en train de faire, regardez-le dans les yeux et accordez-lui toute votre attention. Autrement dit, ce n'est pas le moment de vérifier vos courriels ou de téléphoner, ni de regarder la télé ou d'accomplir d'autres tâches : concentrez-vous uniquement sur les propos de votre interlocuteur.

Soyez conscient des signaux émis par votre corps

Notre langage corporel joue un rôle important dans ce que nous communiquons aux autres. Notre manière d'agir fournit aux autres des indications précieuses sur nos objectifs, nos intentions et nos attitudes. Nos gestes, nos expressions faciales et notre posture en disent long sur ce que nous pensons et sur ce que nous sommes. Les chercheurs affirment que la « communication non verbale », comme ils l'appellent, est souvent davantage utile à la compréhension que les paroles elles-mêmes. Une bonne connaissance du langage corporel vous procure un avantage sur deux plans : cela vous permet à la fois de mieux discerner ce que pensent les autres et de mieux faire passer votre message.

Je peux habituellement savoir tout de suite si les gens s'intéressent à moi par la manière dont ils me regardent ou dont ils se comportent lorsqu'ils s'adressent à moi. Ainsi, s'ils croisent les bras, cela peut vouloir dire qu'ils sont en colère ou vexés, voire qu'ils se sentent menacés. Par conséquent, je leur laisse un peu plus d'espace et je fais en sorte que mon propre langage corporel ou ma posture ne leur donne pas l'impression que je veux m'immiscer dans leur bulle. Ou encore, s'ils regardent le sol régulièrement tout en me parlant, cela peut vouloir dire qu'ils se sentent intimidés ; je calme alors leurs appréhensions en reculant un peu. En prêtant attention au langage corporel des autres, vous avez une idée de ce qu'ils ressentent, ce qui vous permet alors de modifier votre façon de communiquer.

Soyez conscient de la façon dont vous vous comportez et dont vous communiquez. Est-ce que vous souriez ? Croyez-le ou non, le sourire est un outil vraiment puissant qui met les gens à l'aise et suscite instantanément des émotions positives. Vos bras sont-ils décroisés et votre attitude est-elle ouverte ? Cela favorise la conversation et l'interaction. Est-ce que vous maintenez un contact visuel avec votre interlocuteur ? Vous savez aussi bien que moi que quelqu'un qui est incapable de vous regarder dans les yeux cherche à fuir quelque chose et a forcément l'air un peu louche. (Mais n'allez pas croire que quelqu'un qui vous regarde dans les yeux est honnête pour autant : les pires escrocs savent le faire sans problème.) De petits gestes peuvent faire une énorme différence dans la façon dont les autres vous perçoivent et contribuer grandement à leur faire part de votre sincérité et de votre intérêt à leur égard. Si vous souhaitez approfondir ce sujet, il existe d'excellents livres sur le langage corporel, dont *Le langage universel du corps* de Philippe Turchet et *Pourquoi les hommes se grattent l'oreille... et les femmes tournent leur alliance ?* de Allan Pease et Barbara Pease.

Ressentez leur peine

Faire preuve d'une écoute empathique consiste à écouter avec son cœur et pas seulement avec ses deux oreilles. Mettez-vous dans la peau de vos interlocuteurs. Portez une attention particulière à la façon dont le sujet de conversation que vous avez choisi joue sur leurs émotions. Prenez en considération leurs coutumes, leurs valeurs et leurs antécédents. Pour bien saisir le sens profond de ce qu'ils tentent de vous communiquer, votre perception doit aller au-delà de leurs paroles et de votre propre cadre de référence. Tant que vous ne percevrez pas dans votre cœur ce que vous éprouveriez si vous étiez à leur place, vous ne pourrez jamais comprendre vraiment les autres. Une fois qu'ils ressentent que vous les écoutez et que vous les comprenez, vous acquerrez à leurs yeux une crédibilité et une légitimité sur lesquelles vous pourrez ensuite miser pour cheminer dans une direction mutuellement bénéfique.

Cette étape peut être plus difficile qu'elle n'en a l'air. Il existe toutes sortes d'individus dans le monde et beaucoup d'entre eux auront des valeurs avec lesquelles vous êtes en désaccord, peut-être même profondément. Certains d'entre eux auront des convictions qui heurteront les vôtres, parfois violemment. Mais nous sommes tous humains et formons une seule et même race. Et il est toujours possible de trouver un terrain d'entente entre nous. Vous y arriverez si vous faites appel à votre cœur plutôt qu'à votre tête.

Qu'est-ce que j'entends par là ? Juste pour que vous puissiez vous faire une idée de la façon dont cela fonctionne dans la réalité, voici quelques exemples de situations délicates et de compromis possibles. En dépit de vos divergences religieuses, votre interlocuteur et vous pourriez vous entendre sur le fait que vous croyez tous deux en Dieu. En dépit de vos divergences politiques, vous pourriez vous entendre sur le fait qu'il vous tient énormément à cœur à tous les deux de contribuer à l'instauration d'un monde meilleur. Une fois que vous aurez trouvé ces points de convergence, vous pourrez commencer à comprendre les motivations de l'autre personne. À partir de là, vous serez en mesure d'aller de l'avant de manière à servir vos intérêts communs. J'en ai marre de vous dire que ce ne sera pas facile, mais c'est pourtant la vérité. Comme je vous l'ai annoncé depuis le début, je ne vais pas vous faire de fausses promesses, mais je vais vous fournir des réponses et des solutions. Si vous espérez réaliser de grandes choses, vous allez devoir vous y mettre. Je tiens à vous signaler que je m'efforce *tous les jours*, avec plus ou moins de succès d'une fois à l'autre, d'améliorer mes capacités d'écoute empathique. Avec le temps et après bien des vicissitudes, ce sera de plus en plus facile pour vous à mesure que vous commencerez à voir les avantages de cette technique.

Laissez savoir aux autres que vous les avez écoutés et entendus

Assurez-vous de faire savoir à vos interlocuteurs que vous les avez entendus. Vous pouvez écouter avec empathie tant qu'il le faudra, mais cela ne servira strictement à rien tant que l'autre ne perçoit pas que vous êtes à son écoute. Songez à ce que vous ressentez lorsque vous ouvrez votre cœur à quelqu'un et que vous constatez, au moment où il ouvre la bouche, qu'il n'a pas compris un traître mot de ce que vous avez dit. C'est terriblement frustrant, gênant et vexant, non ? Songez maintenant à ce que vous ressentez lorsque vous pouvez dire, d'après ses réponses, qu'il vous a compris. Je parie que vous vous sentez alors soulagé, apprécié, à l'aise et ouvert à l'idée d'entendre son point de vue. C'est la raison pour laquelle votre façon de réagir aux sentiments exprimés par les autres compte énormément.

Cela dit, il y a une astuce que vous pouvez utiliser ; bien que cela puisse ressembler à de la manipulation, rappelez-vous que vous ne seriez pas mesure d'y recourir si vous n'étiez pas vraiment à l'écoute. Par conséquent, plutôt que de vous sentir mal à l'aise, faites comme si vous vous serviez d'une formule toute faite. D'abord, reformulez ce que votre interlocuteur a dit. Assurez-vous que votre perception de ce qu'il ressent est comprise dans votre énoncé. Faites ensuite connaître vos mobiles, afin de laisser savoir à l'autre ce qui vous anime et de commencer à établir un rapport de confiance entre vous. Ce faisant, ce que vous dites aura de la valeur à ses yeux et vos suggestions, vos conseils et le dialogue que vous avez entamé, quelle qu'en soit la nature, seront bien reçus et pris au sérieux.

Lors du tournage des épisodes de *Losing It,* un intense processus de changement était à l'œuvre. Telle une tornade, je débarquais pendant une semaine dans la vie d'une famille. Après quoi je laissais ses différents membres mettre par eux-mêmes en pratique tout ce que je leur avais appris, tout en restant étroitement en contact avec eux par courriel et par téléphone. Six semaines plus tard, je retournais sur place afin de vérifier les progrès accomplis. Une jeune femme a trouvé particulièrement pénible la période où sa famille était « livrée à elle-même » et elle a cessé de répondre lorsque je tentais de la joindre. J'étais extrêmement préoccupée à l'idée qu'elle pouvait être en plein désarroi et il me fallait aller au fond des choses avec elle. Je lui ai donc fait savoir aussi clairement que possible que je voulais simplement l'aider. Voici en gros quel a été le déroulement de notre conversation :

Moi : Rachel, qu'est-ce qui t'arrive ? J'ai remarqué que tu ne réponds pas à mes messages. Ça m'inquiète et je suis bien embêtée, alors, au lieu d'essayer de deviner ce qui se passe, j'ai décidé de venir te le demander carrément. Tu peux me parler franchement. Je suis là pour ça.

Rachel : Ce n'est pas que je cherche à t'éviter. J'ai l'impression d'en être arrivée à un point où, malgré mes efforts, je ne vois toujours pas venir les résultats auxquels tu t'attends. J'ai envie de tout laisser tomber. Je te suis extrêmement reconnaissante pour toute l'aide que tu m'as apportée, mais parfois je sens que ce que je fais n'est pas suffisant, même si je donne tout ce que j'ai. C'en est décourageant. Je trouve aussi que nous devons nous montrer à la hauteur de normes que jusqu'à présent nous n'arrivons pas à respecter, et là c'est notre amour-propre qui en prend un coup.

Voyez de quelle façon je répète ce qu'elle a dit à propos de ce qu'elle ressent.

Moi : J'ai compris ton message. Tu sens que je mets de la pression sur toi, et l'émission aussi, en te demandant de perdre du poids à un rythme que tu ne penses pas pouvoir tenir, et tu ressens ça comme un échec.

Une fois que Rachel sait que j'ai entendu ce qu'elle avait à dire et qu'elle a l'assurance que je suis à son écoute, j'essaie d'aller au fond du problème.

Moi : As-tu vraiment envie de tout abandonner ou as-tu simplement peur ? Tu es venue me voir en me disant que tu voulais changer ta vie. Aurais-tu changé d'idée ? Comment vois-tu l'avenir ?

Rachel : J'arrive difficilement à exprimer ce que je ressens, mais ce n'est pas que je ne veux pas changer ma vie ! Nous avons tous eu besoin et nous avons toujours besoin de ton aide et de tes encouragements. Tu sais que nous sommes une famille tenace et que nous voulons obtenir les meilleurs résultats possibles. Nous voulons être bien dans notre peau, nous voulons être plus heureux et en meilleure forme. J'ai l'impression que ça prend du temps et je ressens si fortement la pression pour maigrir à cause des caméras que je suis découragée et en colère contre moi-même. Je t'en prie, ne perds pas courage en ce qui nous concerne. C'est juste que c'est difficile de faire tout ça à distance et de nous assurer que nous sommes tous sur la même longueur d'onde. J'espère que ça t'aide à comprendre notre situation.

Voyez maintenant de quelle façon je corrobore ses dires et lui donne l'occasion de m'indiquer en quoi je puis lui venir en aide.

Moi : Je comprends parfaitement que tu puisses te sentir dépassée par les événements. Tu as raison de dire que je veux que vous perdiez du poids pour les besoins de l'émission, mais je suis d'abord et avant tout là pour vous aider. Après tout, c'est le but de cette émission. Je n'ai pas du tout perdu courage en ce qui vous concerne ! Je veux juste être sûre de pouvoir vous aider au meilleur de mes capacités. Dans ma tête, votre emploi du temps, mon programme et le plan de travail de l'émission sont une seule et même chose. D'après ce que tu dis, j'ai l'impression que ça n'a pas changé. Par conséquent, indique-moi s'il te plaît ce que je peux faire pour que vous puissiez atteindre plus facilement vos objectifs.

Rachel : J'apprécie vraiment ton aide. Je pense que si tu pouvais ne pas me demander combien je pèse à moins que je t'en parle, ça m'enlèverait un peu de pression. Et si je connais une mauvaise passe une semaine, essaie de comprendre et de ne pas me juger. Je te suis vraiment reconnaissante de nous avoir donné cette chance-là et je vais rester plus en contact avec toi à partir de maintenant.

Moi : Tout ce que tu me demandes là, je peux le faire ! Sache simplement que je ne te juge pas et que je ne l'ai jamais fait. Je me préoccupe de votre sort et je suis là pour vous aider à retrouver la forme, quel que soit ce qui vous convient le mieux.

À présent, prenons quelques minutes pour analyser cette conversation. Ma première réaction a été de faire savoir à Rachel que j'avais entendu son message et compris ce qu'elle ressentait. Ce qui ne veut pas dire que j'étais d'accord avec elle. Les gens peuvent émettre des opinions que vous ne partagez pas, mais rien ne vous empêche de prendre connaissance de leur manière de voir les choses. Personnellement, je ne pense pas que mes attentes à l'endroit de Rachel étaient déraisonnables. Je savais qu'elle avait la capacité de réussir et j'étais d'avis que nous lui avions donné suffisamment de temps et d'outils pour qu'elle s'en sorte. Mais ma perception des choses ne présentait aucun intérêt pour elle. Elle se sentait dépassée par les événements et se dirigeait tout droit vers un échec. Il me fallait tenir compte de ses sentiments et aborder cette question avec elle avant qu'elle soit en mesure de continuer et de retrouver la forme. J'ai donc fait un résumé de la situation et lui ai affirmé que je comprenais son sentiment de frustration.

Mais je ne me suis pas arrêtée là. J'ai fait quelque chose qu'il est très important de faire dans nos interactions quotidiennes avec les gens : je lui ai annoncé clairement mes intentions. Je lui ai expliqué les raisons de cet entretien avec elle. En faisant part aux autres de vos motifs comme je l'ai fait, vous instaurez un climat de confiance qui vous permet d'établir avec eux des relations plus ouvertes, plus enrichissantes. Dans ce cas-ci, je désirais instaurer un climat de confiance afin que Rachel puisse écouter ce que j'avais à lui dire, de manière à ce que je sois en mesure de l'aider à reprendre sa vie et sa santé en main. Évidemment, cela ne peut fonctionner que si vos intentions sont pures. Si elles sont frivoles ou malhonnêtes, vous perdez votre temps à lire ce chapitre, mais je vais vous laisser le bénéfice du doute et parier qu'elles ne le sont pas. Vous ne devriez jamais avoir peur de dire la vérité : ça peut toujours servir.

Je voulais que Rachel perde du poids, à la fois pour elle-même et pour le succès de l'émission. J'ai mis mes motifs sur la table afin de renforcer sa confiance en moi et je lui ai alors posé quelques questions importantes concernant ses besoins et la façon dont je pouvais l'aider.

Montrez la voie aux autres

Poser des questions clés constitue la dernière étape de l'écoute empathique. En tant que personne capable d'écouter, votre rôle est de comprendre. Cela signifie que vous devez remplacer votre jugement par de l'empathie et vos conseils par des questions. En posant des questions, vous montrez que vous êtes réellement intéressé à l'autre et que vous souhaitez en savoir plus sur ce qu'il pense et sur ce qu'il ressent. Cela vous permet de gagner la confiance de votre interlocuteur. Repensez aux conversations que vous avez eues dans le passé. Êtes-vous jamais allé à un rendez-vous avec quelqu'un qui parlait tout le temps et ne vous posait pas la moindre question ? Malheureusement, cela m'est arrivé. Je me souviens de m'être dit toute la soirée : « Mais ce type est un parfait imbécile ! » Autrement dit, si vous voulez gagner la confiance des autres, interrogez-les sur ce qu'ils sont, sur ce qu'ils ressentent et sur ce dont ils ont besoin. Ce sont des choses qui font que nous sentons qu'on nous respecte et qu'on s'intéresse à nous.

En plus de montrer que vous vous souciez des autres, le fait de poser des questions vous aidera à déterminer quels sont leurs besoins. Vous pourrez ainsi établir un plan d'action qui débouche sur une solution constructive. En demandant à Rachel en quoi je pouvais lui être utile, j'ai contribué à notre réussite commune. Elle m'a donné des indications précises concernant ce qu'il convenait que je fasse ou non pour parvenir à un résultat qui soit avantageux pour nous deux.

La maîtrise des questions directives comporte un autre avantage très important. Elle vous permet, dans certains cas, d'amener votre interlocuteur à adopter votre point de vue. Il s'agit d'une autre technique de manipulation sans grande conséquence. Du moment qu'on l'utilise avec les meilleures intentions, qu'importe ? Et même si vous influencez les gens, ils sont tôt ou tard obligés de faire un choix de toute façon, alors ne vous culpabilisez pas pour ça.

Voici comment cette technique fonctionne. Vous ne pouvez pas imposer un changement aux gens : ils doivent opter librement pour ce changement. Même si, à la télé, je donne parfois l'impression d'obliger les candidats à agir contre leur gré, en réalité ce n'est pas le cas. Cela ne peut tout simplement pas fonctionner. Réfléchissez-y un peu : lorsque quelqu'un tente de vous forcer à faire quelque chose, quel est votre premier réflexe ? Résister, non ? L'astuce consiste donc à pousser les gens à obtenir les résultats concluants auxquels ils aspirent.

Si j'avais dit à Rachel quoi faire, elle se serait sentie victime d'intimidation, et alors elle aurait résisté. Mais, en lui posant les bonnes questions – « As-tu vraiment envie de tout abandonner ou as-tu simplement peur ? Tu es venue me voir en me disant que tu voulais changer ta vie. Aurais-tu changé d'idée ? Comment vois-tu l'avenir ? » –, je l'ai aidée à entrevoir la meilleure solution possible, ce qui m'a permis d'harmoniser nos priorités.

Si vous procédez de la sorte, vous évitez qu'il y ait lutte de pouvoir ou bataille pour le contrôle de la situation. Vous vous contentez de remettre le ballon à votre interlocuteur et de le laisser décider. Au lieu d'essayer de contrôler Rachel ou de la convaincre du bien-fondé de mon point de vue, je l'ai finalement amenée, grâce à une série de questions précises qui soulignaient les avantages et les inconvénients de ses choix, à décider par elle-même qu'elle souhaitait retrouver la forme et perdre du poids.

Être à l'écoute des autres, ce n'est pas compliqué au fond. Les gens veulent être entendus et se sentir appréciés : cela correspond à deux des besoins fondamentaux de tous les êtres humains. Lorsque les autres nous écoutent, ils nous témoignent de l'amour. Lorsqu'on nous écoute et qu'on nous comprend – pas nécessairement lorsqu'on est d'accord avec nous, mais lorsqu'on nous entend et qu'on s'identifie à nous –, nous manifestons l'ouverture et la confiance nécessaires pour que s'établisse une collaboration mutuellement avantageuse. Bien entendu, cela fonctionne dans les deux sens. Par conséquent, nous allons maintenant aborder la question de l'art de s'exprimer.

EXPRIMEZ VOS BESOINS

Il est assurément tout aussi important de savoir exprimer ses pensées, ses sentiments et ses idées que de savoir être à l'écoute des autres. Rappelez-vous qu'aucun homme n'est une île (et aucune femme non plus!); par conséquent, pour espérer avoir une vie exceptionnelle, vous devez être en mesure de collaborer avec les autres.

Dans notre société, nous avons tendance à idéaliser l'individualisme. Mais songez à cette île dont je viens encore une fois de vous parler. Seuls, nous ne pouvons tout simplement aller nulle part. Notre espèce aurait-elle pu survivre pendant des milliers d'années si les humains n'avaient pas collaboré entre eux? J'en doute. Vous devez donc vous associer aux autres pour espérer réussir; or, la manière dont vous vous adressez à eux détermine s'ils seront avec vous ou contre vous.

Qu'il s'agisse de votre conjoint avec qui vous vous disputez constamment, des membres de votre famille qui vous poussent à trop manger, de votre patron qui n'apprécie pas vos idées ou de qui que ce soit d'autre, les gens qui vous entourent contribuent énormément à vos succès ou à vos échecs. Il est parfaitement insensé de croire que vous pouvez atteindre vos objectifs par vos propres moyens. Laissez votre ego au vestiaire, car il n'y a pas de place pour lui dans vos entreprises. Si vous espérez progresser dans la vie, il est temps pour vous de ravaler votre fierté.

En amenant les gens à collaborer avec vous, vous éliminez bon nombre d'entraves à votre réussite. La prochaine section vous montrera comment il convient de procéder. Il s'agit là en quelque sorte de ma version personnelle de « Comment se faire des amis[37] ».

---

37. Allusion au célèbre ouvrage de développement personnel de Dale Carnegie dont le titre original est *How to Win Friends and Influence People*. (N.D.T.)

La première chose dont vous aurez besoin, c'est de cran. Vous allez devoir être assez courageux pour indiquer aux autres quelle est la nature de vos pensées, de vos émotions et de vos besoins. La plupart d'entre nous tiennent pour acquis que leurs désirs et leurs besoins sont une évidence même. Or, c'est loin d'être le cas. Les gens qui vous entourent sont incapables de lire dans vos pensées et, la plupart du temps, ils ne sauront pas comment vous aider si vous ne leur dites pas ce que vous voulez. Rappelez-vous que, tout comme vous, ils emportent dans leurs valises leurs expériences et leur cadre de référence personnels. Il se pourrait donc fort bien que vous soyez choqué par ce qu'eux considèrent comme utile.

En leur faisant part de vos pensées et de vos sentiments, vous donnez aux autres ce dont ils ont besoin pour vous comprendre et coopérer avec vous. Au premier abord, l'idée de demander de l'aide et d'exprimer vos besoins pourrait donner l'impression que vous êtes maladroit, vulnérable, faible ou égoïste. C'est là que le courage devient nécessaire. Car plus vous exprimerez vos besoins, plus votre pouvoir augmentera. Disons les choses franchement: si vous êtes incapable de discuter d'un problème, vous ne serez pas en mesure de le résoudre.

Je parie que vous vous dites: « Mais je ne peux pas faire ça. Ça va froisser les gens. » En fait, si vous exprimez vos désirs de la bonne façon, vous n'allez heurter personne. J'ose d'ailleurs espérer que vous avez accumulé assez de confiance en vous à ce stade-ci pour laisser les autres s'occuper eux-mêmes de leur état de santé mentale. Votre devoir consiste à vous concentrer sur vos propres besoins émotionnels.

GARDEZ L'ESPRIT OUVERT

Savoir garder l'esprit ouvert constitue la clé qui rend possible une communication efficace. En ayant le cœur et l'esprit ouverts, vous pourrez mettre l'accent sur les solutions et non pas sur la méthode permettant de les trouver. Évitez à tout prix de vous mettre sur la défensive et de blâmer ou d'attaquer les autres. C'est le meilleur moyen de mettre fin à une conversation avant même qu'elle n'ait commencé. Vos propos doivent être empreints d'empathie. Rappelez-vous que les autres ont leurs propres sentiments et leurs propres opinions. Soyez sensible à cette réalité lorsque vous vous adressez à eux.

Une des techniques de base permettant de communiquer avec plus de sensibilité consiste à recourir à des énoncés à la première personne plutôt qu'à la deuxième personne. Il s'agit du b.a.-ba de la communication. Le fait de mener vos conversations à l'aide d'énoncés à la première personne vous permet de discuter de vos problèmes sans accuser les autres d'en être la cause. Un énoncé à la deuxième personne produit quant à lui l'effet contraire.

En voici un exemple simple.

Il y a quelque temps, j'ai fréquenté un type qui était très proche de ses copains. À tel point qu'il sortait avec eux plus souvent qu'avec moi. Même si je l'encourageais à satisfaire son besoin d'amitié virile, il ne m'a jamais invitée à l'accompagner et je commençais à me sentir délaissée et à m'éloigner de lui. Nous avions de toute évidence besoin d'un bon entretien à ce sujet. J'aurais pu passer à l'offensive et l'attaquer en lui disant : « Chaque fois que je fais quelque chose ou que je vais quelque part, je t'inclus toujours dans mes activités, mais quand tu sors avec tes amis, tu n'as jamais la décence élémentaire de m'inviter. Je n'ai rien dit à ce sujet jusqu'à maintenant, mais là j'en ai marre que tu te comportes comme un sale égoïste. Comment apprécierais-tu que je n'aie pas davantage d'égards pour tes sentiments à toi ?! » C'est comme ça que je me sentais à l'intérieur de moi, mais cela ne m'aurait menée nulle part de lui parler de mon problème de cette façon ; cela n'aurait sans doute fait qu'aggraver les choses. Il se serait probablement mis sur la défensive et aurait fait valoir des arguments du genre : « Ce que tu peux être casse-pieds des fois ! Et tu te demandes pourquoi je ne t'invite pas à sortir avec nous ? Ne t'étonne pas que j'aie besoin de passer du temps seul avec mes potes. » La situation aurait immanquablement dégénéré à partir de là.

Il suffit de remplacer nos énoncés à la deuxième personne par des énoncés à la première personne pour que nos chances d'aboutir à une issue favorable augmentent de façon exponentielle. Par conséquent, après m'être calmée, j'ai choisi d'emprunter cette voie. Voici donc comment la conversation s'est réellement déroulée : « Chéri, je comprends parfaitement que tu aies envie et que tu aies besoin de passer du temps avec tes copains. Moi aussi j'aime bien passer du temps avec mes copines, parfois, mais, depuis quelque temps, j'ai l'impression que tu sors avec eux à tout moment. Je ne veux pas avoir l'air de m'imposer, mais ça me plairait de sortir avec vous, les mecs, de temps en temps. J'éprouve un sentiment d'insécurité quand tu ne m'invites pas, comme si tu ne voulais pas de moi à tes côtés ou comme si tu n'étais pas fier de me présenter à tes potes. En outre, je sens que je fais de moins en moins partie de ta vie. » Sa réponse fut la suivante : « Oh ! chérie, je te demande pardon. J'ignorais que tu voyais les choses de cette façon. Je n'arrête pas de planifier des sorties ces temps-ci parce que tu travailles tellement et que je déteste rester tout seul à la maison à t'attendre. Et j'imagine que, quand tu as congé, tu préfères te reposer parce que tu travailles tout le temps plutôt que d'assister à un match de hockey ou d'aller jouer au poker. J'ai projeté d'aller jouer au billard avec les gars, jeudi. Veux-tu m'accompagner ? » Crise évitée.

Dans ce scénario, je m'en suis tenue aux faits. Je n'ai pas fait de reproches à mon copain, lui laissant ainsi la possibilité de me répondre de manière sympathique, sans qu'aucun jugement ne vienne plomber la conversation. En conséquence, il a pris mes sentiments en compte, a précisé ses intentions et a proposé une solution. En outre, cette conversation m'a montré ce qu'il ressentait par rapport à mon horaire de travail, me laissant ainsi la possibilité de résoudre ce problème qui déteignait sur notre relation. Malheureusement, certaines positions sont irréconciliables. Nous avons donc fini par rompre à cause de cette histoire de boulot, mais nous avons gardé de bons contacts et le respect et les égards que nous avons l'un pour l'autre sont demeurés intacts. Nous sommes restés bons amis jusqu'à ce jour.

Toutefois, si la personne avec qui vous communiquez n'est pas réceptive à ce genre de dialogue ouvert et dépourvu d'agressivité, ou s'il devient clair pour vous qu'elle n'a aucun égard pour vos sentiments, même après que vous les avez exprimés calmement et tendrement, alors le problème prend une tournure tout à fait différente et vous voudrez peut-être réévaluer la situation et vous interroger sur l'opportunité de poursuivre ou non cette relation.

APPRENEZ À CONNAÎTRE VOS INTERLOCUTEURS ET SOYEZ DISPOSÉ À FAIRE DES COMPROMIS

Votre approche en matière de communication sera légèrement différente selon qu'il s'agit de votre vie privée ou de votre vie professionnelle. Mais bien que chacune de ces sphères entraîne différents types de communication, les principes généraux restent les mêmes. Il ne vous sera probablement pas nécessaire d'utiliser souvent des énoncés à la première personne dans le cadre de vos interactions professionnelles, ou d'avoir de longues conservations portant sur les sentiments, mais ces derniers jouent toujours un rôle dans vos rapports avec les autres. En affaires comme dans n'importe quel domaine, vous devez tenir compte des antécédents des gens, de manière à essayer de les comprendre avant d'exprimer vos réflexions et vos idées personnelles. Il s'agit du point de départ de tout progrès éventuel, car ce principe de base s'applique à n'importe quelle conversation. Je vais vous donner un nouvel exemple tiré de ma vie professionnelle, puisqu'il est plus facile pour moi d'analyser et d'évaluer les situations que j'ai connues.

Après avoir passé huit saisons à *Qui perd gagne*, j'étais prête à élargir quelque peu mes horizons en matière d'expérience télévisuelle et à relever de nouveaux défis. J'ai donc décidé de m'adresser aux responsables du réseau NBC en vue de leur soumettre quelques idées. J'étais plus qu'enchantée de participer à une émission aussi populaire que *Qui perd gagne*, mais, ce qui était plus important encore, j'étais profondément honorée et reconnaissante de pouvoir contribuer à changer des vies.

J'avais aussi besoin de nouveaux défis. Je voulais essentiellement transformer ma plate-forme en un outil plus polyvalent et faire passer un message plus général de bien-être en dehors du cadre de l'émission *Qui perd gagne*. Voilà quelles étaient mes intentions. Tout en réfléchissant aux premières démarches à entreprendre, je devais aussi m'efforcer de comprendre les besoins et les attentes des dirigeants de NBC. Ils tenaient un gros morceau avec *Qui perd gagne*. À l'époque, c'était leur émission la plus populaire et ils allaient vouloir la conserver. Ils m'avaient aussi permis de faire mes débuts à la télé et ils auraient pu prendre mon désir de passer à autre chose pour de l'ingratitude. De toute évidence, la situation était délicate et les intérêts en jeu étaient diamétralement opposés. Comment faire en pareil cas pour que la situation soit avantageuse pour tout le monde ?

Je suis allée trouver le président des émissions complémentaires du réseau et il m'a fait part de ses préoccupations et de ses problèmes. Je l'ai écouté attentivement, puis vint mon tour de m'exprimer. Après avoir évalué nos positions respectives, nous avons commencé à chercher une solution qui permettrait d'élargir ma plate-forme sans que j'aie pour autant à quitter *Qui perd gagne*. Voilà comment *Losing It with Jillian* a vu le jour : nous avions trouvé un terrain d'entente! J'ai accepté de rester en échange de ma propre série dérivée, dans laquelle j'allais pouvoir aider les gens dans *tous* les domaines de leur existence. Les deux parties trouvaient leur compte dans cet arrangement qui respectait à la lettre le principe du «gagnant-gagnant».

Cet entretien aurait toutefois pu se dérouler autrement. J'aurais pu me mettre en colère et dénoncer tout ce qui m'avait paru injuste au cours des six années que j'avais passées sur le plateau de *Qui perd gagne*. Et le président aurait pu prendre un air prétentieux et s'asseoir à la table des négociations en jouant cette carte : « Tu as réussi grâce à nous, à présent nous allons te casser ». Je peux vous assurer qu'un petit diablotin planqué à l'intérieur de chacun de nous avait follement envie de jouer à ce jeu-là. Comme des gens d'affaires intelligents, nous avons toutefois aussi compris qu'une discussion alimentée par ce genre d'attitude égoïste et déplorable ne nous mènerait nulle part. Au lieu de quoi il s'est exprimé en tenant compte de ma position et réciproquement, ce qui nous a permis d'envisager une foule de solutions possibles.

La grande leçon à retenir, c'est qu'on peut toujours trouver le moyen de faire en sorte que les autres fassent partie de la solution plutôt que du problème. Lorsque vous vous exprimez d'une manière qui non seulement est fidèle à vos propres rêves mais qui prend aussi en compte ceux des autres, vous gagnez les gens à votre cause au lieu de les repousser. Et avant que vous le sachiez, votre rêve grandit et prend une tournure que vous n'auriez jamais pu imaginer.

Surtout, cultivez le respect mutuel, qui constitue le fondement de tout échange fructueux. Respectez les autres et faites-vous respecter. Engagez chaque conversation avec cette idée en tête et il est peu probable que l'un des deux partenaires se sente sous-estimé, attaqué, exploité ou humilié. Au contraire, vous êtes susceptible de parvenir à un résultat qui est avantageux pour toutes les parties concernées. Il existe presque toujours une solution, même lorsque votre interlocuteur est coriace et le dialogue difficile.

Un dernier conseil : pour devenir un communicateur hautement efficace, vous devez répéter à l'avance ce que vous comptez dire. Faites-le à haute voix. Qu'importe que vous vous adressiez à votre chat ou à votre miroir : ce qui compte, c'est de formuler vos idées tout haut. Peu importe à quel point vous avez réfléchi à un sujet, le fait d'exprimer verbalement vos pensées aura un effet bénéfique. De même, plus vous passez en revue les principaux points que vous voulez faire ressortir tout en déterminant l'ordre dans lequel vous allez les énumérer, plus vous serez sûr de vous lorsque viendra le temps de vous adresser aux autres.

Si vous envisagez d'avoir un entretien de la plus haute importance – vous comptez demander une promotion ou aborder un problème sérieux avec un proche, par exemple –, vous voudrez peut-être jouer à un jeu de rôle avec un ami. Cela vous permettra d'envisager divers scénarios de sorte que, lorsque vous serez dans le feu de l'action, vous ne risquerez pas d'être perturbé ou de réagir de façon impulsive. Cela vous aidera à rester maître de la situation et à faire évoluer la conversation dans la bonne direction.

Rappelez-vous que vous pouvez et devez vous entraîner à bien communiquer. Exercez-vous à le faire chaque fois que vous en avez l'occasion, que ce soit à la caisse du supermarché ou lorsque vous rencontrez les parents de votre petite amie pour la première fois.

L'objectif consiste toujours à entamer un dialogue constructif, qui se déroule dans le calme et qui soit courtois, bien pesé et réfléchi. Si vous avez des craintes et des inquiétudes, mettez-les sur la table des négociations, sans porter de jugement ni d'accusations. Donnez aux autres l'occasion d'intervenir et de devenir une source d'aide plutôt que de tracas.

Tout le monde n'est pas disposé à engager un dialogue ouvert. Si des difficultés persistent, acceptez le fait que vos efforts n'ont pas porté fruit, prenez conscience qu'un problème laissé en suspens vous montre ses limites, pas les vôtres, et poursuivez votre route. Mais auparavant, assurez-vous que vous avez fait tout ce qui était en votre pouvoir pour négocier en vue de régler la situation. Nous allons examiner cette question à l'instant.

QUELQUES POINTS SUPPLÉMENTAIRES CONCERNANT LES NÉGOCIATIONS

Que cela nous plaise ou non, la plupart de nos interactions avec les autres se ramènent à une forme quelconque de négociation. Et même si cela peut sembler froid et clinique, négocier consiste tout simplement à s'efforcer de parvenir à un accord qui permet d'aller de l'avant. Comme le dit la vieille chanson des Rolling Stones, « on ne peut pas toujours avoir ce qu'on veut, mais si parfois vous vous en donnez la peine, vous pourriez constater que vous obtenez ce dont vous avez besoin[38] ».

Qu'il s'agisse pour vous de décider avec votre conjoint où vous allez passer vos vacances en famille, de négocier l'achat d'une maison ou de conclure une entente de plusieurs millions de dollars, vous devez faire appel aux mêmes

---

38. Traduction libre de : « *You can't always get what you want, but if you try sometimes, well you just might find you get what you need* ». (N.D.T.)

tactiques et aux mêmes compétences. Cela ne veut pas dire que nous sommes tous des mercenaires luttant pour servir les intérêts égoïstes des autres. Il ne s'agit pas de dominer le monde ou d'assujettir les gens à notre volonté. L'idée est que tous y trouvent leur compte, l'objectif étant que les deux parties quittent la table des négociations sur une bonne impression. Cela permet d'entretenir de bonnes relations par la suite et d'atteindre un niveau de coopération qui nous conduira vers de nouveaux sommets.

Il est parfois inévitable que des négociations débouchent sur une situation où une des deux parties est lésée, mais vous ne devriez avoir recours à une telle stratégie que si vous n'avez pas à entretenir de relation suivie avec l'autre partie. Après avoir perdu au change, votre interlocuteur pourrait en effet souhaiter ne plus avoir affaire avec vous à l'avenir. Songez que si jamais vous vouliez obtenir quelque chose de sa part, ou s'il devait encore s'acquitter d'une partie d'un contrat qui le désavantage, il pourrait se montrer très peu coopératif.

D'après ma propre expérience, chaque fois que je me suis sentie flouée ou lésée dans mes droits, j'ai fait le strict minimum pour m'acquitter de mes obligations contractuelles, puis j'ai rompu tout contact avec l'autre partie. Pour ma deuxième série de DVD d'exercices, mon ancienne équipe a négocié ce qui s'est révélé être une très mauvaise affaire pour moi, comme je l'ai découvert plus tard. Les DVD étaient d'énormes best-sellers, mais, en raison de lacunes dans mon contrat, j'ai à peine vu la couleur de l'argent qu'ils ont rapporté. Je devais encore réaliser trois DVD pour la même entreprise avant que mon contrat prenne fin. Je me suis efforcée de donner le meilleur de moi-même, car je voulais que les gens en aient pour leur argent en achetant ces DVD, mais, une fois l'opération terminée, je n'ai pas cherché à prolonger mon contrat.

À l'heure actuelle, mes DVD représentent la moitié des dix DVD de conditionnement physique les plus vendus qui existent sur le marché, et ma décision a fait en sorte de limiter la croissance future de ladite société dans cette catégorie. La part de marché du DVD de l'entreprise avec laquelle j'ai par la suite conclu une entente a progressé au point où celle-ci occupe aujourd'hui la première place, toujours dans cette catégorie. Par ailleurs, je suis en train de faire vérifier les comptes de la première société au motif de redevances impayées. La morale de cette histoire?

Ne croyez surtout pas que vous allez vous en tirer à bon compte lorsque vous trompez quelqu'un. Ne soyez pas mesquin non plus, car le karma est une garce et tout ce que nous faisons de mal finit toujours par nous retomber dessus. Il vaut mieux éviter autant que possible qu'une relation se détériore.

Pour maîtriser l'art de la négociation, vous devez améliorer vos capacités d'écoute et de communication. Et comme en toute chose, une bonne préparation constitue la clé du succès.

EXERCICE

PRENEZ VOS OBJECTIFS ET CEUX DES AUTRES EN CONSIDÉRATION
Qu'espérez-vous obtenir au cours des négociations ? Que pensez-vous que votre interlocuteur souhaite obtenir ?

À QUOI ÊTES-VOUS PRÊT À RENONCER ?
Il est pratiquement toujours nécessaire de faire des compromis. Accordez la priorité à ce que vous souhaitez réaliser et songez à ce que vous êtes disposé à sacrifier pour parvenir à une entente.

AYEZ AU MOINS UN PLAN DE RECHANGE
S'il vous est impossible de parvenir à un accord mutuellement avantageux, quelles autres options s'offrent à vous ? Qu'impliquent-elles ? Élaborez un plan de rechange au cas où les choses ne se dérouleraient pas comme vous l'espérez. Ainsi, vous ne risquez pas d'être pris au dépourvu et vous serez donc en position de force plutôt que de faiblesse.

TIREZ DES LEÇONS DU PASSÉ
Existe-t-il un événement qui a déjà eu lieu susceptible de vous apprendre des choses ou des précédents susceptibles de vous orienter dans la bonne direction ? Est-ce que vous ou votre interlocuteur avez déjà pris part à des négociations similaires dans le passé ? Si oui, quel en a été le résultat et pourquoi en a-t-il été ainsi ? Le fait d'avoir une meilleure compréhension de négociations qui ont eu lieu antérieurement vous aidera à contourner les écueils et à éviter de commettre la même erreur deux fois.

Les vacances sont habituellement les seules occasions que j'ai de voyager pour mon plaisir. Mais ma mère exige que nous passions Noël en famille quoi qu'il advienne. Elle est prête à faire des concessions en ce qui concerne l'Action de grâces ou le Nouvel An, si je dois travailler ou si je suis en voyage, mais j'ai appris ma leçon : Noël, c'est sacré. On ne plaisante pas avec ça. Tout le reste est négociable.

DRESSEZ UNE LISTE DE TOUTES LES SOLUTIONS POSSIBLES
Sur la base de ces diverses considérations, quelles sont les possibilités de compromis qui permettraient d'en arriver à des solutions bénéfiques pour tous ? Prenons de nouveau l'exemple des vacances en famille. Vous souhaitez passer vos vacances avec votre grand-mère souffrante. Votre mari veut faire une excursion de ski en famille. Voici quelques solutions de compromis possibles : emmener votre grand-mère avec vous à la montagne, partager la période des vacances entre ces deux options ou profiter des vacances de neige tout en mettant de côté un peu temps, avant ou après les vacances, pour rendre visite à votre grand-mère.

QUIZ
Quelles sont vos compétences en matière de communication ?

RAPPELEZ-VOUS ENCORE CECI

Avant toute chose, vous devez toujours vous engager dans une conversation, que ce soit avec un ami, un proche, un collègue ou un supérieur, avec l'intention de garder votre cœur et votre esprit flexibles et ouverts à des solutions, des opinions et des possibilités nouvelles.

Rappelez-vous de ne pas vous laisser piéger par les luttes de pouvoir engendrées par l'ego.

De profonds désaccords et l'échec de négociations peuvent poser toutes sortes de problèmes et vous freiner à bien des égards. Qui plus est, au fil du temps, ils peuvent empoisonner même les relations les plus chaleureuses et les plus affectueuses. Par conséquent, entraînez-vous et utilisez ce que vous avez appris dans ce chapitre pour engendrer le bonheur et l'harmonie dans votre vie et dans la vie de ceux qui vous entourent. Vous serez étonné de voir à quel point le fait d'améliorer vos compétences en communication vous aidera dans tous les domaines, du plus insignifiant au plus éminent.

Chapitre 13

RENFORCEZ VOTRE VOLONTÉ ET MAÎTRISEZ VOS ÉMOTIONS

Se comporter de manière irrationnelle et agir avec impulsivité constituent d'importants obstacles à la communication. Bien que la volonté et la maîtrise des émotions soient deux choses distinctes, elles vont de pair. Nos émotions irraisonnées nous poussent souvent à agir de manière irréfléchie, mais lorsque nous parvenons à contrôler nos impulsions, nous nous accordons le temps nécessaire pour réfléchir et trouver des solutions dynamiques et efficaces. N'oubliez jamais qu'un moment d'impulsivité irraisonnée peut détruire des mois, voire des années de dur labeur ; il est donc utile d'apprendre à se maîtriser. Par conséquent, plus vous vous exercerez à gérer vos émotions, surtout les plus négatives, plus vous augmenterez vos chances de succès dans tous les domaines.

À force de lutter pour acquérir plus de volonté et me défaire de mon impulsivité, j'ai compris que la volonté n'est pas un mythe ou un trait génétique, mais une compétence que tout le monde peut cultiver à tout moment, comme le présent chapitre vous le montrera.

Peu importe à quel point vous êtes maître de vous-même, rappelez-vous que, comme un muscle qui se fatigue à force d'exercices, votre volonté peut s'épuiser complètement si vous la surmenez. Avez-vous remarqué que vous êtes susceptible de perdre votre sang-froid à la fin d'une longue journée harassante ? Vous arrive-t-il de vous astreindre toute la journée à suivre votre régime alimentaire, puis de vous réveiller épuisé au milieu de la nuit parce que votre esprit tourne en rond et d'aller au-devant des ennuis en vous plantant devant le frigo ? Croyez-moi, c'est toujours la dernière goutte qui fait déborder le vase. C'est d'ailleurs pour cette raison que nous avons traité précédemment de l'importance de contrôler son environnement (au chapitre 11) et d'extirper le mal à la racine (au chapitre 5). Le but recherché est de vous permettre de ménager votre force de volonté pour les moments où les tentations seront inévitables.

L'idéal consiste à empêcher les complications et les tentations de venir nous perturber, mais parfois, il est impossible de les éviter. C'est pourquoi vous devez apprendre à renforcer votre volonté et à maîtriser vos émotions en prévision des moments difficiles. Vous ne pouvez éviter les ennuis indéfiniment. Par conséquent, lorsqu'ils surviennent, vous avez intérêt à être prêt à les affronter.

CERVEAU, MODE D'EMPLOI

Quelles mesures proactives pouvez-vous adopter pour contrôler vos impulsions? La réponse est très simple: modifiez-les *à l'endroit même* où celles-ci prennent naissance. Littéralement. En effet, l'instinct et l'impulsivité sont reliées à certaines zones du cerveau, tandis que le raisonnement et la contemplation sont rattachés à d'autres zones.

L'amygdale est la partie de votre cerveau qui procède rapidement au traitement des émotions, en vue de répondre aux besoins immédiats de votre corps. Sa tâche consiste à vous permettre de prendre instantanément la décision, capitale en situation de survie, de lutter ou de fuir. C'est elle qui vous dit de courir lorsque vous apercevez un ours dans la forêt, puis qui vous donne l'impulsion nécessaire pour que vous vous mettiez à courir.

À l'autre bout du spectre se trouve le lobe frontal, impliqué dans le processus de raisonnement et de contemplation. Il est neutre, émotionnellement parlant, et son rôle consiste principalement à résoudre les problèmes. C'est cette partie du cerveau qui a servi aux hommes des cavernes à mettre au point les outils qui leur ont permis de sortir de leur caverne et d'adopter un style de vie plus agraire.

Les choses tournent mal lorsque nous demandons à la mauvaise partie de notre cerveau d'effectuer la mauvaise tâche. Supposons que votre patron vous dise à dix-sept heures qu'il veut votre rapport sur son bureau pour le lendemain matin. Vous vous mettez en colère, vous lui dites sans ménagement votre façon de penser et il vous congédie sur-le-champ. Merci, amygdale! Votre lobe frontal, lui, aurait pris une grande respiration et, après s'être calmé, serait allé trouver votre patron dans son bureau afin de discuter avec lui et de lui proposer une solution acceptable, en demandant un délai ou en suggérant qu'un autre collègue vous aide à préparer ledit rapport, par exemple.

Supposons par ailleurs que vous aperceviez un ours en pleine forêt et que vous vous mettiez à réfléchir à la meilleure attitude à adopter en pareil cas. Il y a de fortes chances pour que vous figuriez au menu de cet ours avant même d'en arriver à une conclusion adéquate. Comme vous le voyez, chacune des deux parties de notre cerveau a un rôle spécifique et essentiel à jouer. Le secret du succès consiste donc à déterminer quelle partie de notre cerveau utiliser en quelle circonstance et, plus important encore, à bien gérer cette zone.

Je vais vous faciliter la tâche : vous utiliserez votre lobe frontal dans la plupart des situations. En effet, à moins que votre vie soit directement menacée, vous devriez toujours vous servir de la partie la plus rationnelle et la plus contemplative de votre cerveau pour traiter les messages provenant de votre environnement et y apporter une réponse adaptée. L'amygdale est souvent la première à réagir par instinct, mais vous avez la possibilité de rediriger l'information qu'elle reçoit vers le lobe frontal, qui, lui, gouverne le processus de raisonnement.

Croyez-le ou non, vous y parviendrez simplement en discutant avec vous-même et avec vos émotions.

Laissez-moi vous expliquer. Des actions telles que classer, débattre, délibérer et tergiverser contribuent à tenir le lobe frontal occupé et à déplacer de ce fait le cœur de l'activité cérébrale de l'endroit où naissent les impulsions vers l'endroit où se produit la réflexion rationnelle, c'est-à-dire là où nous voudrions nous retrouver.

Voici comment procéder étape par étape :

1. Vous êtes submergé par l'émotion et votre premier réflexe est de vous déchaîner en posant un geste irréfléchi et spectaculaire. Dès l'instant où vous éprouvez ce besoin, dites « STOP » ! Arrêtez littéralement ce que vous êtes en train de faire et restez immobile.

2. Prenez cinq grandes inspirations. La respiration profonde contribue à éliminer le stress et à apaiser l'esprit. Selon certains maîtres spirituels, aucune tension ne peut subsister dans notre corps lorsque notre attention est concentrée sur notre respiration.

3. À présent, méditez sur les conséquences possibles de vos actes et de vos choix avant d'entreprendre quoi que ce soit. Cela vous permettra de modifier votre état d'esprit : ainsi, au lieu de réagir de manière impulsive, vous serez en mesure d'adopter une perspective à long terme et d'agir ensuite dans le sens de vos intérêts supérieurs.

Les réponses et les solutions à tous vos problèmes ne vous apparaîtront peut-être pas sous l'aspect d'une illumination engendrée par un état de méditation profonde. Mais vous pouvez être assuré d'une chose : si vous prenez le temps de vous détendre, vous ne commettrez pas de bêtises en prenant des décisions irréfléchies, comme d'envoyer votre patron sur les roses ou de casser la croûte à une heure du matin.

À QUELQUE CHOSE MALHEUR EST BON

Si vous aspirez à gérer intelligemment votre vie tout en vous acclimatant aux changements et aux imprévus qui ne manqueront pas de survenir en cours de route, vous devrez impérativement apprendre à maîtriser vos émotions de manière efficace. Je peux vous assurer que vous aurez des ennuis tôt ou tard. Peu importent les efforts que vous déployez dans l'espoir de contrôler votre environnement, vous n'avez pas le pouvoir sur la vie. La seule chose sur laquelle vous avez du pouvoir, c'est votre manière de réagir aux événements.

En fait, bon nombre de difficultés et de contrariétés surviennent pour de bonnes raisons. La clé du bonheur consiste à découvrir le bon côté des choses, souvent difficile à discerner. En d'autres termes, c'est là le meilleur moyen de gérer nos émotions négatives. Cette approche a même reçu un nom scientifique bizarre : « réévaluation cognitive ». Il s'agit en fait d'une stratégie d'adaptation qui implique de surveiller et d'évaluer nos pensées négatives avant de les remplacer par des pensées et des images plus positives. Lorsque nous attribuons à des événements tragiques ou douloureux une valeur positive, nous contribuons à atténuer les conséquences négatives qu'ils ont sur nos réactions émotionnelles (stress, dépression, tristesse, etc.). D'après cette méthode, c'est la signification que nous attribuons à nos expériences – en les « évaluant » – qui engendre nos émotions, bonnes et mauvaises.

La réévaluation cognitive s'apparente grandement à la logothérapie dont il a été question au chapitre 7. Et c'est effectivement le cas. Mais il existe une différence majeure entre les deux. En logothérapie, on confère à un événement tragique une raison d'être qui constitue alors un moyen de gestion du deuil. Il n'en ressort cependant aucun point positif. Dans le cas de la réévaluation cognitive, on met au contraire l'accent sur les aspects positifs d'un événement et on atténue l'importance de ses aspects négatifs. On peut appliquer cette dernière approche plus globale à presque toutes les circonstances de la vie, parce que presque tout comporte des avantages et des inconvénients. En d'autres termes, l'accent est ici mis sur l'idée qu'«à quelque chose malheur est bon»!

L'anecdote suivante, que quelqu'un m'a rapportée un jour, illustre parfaitement mon point de vue. Deux hommes d'affaires décident de s'associer en vue de vendre des chaussures. L'un d'eux se rend en Afrique dans le but d'étendre leur marché. En arrivant là-bas, il constate qu'aucun des habitants ne porte de chaussures. Il est consterné et envoie aussitôt ce message à son associé: «Viens de débarquer en Afrique. Personne ici ne porte de chaussures.» Le lendemain, alors qu'il prépare ses valises pour rentrer chez lui, il reçoit de la part de son associé un télégramme qui se lit comme suit: «FANTASTIQUE! Tous ont besoin de nos produits et nous sommes les premiers sur le marché. Nous allons faire fortune!»

Il existe toujours deux manières de voir les choses. Mais laquelle est la plus susceptible de vous permettre d'atteindre vos objectifs, selon vous? Je n'ai pas besoin de vous faire un dessin à ce sujet, n'est-ce pas? Si vous vous donnez constamment la peine de voir le bon côté des choses, je peux vous assurer que les circonstances vont immanquablement prendre une tournure favorable.

En voici un autre exemple, auquel j'ai été associée cette fois. Dans le cadre de *Losing It*, j'ai travaillé avec un père de famille nommé Mark Vivio qui avait connu des moments très difficiles, à la fois sur les plans physique, financier et émotionnel. Ses malheurs ont débuté le jour où un pont qu'il avait construit pour relier deux parties de sa propriété s'est effondré. Mark était sur le pont lorsque l'incident s'est produit, il s'est donc déchiré un ligament du genou en tombant. À l'hôpital où sa famille l'a transporté, on a découvert, au moment des préparatifs pour l'opération au genou, qu'il souffrait d'un problème cardiaque qui mettait sa vie en danger et pour lequel il a dû subir plusieurs interventions chirurgicales. Lorsque j'ai fait sa connaissance, il en était à sa treizième. Toutes ces opérations l'ayant rendu invalide, Mark avait dû cesser son activité de couvreur.

Tout cela en un an!

Mark était complètement démoralisé au moment où je l'ai rencontré. L'effondrement du pont, événement auquel il faisait référence en l'appelant «la chute de l'homme», paraissait être le symbole même de sa vie irrémédiablement foutue. Il souffrait de dépression débilitante et cela créait des tensions au sein de sa famille.

C'est dans de telles circonstances qu'une réévaluation cognitive peut être très utile. Mais comment faire ressortir les aspects positifs de pareille série d'épreuves? En procédant comme suit: si Mark n'avait pas construit ce pont, celui-ci ne se serait pas effondré. Si le pont ne s'était pas effondré, Mark ne se serait pas blessé au genou. Mais s'il ne s'était pas blessé au genou, il n'aurait jamais découvert qu'il souffrait d'un problème cardiaque et il serait probablement mort dans le courant de l'année.

Il est épouvantable de devoir subir plusieurs interventions cardiaques, n'est-ce pas? Absolument! Il est terrible de devenir invalide, n'est-ce pas? Extrêmement! Il est affreux de perdre son entreprise et de ne plus pouvoir subvenir aux besoins de sa famille, n'est-ce pas? Excessivement! Il convient néanmoins d'ajouter que Mark serait probablement mort à l'heure actuelle si le pont ne s'était pas effondré. Alors peu importe à quel point ses malheurs sont horribles, il est encore bien plus grave de laisser dans le deuil une femme et quatre enfants.

Mark a fini par prendre conscience du fait que la vie lui avait offert une seconde chance. Et cela l'a motivé à retrouver la forme, dans l'espoir de vivre encore de nombreuses années. Même si son entreprise lui permettait de nourrir sa famille, Mark n'a jamais vraiment aimé le métier de couvreur. Comme il se trouvait à la croisée des chemins, il a décidé de recommencer sa vie en entamant une carrière d'agent de police, un rêve qu'il caressait depuis son enfance.

Mark aurait pu laisser tous ces événements déplorables l'anéantir complètement. Il aurait pu jeter l'éponge et mener une vie de désespoir tranquille jusqu'à la fin de ses jours. Il a plutôt choisi de donner un sens à ses malheurs et de les utiliser comme moyen d'obtenir encore plus de santé et de bonheur.

DÉCOURAGEMENT OU PRISE DE CONSCIENCE?

Dans le cadre de *Losing It*, j'ai fait la connaissance d'une femme, mariée pendant trente ans, qui avait divorcé après que son conjoint l'eût trompée. Elle se sentait perdue, confuse et humiliée. En réalité, son mariage avait fait son temps bien des années avant l'infidélité de son mari. Ils n'étaient en effet plus amoureux l'un de l'autre depuis longtemps, mais ils prenaient soin l'un de l'autre et restaient ensemble pour le bien des enfants et parce que «cela valait mieux ainsi».

Lorsque je l'ai rencontrée, environ deux ans après son divorce, elle en était encore bouleversée. J'ai commencé à lui enseigner les techniques de la réévaluation cognitive en l'incitant à penser aux occasions merveilleuses qui s'offraient à elle depuis qu'elle avait retrouvé sa « liberté ». De quelle manière cet événement douloureux pouvait-il l'aider à prendre un nouveau départ ?

Et ce mariage qui ne l'avait pas comblée ? lui ai-je demandé. Pourquoi s'était-elle engagée dans cette relation ? Avec quel genre d'homme souhaitait-elle passer le reste de sa vie ? Comment se sentirait-elle si elle était de nouveau amoureuse ? Combien de fois avait-elle fait passer les besoins de sa famille avant les siens lorsqu'elle était mariée ? De quelle manière pourrait-elle commencer à penser à son propre bien-être ? Figurez-vous qu'elle a repris goût à la vie et qu'elle est désormais heureuse en compagnie de l'homme de ses rêves. Si son mari ne l'avait pas trompée, jamais elle n'aurait rencontré un homme qui lui permette de connaître le vrai bonheur.

Voici un dernier exemple.

Un jour, un de mes amis qui était employé de bureau a été licencié. La nouvelle l'a anéanti. Il était paniqué. Comment allait-il gagner sa vie ? Qui était-il sans son travail ? Qu'est-ce que les gens allaient penser de lui ? Après s'être calmé et avoir réfléchi, il a pris conscience qu'il avait détesté cet emploi. Peut-être était-ce là une façon pour l'univers de l'inviter à cesser de perdre son temps en travaillant pour assurer sa survie alors qu'il pouvait connaître la prospérité. Il avait toujours aimé le sport et voulait œuvrer dans le domaine du conditionnement physique. Il a fait une demande de prêt étudiant, il a obtenu un emploi à temps partiel en tant qu'instructeur et il est retourné aux études en vue de devenir physiothérapeute. Il a par la suite ouvert un cabinet à Manhattan, où il connaît aujourd'hui beaucoup de succès tout en s'épanouissant dans sa branche.

Tous nous sommes aux prises avec des circonstances pénibles à l'occasion. Mais la façon dont nous percevons et affrontons les situations difficiles peut soit accroître, soit alléger nos souffrances, en plus d'avoir une influence déterminante sur la manière dont nous entendons jouer les cartes que le sort nous a distribuées.

Cherchez toujours à découvrir la signification profonde des choses. Je vous assure que même les pires épreuves comportent de belles leçons de vie et que nous pouvons toujours devenir meilleurs et plus forts au fil du temps, peu importe ce qui peut nous terrasser momentanément. La solution à nos problèmes consiste à être assez courageux pour rester ouvert, pour chercher à tirer des enseignements de ce qui nous arrive et pour effectuer le difficile travail d'autoexploration qui mène de la défaite à la victoire.

Une fois que vous êtes parvenu à positiver les réactions émotionnelles engendrées par vos luttes quotidiennes, il est temps pour vous de passer à l'étape suivante et de réunir toutes les pièces du casse-tête en vue de mener enfin la vie dont vous rêvez. Au prochain chapitre, vous allez apprendre à passer du stade de la prise de conscience au stade de la transformation des rêves en réalité. En effet, maintenant que vous avez cessé d'avoir des comportements autodestructeurs, il est indispensable que vos décisions importantes soient suivies de mesures productives. Par conséquent, mettons-nous à l'ouvrage sans plus tarder !

Chapitre 14

METTEZ VOS PROJETS À EXÉCUTION
(L'ART DE PRENDRE DES DÉCISIONS ÉCLAIRÉES)

Nous voici donc arrivés au terme de notre voyage. Néanmoins, ce dernier chapitre comporte peut-être les mesures les plus efficaces de ce livre, car elles vont vous permettre de passer concrètement à l'action, c'est-à-dire d'utiliser de façon synergique tout ce que vous avez appris jusqu'ici, de rassembler les différents passages de musique que vous avez répétés et de jouer la symphonie de votre vie dans son intégralité. Vous seront nécessaires à cette fin: la passion que vous avez cultivée au cours de la première étape, car ce sont vos rêves qui vont dicter vos choix; les connaissances que vous avez accumulées et l'estime de vous-même que vous avez développée à la deuxième étape, de manière à être conscient du processus en cours et à avoir confiance qu'il va bien se dérouler; et enfin, la même approche systématique que celle que vous avez adoptée tout au long de la troisième étape.

Il a beaucoup été question précédemment des moyens spécifiques grâce auxquels vous pourrez vous rapprocher de vos objectifs. Mais, en définitive, ce sont vos choix qui déterminent quel sera votre avenir. Vos rêves sont à votre portée, car vous avez le pouvoir de les réaliser. Vous créez d'ailleurs déjà votre avenir, pour le meilleur ou pour le pire.

Nous menons tous, en ce moment même, la vie que nous avons choisie.

Par conséquent, si vous êtes malheureux, c'est parce que vous ne faites pas encore les bons choix.

Je ne vous parle pas ici d'une décision capitale susceptible de vous conduire au succès ou d'entraîner votre ruine et votre échec et de vous inciter à avoir des regrets. Je parle de choix au pluriel. De ceux que vous faites tous les jours, toutes les heures, à tout moment, de ceux que vous n'avez pas consciencieusement planifiés. Vous pourriez croire qu'il suffit d'organiser votre emploi du temps quotidien et de mettre de l'ordre dans votre environnement pour que votre vie se déroule rondement et efficacement comme vous le souhaitez. Malheureusement, ce n'est pas suffisant.

Nous prenons tous les jours des centaines, voire des milliers, de décisions qui guident notre vie et qui ont une influence considérable sur notre manière de vivre, qu'il s'agisse de nous brosser les dents le matin ou de souscrire une assurance maladie, en passant par la manière dont nous nous adressons à nos collègues de travail, à nos amis et aux membres de notre famille et par le choix des aliments que nous consommons. Plus souvent qu'autrement, ce sont les choix que nous faisons inconsciemment qui finissent par nous gâcher l'existence.

Lorsque nous prenons une mauvaise décision en toute conscience, il nous est toujours loisible de reconnaître notre erreur, d'en tirer des leçons, puis de corriger le tir afin d'obtenir de meilleurs résultats à l'avenir. Mais lorsque nous faisons un mauvais choix inconsciemment, nous ne sommes pas en mesure de réparer notre erreur; du coup, nous éprouvons souvent un sentiment d'échec et d'impuissance qui nous donne l'impression d'être victimes des circonstances. Les mauvais choix sont insidieux, car, une fois qu'on se cantonne dans le rôle de la victime, on renonce à prendre ses responsabilités et on perd le contrôle de la situation. Or, il est indispensable que vous restiez maître de votre vie si vous voulez transformer vos rêves en réalité.

Un candidat avait fait tout ce qu'il fallait pour pouvoir participer à l'émission *Qui perd gagne*. Une fois admis parmi nous, il s'était consacré exclusivement à son objectif de perte de poids hebdomadaire, dans le but de rester sur le campus et de retrouver la forme. J'ai minutieusement planifié sa pyramide d'objectifs avec lui, afin qu'il sache exactement quelles mesures adopter pour que son rêve de perdre du poids, de recouvrer la santé et peut-être même de terminer vainqueur devienne réalité.

Pendant plusieurs semaines il a effectué à la perfection toutes les tâches qu'il devait accomplir: il cuisinait des aliments sains tout en comptant les calories, dormait suffisamment et prenait ses vitamines. Il était le candidat idéal. Puis, sans crier gare, il a été pris d'une véritable rage de dents. Peu après, il s'est retrouvé sur le fauteuil du dentiste pendant presque une semaine afin d'y subir deux traitements de canal. En conséquence, il a raté de nombreuses séances d'entraînement. Il a dû prendre des antibiotiques, ce qui n'est pas très bon pour le métabolisme. Il ne pouvait manger que des aliments en purée et n'a donc pas été en mesure de suivre le régime que je lui avais prescrit. Bien entendu, le jour de la pesée, il n'avait pas perdu le poids requis et a donc été renvoyé chez lui.

Une fois de retour dans son foyer, cet ex-participant pourtant si déterminé a fondu en larmes au téléphone. « Pourquoi cela m'arrive-t-il à moi ? m'a-t-il demandé. Chaque fois que j'entreprends quelque chose, mes projets tombent à l'eau. Peu importe ce que je fais, la malchance me poursuit. » Il n'a pas arrêté de se lamenter sur son sort. Il n'arrivait pas à comprendre à quel point sa situation actuelle était essentiellement la conséquence de ses propres décisions. Lorsque j'ai mentionné plus haut que le simple fait de décider quotidiennement de se brosser les dents peut influencer votre vie, je ne plaisantais pas ! Si ce concurrent avait mieux pris soin de ses dents, s'il avait utilisé du fil dentaire, s'il avait investi dans une brosse à dents électrique et s'il avait un peu mieux surveillé son alimentation, il aurait considérablement diminué ses risques d'avoir mal aux dents et il aurait évité de gâcher ses chances lors de son passage à *Qui perd gagne*. Il aurait même pu devenir le grand gagnant de l'émission et empocher 250 000 $ en plus de terminer en pleine forme.

Chaque geste que nous posons, chaque choix que nous faisons a un impact direct et considérable sur nos vies. Malheureusement, beaucoup de nos décisions en apparence bénignes sont prises inconsciemment, et c'est là que se trouve la source de nos difficultés. Ce concurrent n'avait pas pensé à l'avenir au moment où il se brossait les dents. Il était probablement à moitié endormi et exécutait ses gestes machinalement, puis il se précipitait pour aller au travail ou pour aller au lit. Des années plus tard, il a payé le prix de son insouciance.

LE MEILLEUR CHEMIN N'EST PAS TOUJOURS LE PLUS FACILE

Voici un exemple supplémentaire, histoire que vous puissiez bien comprendre de quoi je veux parler. Vous passez votre vie à bouffer des aliments transformés pour des raisons de facilité et d'économie, et parce que c'est peut-être ce que vous aviez l'habitude de manger lorsque vous étiez jeune. Nous ne pensons pas vraiment à l'avenir lorsque nous achetons des plats prêts-à-manger. À ce moment-là, à cause de nos vies trépidantes, nous avons généralement d'autres préoccupations en tête. La dernière chose dont nous avons besoin étant un surplus de travail, nous optons pour la restauration rapide parce qu'elle nous procure confort et commodité. Du moins, c'est ce que nous croyons.

Mais un jour, on vous apprend que vous souffrez d'une maladie cardiaque, d'un cancer ou de diabète, voire d'une autre maladie grave résultant d'une mauvaise alimentation et de mauvaises habitudes de vie. Les frais médicaux vous acculent quasiment, pour ne pas dire carrément, à la faillite, vous et votre famille. Vous commencez à vous sentir victime des circonstances et à croire que la malchance s'acharne sur vous : « Pourquoi cela m'arrive-t-il à moi ? » Vous n'en finissez alors plus de vous apitoyer sur votre sort.

Certes, un tel scénario peut paraître extrême, mais il ne s'agit pas là de quelque chose de complètement invraisemblable, loin de là. En réalité, les maladies cardiaques constituent l'ennemi public numéro un aux États-Unis. Toutes les vingt secondes, un Américain fait une crise cardiaque. Chaque seconde, trente-quatre d'entre eux meurent d'une maladie cardiaque. Les statistiques sur le cancer ont également de quoi inquiéter. Plus souvent qu'autrement, tout cela fait malheureusement partie de votre réalité. Si vous vouliez bien vous réveiller, pour l'amour du ciel, il y a de fortes chances pour que vous puissiez diminuer de façon significative les risques de voir tous ces fléaux gâcher votre existence.

Si vous aviez réfléchi à vos choix au moment d'agir, votre situation actuelle serait probablement très différente. Et si vous aviez échangé ces frites pour une salade ? Et si vous aviez demandé que vos aliments soient grillés plutôt que frits ou sautés ? Et si vous aviez investi vingt dollars de plus par semaine dans des aliments sains plutôt que dans des journaux à potins, des « cafés frappés » et que sais-je encore ? Et si vous aviez pris la peine d'emporter de la nourriture saine au travail au lieu de vous rendre au service au volant du restaurant-minute le plus proche ou d'acheter les premiers aliments préparés qui se trouvaient à portée de votre main ? Et si vous aviez pris le temps de vous exercer trente minutes par jour au lieu de regarder vos téléromans préférés ? Vous savez quoi ? Il y a quatre-vingt-dix-neuf pour cent de chances que vous ne seriez pas tombé malade ou que vous ne vous seriez pas ruiné à soigner une maladie que vous auriez pu éviter. Vous seriez probablement heureux, en pleine forme et vous auriez devant vous la perspective de nombreuses et belles années à venir.

Mon but n'est pas que vous fassiez excessivement attention à tout et je n'essaie pas de vous entraîner dans le piège des scénarios hypothétiques, pas plus que de vous faire regretter les choix que vous avez faits par le passé ou que vous faites encore présentement. Le principe, encore une fois, c'est d'être présent à ce qui se passe autour de vous. L'essentiel, c'est que vous soyez prêt, ici et maintenant, à être davantage conscient des gestes que vous posez chaque jour. Soyez par conséquent attentif à ce que vous faites durant vos activités quotidiennes afin d'arriver ainsi à fonctionner à plein régime et à améliorer de manière exponentielle vos chances de réussir votre vie.

Ce pouvoir vous appartient !

Les événements ne surviennent pas dans votre vie par hasard : c'est vous qui les faites advenir.

Il est impossible de prévoir tout ce qui est susceptible de nous arriver et de diriger notre vie à la perfection de manière à éviter tout revers éventuel. Mais vous pouvez influencer vos choix, vos actions et vos réactions. Et c'est tout ce dont vous avez besoin pour être heureux, peu importe ce que la vie vous réserve.

Vous avez maintenant compris l'énorme importance du pouvoir de choisir, qui constitue un thème récurrent dans ce livre. Nous allons donc faire des exercices qui feront en sorte que vos choix positifs et délibérés puissent déboucher sur des changements concrets et efficaces.

Commencez par prendre conscience de vos choix inconscients. Effectuez ensuite ces choix délibérément, de manière à orienter votre vie dans le sens des résultats que vous escomptez. N'oubliez pas que l'abrutissement est souvent à l'origine de l'autodestruction. Nous nous ankylosons, nous décrochons de la réalité et nous sommes alors incapables de réfléchir à nos actions et à nos choix. Avant longtemps, nous réagissons de manière inconsciente, ce qui ne manque pas d'avoir des effets dévastateurs sur notre vie.

EXERCICE

Voici quelques exercices destinés à vous aider à prendre votre destinée en main.

APPUYEZ SUR LA TOUCHE PAUSE
Avant de passer à l'action, arrêtez-vous et interrogez-vous sur ce que vous êtes en train de faire. Cette tactique vous permettra non seulement de gérer votre impulsivité et de renforcer votre volonté, mais aussi d'être davantage attentif à vos gestes quotidiens et, de ce fait, de mieux prendre votre destin en main. Faites une petite pause avant d'agir et posez-vous les questions suivantes :
- Qu'est-ce que je suis en train de faire en ce moment ?
- Est-ce que je suis face à un choix ? Si oui, quelle décision suis-je sur le point de prendre ?
- Est-ce que ce choix va m'apporter le bonheur et me rapprocher de mes objectifs à long terme ?

Ces questions sont tout ce dont vous avez besoin pour détecter si quelque chose vous nuira ou vous aidera à long terme. Gardez-les toujours à l'esprit et elles vous serviront de boussole interne ou de GPS en vous aidant à rester sur la bonne voie tout au long de la journée, de la semaine, du mois, de l'année et de votre vie.

Lors de la dixième saison de *Qui perd gagne,* un des participants, appelé Jesse, se sentait désorienté et éprouvait un sentiment de perte de contrôle. Un jour, nous nous sommes assis ensemble et je lui ai demandé de nommer quelques-uns de ses principaux objectifs à long terme. Il se trouve que l'un d'eux était de porter une cravate. Il m'a confié que cela lui était impossible actuellement parce qu'il était « trop gros et n'avait pas de cou ». Selon lui, le fait de ne pas pouvoir porter de cravate lui causait un préjudice énorme lors de ses entretiens d'embauche, en plus de l'empêcher de s'habiller convenablement lors d'événements spéciaux ou d'un rendez-vous galant. Bref, porter une cravate représentait à ses yeux le symbole de tout ce qui semblait hors de sa portée en raison de son poids. Je lui ai donc suggéré de se demander, avant de faire quelque choix que ce soit, si ce choix aurait pour effet de le rapprocher ou non de son objectif de porter une cravate. Si la réponse était oui, il pouvait donner suite à sa décision. Sinon, il devait prendre une décision différente.

Au petit-déjeuner ce matin-là, Jesse n'a pas pris de tartine au beurre d'amande et a plutôt opté pour une omelette végétarienne au blanc d'œuf. Puis il a décidé de renoncer à son privilège de dormir une heure supplémentaire afin de trouver un peu de temps pour faire quelques exercices cardiovasculaires avant d'entreprendre sa journée. Il a bandé sa cheville avant sa deuxième randonnée de l'après-midi, afin de s'assurer de ne pas se blesser sur le sentier. Ce soir-là, il n'a pas pris part aux manigances et aux bavardages auxquels les concurrents ont l'habitude de se livrer à huis clos avant de se coucher ; il a plutôt choisi de passer une bonne nuit de sommeil afin de contribuer à accélérer son métabolisme. Le fait d'avoir son objectif en tête en tout temps lui a permis de se concentrer sur ce qu'il faisait, y compris sur les moindres faits et gestes auxquels nous ne pensons généralement pas.

Utilisez cette stratégie pour dresser un plan d'action précis qui vous permette de participer au jeu de la vie plutôt que d'y assister en tant que simple spectateur. Soit dit en passant, Jesse affichait un sourire radieux et portait un élégant nœud papillon lors de la finale de *Qui perd gagne*.

BATTEZ-VOUS CONTRE DES MOULINS À VENT
Voyez chaque décision et chaque action comme une quête morale ou un moment décisif dans votre vie. Ne balayez pas du revers de la main les petits moments insignifiants de la vie, car ils ajoutent à notre bonheur suprême. Accordez à chaque décision et à chaque action le respect qu'elles méritent. Il

n'est pas nécessaire d'y consacrer énormément de temps. Plusieurs des choix que vous faites se répètent tout au long de votre vie, comme le fait de se brosser les dents. Une fois que vous avez fait un choix de façon réfléchie, vous n'avez pas besoin d'y revenir chaque fois. (Cela dit, il est important de ne pas se brosser les dents à la va-vite ! Saviez-vous que le fait d'utiliser la brosse à dents et le dentifrice appropriés et de consacrer le temps nécessaire au brossage des dents peut contribuer à prévenir les maladies cardiaques, en plus de vous faire économiser des milliers de dollars en soins dentaires ?...)

Encore une fois, il s'agit d'un choix simple à faire, mais il peut faire une différence énorme dans votre vie.

SUIVEZ VOTRE INTUITION

Souvent, lorsque vous vous apprêtez à faire un mauvais choix, votre corps vous le fait savoir. Il s'agit d'un mécanisme de survie intégré qui vous détourne des mauvais choix qui vous mènent dans la mauvaise direction. Il y a une part de vérité scientifique entourant cette affirmation. Votre intime conviction tire essentiellement son origine des renseignements contenus dans votre subconscient, c'est-à-dire à l'endroit où vous stockez des informations dont vous ne vous souvenez pas nécessairement de façon consciente. Ainsi, votre instinct éprouvera sous forme de « sensation » physique ce que vous ne parvenez pas tout à fait à exprimer. Mais ce n'est pas parce que vous ne pouvez pas formuler clairement ce que vous ressentez que ce n'est pas valable pour autant. Si vous avez un pincement au cœur, si vous vous sentez oppressé vis-à-vis de la poitrine ou si vous avez mal au ventre au moment d'envisager une option ou une décision éventuelle, ne faites rien ! Ou prenez un peu de recul et revoyez les conseils qui se trouvent à la section « Appuyez sur la touche PAUSE ».

À l'inverse, si une sensation de calme vous envahit, ce pourrait être le signe d'aller de l'avant ou d'examiner le choix en question plus en détail. Je vous assure qu'il y a quelque chose de vrai dans le fait de suivre son instinct. Ça fonctionne. Par conséquent, respectez votre intuition !

Faire des choix délibérés constitue une forme d'art qui permet de se responsabiliser, mais il faut du temps pour la maîtriser. Il s'agit néanmoins d'un outil essentiel qui vous permettra de prendre votre destinée en main, alors soyez patient et persévérant. Entraînez-vous et je vous assure que votre qualité de vie ira en s'améliorant sensiblement.

Rappelez-vous de ne pas laisser les événements se produire par hasard. Faites plutôt bouger les choses dans le sens où *vous* le souhaitez.

Vous disposez à présent de tous les outils nécessaires pour commencer à façonner la vie dont vous rêvez et que vous méritez. Il est donc temps pour vous de vous lancer des défis, de prendre votre courage à deux mains et de foncer ! Il y a toutefois une dernière chose que je voulais vous dire avant de vous quitter.

Conclusion

SACHEZ LÂCHER PRISE ET GARDER L'ESPRIT OUVERT

Ça y est, c'est la fin – ou le début, selon le point de vue où vous vous placez – de l'aventure. En guise de conclusion, voici mon dernier message à votre intention. Admettons que vous suiviez à la lettre chacun des conseils contenus dans ce livre. Vous vous donnez un délai raisonnable pour assimiler les diverses étapes que nous avons vues, afin qu'elles prennent racine et s'incarnent dans votre vie. Pourtant, l'un de vos rêves refuse toujours de se concrétiser. Que faire en pareil cas ?

Vous savez à présent que je ne suis pas du genre à renoncer. La seule mention du mot « démission » me rend malade. Cela dit, vient un moment où il faut savoir lâcher prise. Mais il existe une *énorme* différence entre cesser de lutter, au sens de « capituler », et mettre nos projets de côté tout en restant ouvert à d'autres possibilités. Pour moi, démissionner signifie « arrêter de faire des efforts », de même que capituler implique d'accepter sa défaite. Or ça, c'est hors de question !

Cela dit, il y a des choses que vous ne pourrez jamais changer. Ce n'est pas en défiant les lois de la nature que vous trouverez des solutions à vos problèmes, mais en les respectant et en modifiant vos actions de manière à vous y adapter.

Le succès finit toujours par récompenser les gens travailleurs, patients et persévérants. Nous sommes nés pour poursuivre nos rêves avec zèle et avec ferveur jusqu'à ce qu'ils se réalisent. Nous sommes censés explorer toutes les avenues possibles et essayer par tous les moyens d'obtenir ce que nous désirons. En fait, une bonne partie du succès réside simplement dans le fait d'« être vu » et de refuser d'abandonner. Il pourrait toutefois survenir un moment où, en dépit de tous vos efforts, le succès persiste à ne pas être au rendez-vous.

À ce stade de vos démarches, cela devient une question non pas de renoncer, mais de lâcher prise et de rester ouvert à toute éventualité que vous n'auriez pas encore envisagée. Il s'agit alors de vous faire confiance et d'avoir confiance que l'univers, Dieu, le destin – ou toute autre force supérieure en laquelle vous croyez – saura vous rendre justice et récompenser vos efforts.

Ce principe s'applique à toutes les étapes du processus, y compris au moment où, après avoir tout mis en œuvre, vous n'obtenez pas pour autant les résultats escomptés. En pareil cas, ce serait de la folie que de s'entêter en vain à poursuivre le même objectif de la même manière, n'est-ce pas ? Nous voulons éviter de refaire les mêmes erreurs, tout en nous assurant de rester ouverts à une « intervention divine », quelle que soit la signification que vous attribuez personnellement à cette expression.

Lorsque vous avez confiance en vous-même et en l'univers, des possibilités infinies, auxquelles vous n'auriez jamais pensé, s'offrent à vous. Et plus vous serez ouvert à ces éventualités, plus grande sera votre capacité à trouver le bonheur.

La vie est en constante évolution. C'est sa définition, non ? Le changement se produit à chaque respiration. Par conséquent, à mesure que vous évoluez, vos engagements, vos convictions et vos énergies devront constamment être réorientés et redéfinis. Il en sera de même pour vos objectifs. Restez souple et gardez l'esprit ouvert. Rien n'est jamais stable ni définitivement acquis. Un dernier cliché pour finir : la seule chose qui ne change à peu près pas, c'est le changement – et peut-être aussi les guerres. Mais c'est ce qui rend la vie intéressante et qui nous motive à y ajouter notre touche personnelle. Il arrive parfois que ce que nous croyons être bon pour nous ne nous convient pas du tout ; ce n'est que lorsque nous gardons l'esprit ouvert que notre véritable vocation se révèle à nous. N'oubliez pas que chaque semence déposée avec les meilleures intentions du monde portera des fruits. Peut-être pas dans les délais ou sous la forme souhaités, mais les résultats se manifesteront tôt ou tard. Rappelez-vous comment je me suis retrouvée sur le plateau de *Qui perd gagne*. Il a fallu que je connaisse l'échec à un endroit pour que je trouve ma vocation dans un autre. Des histoires comme ça, il en arrive tous les jours. Oprah Winfrey a d'abord voulu être présentatrice de nouvelles et Ellen DeGeneres[39] a d'abord été humoriste et comédienne. Des échecs retentissants ont fait dérail-

---

39. Célèbre animatrice de talk-show américaine. (*N.D.T.*)

ler leurs projets et les ont amenées toutes les deux à suivre une autre voie que celle qu'elles avaient initialement prévue. Mais, en bout de ligne, leurs efforts et leurs énergies leur ont permis de connaître l'énorme succès auxquelles elles étaient destinées.

La raison pour laquelle je vous laisse sur cette pensée, c'est que parfois, lorsque nous poursuivons un rêve et qu'il ne se réalise pas, nous percevons le résultat obtenu comme un échec personnel. Nous nous percevons alors comme des échecs ambulants. Mais souvenez-vous toujours qu'un échec constitue simplement une occasion d'apprendre et, dans de nombreux cas, un tremplin vers un succès inespéré que vous ne pouvez percevoir qu'avec le recul. Vous pouvez en tirer des enseignements ou encore le considérer comme un excellent moyen de faire un pas en avant décisif sur la route qui vous mène à la victoire, quelle qu'elle puisse être pour vous.

Soyez patient et courageux. Ayez confiance en vous ; ne doutez pas de l'importance et du but de votre vie et de votre passion. Vous êtes assez fort pour surmonter toutes les épreuves. Quelles que soient les circonstances, continuez de chercher, restez à l'écoute et continuez d'apprendre. Gardez l'esprit ouvert. Votre destinée vous attend à tous les instants.

Table des matières

Remerciements 9
Introduction 11

PREMIÈRE ÉTAPE
Imagination 15
Chapitre 1. Découvrez quelle est votre passion
  (Décidez de ce que vous comptez faire de votre vie !) 17
Chapitre 2. Tout est dans les petits détails 36
Chapitre 3. Faites une petite prière (Oui, j'ai bien dit « prière » !) .. 43

DEUXIÈME ÉTAPE
Confiance 59
Chapitre 4. L'heure du réveil a sonné 61
Chapitre 5. Sachez pardonner et assumer la responsabilité
  de vos actes 72
Chapitre 6. Adoptez une nouvelle attitude 89
Chapitre 7. Votre attitude face au monde extérieur 102
Chapitre 8. Cessez de vous dévaloriser 132

TROISIÈME ÉTAPE
Action 167
Chapitre 9. Renseignez-vous, puis mettez-vous à l'ouvrage ! 169
Chapitre 10. Organisez-vous ! 195
Chapitre 11. Contrôlez votre environnement 206

Chapitre 12. Apprenez à maîtriser l'art de la communication 218
Chapitre 13. Renforcez votre volonté et maîtrisez vos émotions .. 244
Chapitre 14. Mettez vos projets à exécution (L'art de prendre des décisions éclairées)... 252

Conclusion : Sachez lâcher prise et garder l'esprit ouvert 259

Suivez-nous sur le Web

Consultez nos sites Internet et inscrivez-vous à l'infolettre pour rester informé en tout temps de nos publications et de nos concours en ligne. Et croisez aussi vos auteurs préférés et notre équipe sur nos blogues !

EDITIONS-HOMME.COM
EDITIONS-JOUR.COM
EDITIONS-PETITHOMME.COM
EDITIONS-LAGRIFFE.COM

MARQUIS
Marquis imprimeur inc.

Québec, Canada
2012
Achevé d'imprimer au Canada
sur papier Enviro 100 % recyclé